예수를 알아야
인생이 보인다

초판1쇄 2017년 7월 1일

지 은 이 _ 정승룡
펴 낸 이 _ 이태형
펴 낸 곳 _ 국민북스
마 케 팅 _ 김태현
디 자 인 _ 서재형

등록번호 _ 제406-2015-000064호
등록일자 _ 2015년 4월 30일

주   소 _ 경기도 파주시 문발로 139 고래곰나비 402호 우편번호 108881
전   화 _ 031-955-0707
이 메 일 _ kirok21@naver.com
ISBN 979-11-88125-03-6 03230

※ 본문에 인용된 성경은 대한성서공회에서 펴낸 개역개정판을 따랐으며, 다른 번역본을 사용한 경우
   따로 표기하였다.

예수를 알아야
인생이 보인다

정승룡 지음

국민북스

개혁자 칼빈은 하나님을 알아야 인간을 안다고 말합니다. 창조주를 모르고 피조물을 알 수 없기 때문입니다. 인자로 오신 예수를 모르고 인생을 알 수 없습니다. 그래서 예수를 앎이 곧 인생 발견의 시작입니다. 이 평범하지만 평범하지 않은 명제가 이 책의 주제입니다. 겸허한 학자적 마인드로 저자는 예수를 탐구합니다. 잘 안다고 생각하지만 잘 모르는 그분의 얼굴을 그립니다. 화육(化肉)하신 아기, 대제사장 예수, 사랑이신 예수, 왕이신 예수….

저자 정승룡 목사님은 따뜻한 학자적 목자요 선교적 리더입니다. 그런 저자의 영성의 안목으로 예수님의 행적을 탐구합니다. 우리 시대는 겉만 잘 포장된 상품은 유행하지만 기본을 탐구하는 고전적 품격을 상실하고 있습니다. 정 목사님의 저서는 이런 목마름에 대한 고전적 처방입니다. 처음 기독교 신앙을 탐구하는 이들에게 좋은 길잡이가 되고, 오래 교회 생활을 한 이들에게 견고한 믿음의 세워짐이 될 것이고, 설교하는 목회자들에게 기독론적 설교의 샘플이 될 것입니다. 하나님 나라 동역자들에게 이 좋은 양서를 기쁨으로 강력히 추천합니다.

이동원 목사 **(지구촌 교회 원로)**

'예수를 알아야 인생이 보인다'가 출간 된다는 이야기를 정승룡 목사님으로부터 들었을 때 너무 기뻤습니다. 정 목사님의 복음적이고 따뜻한 메시지를 알고 있었기 때문입니다. 그리고 책을 읽는 내내 성경의 이야기가 가슴으로 와 닿는 것을 경험했습니다. 이 시대 입으로 전해지고, 글로 전해지는 많은 메시지가 있지만 다시 성경으로 돌아가게 하고, 성경으로 이 시대를 어떻게 살 것인지를 도전하는 탁월한 메시지였습니다. 문자가 아닌 마치 그림으로 보여주는 것 같은 메시지, 글이 아닌 삶으로 보여주는 메시지를 볼 수 있었습니다.

내가 느끼는 것이 진리라고 외치는 포스트모더니즘 시대에 다시 진리로 돌아가게 하는 꼭 필요한 책이 나와서 감사했습니다. 상대주의, 다원주의 시대를 살아가는 이 시대를 향한 선지자의 외침을 들을 수 있었습니다. 위로와 새로운 도전이 필요한 시대에 던지는 참 목자의 열정을 읽을 수 있었습니다. 제가 도전받고, 가슴에 새겨진 것이 이 책을 읽는 모든 사람에게 경험되었으면 하는 마음으로 귀한 책을 많은 사람들에게 추천 드리고 싶습니다.

유관재 목사 (성광교회 담임, 기독교한국침례회 총회장)

『예수를 알아야 인생이 보인다』는 예수님을 사랑하는 저자의 사랑 고백입니다. 이 책은 말씀을 통해 예수님을 보여주는 책입니다. 예수님이 누구신가를, 그리고 그분의 성품과 능력, 지혜를 보여주는 책입니다. 예수님 한분으로 충분하다는 것을 보여주는 책입니다. 예수님 안에 하나님의 모든 충만이 담겨 있습니다(골 1:19). 그런 까닭에 예수님 한분으로 충분합니다.

가장 강력한 것은 단순합니다. 저자의 설교는 단순합니다. 가장 강력한 설교는 본질과 근원을 붙잡게 하는 설교입니다. 예수님은 삶의 본질이시며 삶의 근원이십니다. 예수님은 알파와 오메가이십니다. 가장 강력한 설교는 거듭 하나님께 돌아가게 하는 설교입니다. 하나님에 대해 설교할 뿐만 아니라 하나님을 설교하는 것입니다. 이 책은 물이 아니라 샘을 구하게 하며 생수의 근원으로 거듭 돌아가도록 돕는 책입니다. 생명수의 원천에 머물게 하는 책입니다.

저자는 삶과 더불어 설교하는 목회자입니다. 그런 까닭에 저자의 설교를 들을 때마다 큰 감동과 큰 울림을 얻습니다. 가장 힘든 일은 설교하는 것보다 설교하는 데로 살아내는 것입니다. 저자는 자신의 삶과 자신이 선포하는 설교의 간격을 좁히기 위해 몸부림치는 설교자입니다. 저자는 이 책에서 우리의 눈을 예수님께 고정하도록, 더욱 예수님을 사랑하도록, 더욱 예수님을 닮아가도록 도와줍니다.

우리는 아는 만큼 보며, 사랑하게 됩니다. 또한 사랑하는 것만큼 더욱 알게 됩니다. 우리는 저자의 메시지를 통해 예수님을 더욱 알게 되고, 보게 됩니다. 더욱 사랑하게 됩니다. 더욱 갈망하게 됩니다. 더욱 소중히 여기게 됩니다. 더욱 찬양하고 경배하게 됩니다. 이 책을 설교의 정수를 알고 배우기를 원하는 신학생들과 선교사들, 목회자들께 추천하고 싶습니다. 이 책을 예수님을 깊이 알고 싶고, 더욱 신뢰하고 싶고, 영원토록 사랑하고 싶은 그리스도인들에게 추천하고 싶습니다. 이 책을 시작으로 앞으로 저자의 훌륭한 책들이 계속해서 출판되길 소원합니다.

강준민 목사 (LA새생명비전교회 담임)

정승룡 목사님은 진실하며 늘 활기 넘치는 유쾌한 분입니다. 언제나 깊은 신뢰가 듭니다. 본인이 전하는 성경 말씀 속의 예수님을 닮아가려는 노력 때문일 것입니다. 그에게는 예수님으로 인한 기쁨이 넘칩니다. 그래서 정 목사님을 만나면 기쁘고 유익합니다. 정 목사님은 성경을 성실히 연구하고 깊이 묵상해 찾은 예수님을 설교를 통해 전하고 있습니다. 그의 설교는 예레미야가 한탄한 '스스로 웅덩이를 판 것'(렘 2:13)이 아니고 예수님이 주시는 '그 속에서 영생하도록 솟아나는 샘물'(요 4:13~15)과 같습니다. 정 목사님은 책에서 삶의 여러 문제들과 죄의 엉겅퀴들을 해결해주시는 분이 바로 예수님임을 말씀을 기반으로 잘 알려주고 있습니다. 그럼으로써 기갈 속에 허덕이는 사람들을 유일한 구원자이자 참 소망이신 예수님을 만나도록 인도합니다. 목사님의 귀한 설교 말씀이 책으로 나오게 됨을 기뻐하며 추천합니다.

길영환 목사 (콩코드침례교회 원로)

기본기가 잘 되어 있어야 운동을 잘 할 수 있습니다. 마찬가지로 신앙생활에서도 기본기가 중요합니다. 믿음의 영역에서 주 예수 그리스도를 아는 것이야말로 기본기 중의 기본기입니다. 이 책을 읽으면 하나님의 사랑이 우리에게 어떻게 나타나게 된 것인지를 명확하게 알 수 있습니다. 목차만 보아도 읽고 싶어지는 책입니다. 반복해 읽으며 되새김질을 하며 읽어야 할 귀한 책으로 추천합니다.

김송식 목사 (미국 남침례교 교회개척 자문관)

정승룡 목사님의 설교를 접하노라면 마치 신앙고백을 듣는 느낌이 듭니다. 예수님과 친밀하게 동행하며 겪은 주님을 간명하고 사실적으로 전하는 증거자의 간증 앞에서 진솔한 하나님의 은혜와 능력을 간접적으로 마주하며 그 분을 함께 예배하지 않을 수 없게 됩니다. 묵직하고 주요한 신학적인 주제를 탄탄하고 체계적인 주해로 풀어주시는 것을 목도하는 것은 오히려 덤으로 얻는 유익입니다. 신학과 강해설교의 겉옷을 입고 성육신하신 그리스도를 체험케 하는 이 책의 일독을 진심으로 추천합니다.

안상희 목사 (미국 게이트웨이신학대학원 신약학 교수)

사랑하고 존경하는 정승룡 목사님이 눈물과 겸손으로 늘사랑교회를 섬기면서 체험하며 배웠던 경험을 토대로 쓴 책의 추천사를 쓰게 되어 너무 기쁩니다. 바쁜 목회 일정 속에서도 말씀 그 자체이신 예수 그리스도의 복음을 쉽고 분명하게 소개하는 책을 출간한 것을 진심으로 축하합니다.

저는 1999년에 정 목사님이 늘사랑교회 2대 담임목회자로 취임할 때부터 정 목사님과 교제하게 되었습니다. 이후 정 목사님의 목회를 곁에서 지켜보았고 주님께서 늘사랑교회를 어떻게 축복해주셨는가를 생생하게 볼 수 있었습니다. 정 목사님은 사도 바울과 같은 목회 철학을 가진 '눈물과 겸손의 목회자'입니다. 늘사랑교회가 건강하고 영향력 있는 교회로 성장, 부흥할 수 있었던 것은 바로 정 목사님의 겸손과 눈물의 지도력에 기초한 것이라고 말씀드리고 싶습니다.

이 책의 전체적인 내용은 제목에서 핵심적으로 제시되어 있습니다. "우리 주 예수 그리스도를 알아야 행복한 인생, 열정의 인생, 비전의 인생, 확신의 인생, 그리고 쓰임 받는 인생을 살 수 있다"는 교훈이 책 전체에 절절히 흐르고 있습니다. 이 책에는 '주 예수 그리스도가 어떤 분인가'에서부터 그 분의 신비한 화육(化肉)의 비밀, 공생애 사역, 인류의 위대한 스승으로서의 삶 등이 잘 제시되어 있습니다.

또한 십자가에서의 죽음을 통해 우리의 근본 문제인 죄 문제를 해결하셨고, 부활-승천하심으로 영원한 생명의 첫 열매가 되신다는 것 등 예수님의 존재와 생애, 사역 전체가 파노라마처럼 펼쳐지고 있습니다. 독자들은 이 책을 통해 하나님의 독생자인 예수 그리스도를 통해 이루어진 하나님의 구원의 은혜를 선명하게 파악하고 그 은혜를 풍성히 소유하게 될 것입니다. 이 책을 통해 독자들이 복음의 확신을 갖고 열정적으로 전도하며 예수 그리스도의 치유와 회복, 생명의 역사를 능력으로 감당하는 귀한 사명자들이 되실 것을 기대하며 기쁘게 추천합니다.

김광수 교수 (침례신학대학교 신학과 신약학 전공)

이 책은 영혼을 향한 목자의 외침입니다. 하나님이신 예수님의 참 가치를 잔잔하게 맑은 영성으로 풀어내고 있습니다. 긴 울림이 있는 은혜로운 책입니다. 예수님과 함께하는 인생이 얼마나 소중한가를 시대를 넘어 이야기해주고 있습니다. 현대를 사는 우리들은 인생길 가운데 너무나 많은 것을 모아 담으려 합니다.

그러나 그만큼 더 많은 것을 잃고 사는 것 같습니다. 많이 모으고 많이 가지고 많이 담아도 길이요 진리요 생명 되신 예수님이 없으면 헛된 수고를 한 것입니다. 예수님을 알아야 인생이 보이기 시작합니다. 이 진리를 21세기 언어로 푼 살아있는 책입니다.

저자인 정승룡 목사님은 인격자요, 참 좋은 목회자입니다. 만남의 울림을 주는 맑은 영혼의 소유자입니다. 많은 사람들에게 만나게 해주고 싶은 작은 거인입니다. 이 책은 우리를 십자가 사랑으로 구원해주신 예수님의 마음과 지혜, 진리를 가르쳐주는 보배로운 책입니다.

이 책을 읽다보면 예수님의 손을 꼭 잡고 하나님 나라의 소망을 가지고 참 인생길로 달려가는 행복한 자신을 만날 것입니다.

정승룡 목사님은 사랑 충만하고 신실한 목사님이십니다. 정 목사님이 첫 번째 출간한 이 책은 복음의 진수를 잘 설명하고 있습니다. 새 신자나 일반 성도들에게 신앙과 삶이 일치되는 진실한 믿음의 길을 제시하는 귀한 신앙 지침서입니다. 이 혼돈의 시대에서 방황하는 성도들과 미지근한 신앙을 지닌 성도들이 꼭 읽어야 할 책으로 기쁘게 추천합니다.

“예수님 사랑합니다. 예수님만을 영원히 사랑합니다.”

저는 늘 이렇게 기도를 마무리 합니다. 저는 예수님을 사랑하고 있고, 부족하고 항상 죄송스럽지만 그래도 예수님만을 영원히 사랑하고 싶기 때문입니다. 저의 삶과 사역은 예수 그리스도를 빼놓으면 설명될 수 없습니다. 제가 섬기는 교회도 예수 그리스도를 빼놓으면 설명이 불가능합니다.

성령의 도우심으로 예수님을 저의 주인으로 모신 순간부터 제 삶은 변하기 시작했습니다. “그런즉 누구든지 그리스도 안에 있으면 새로운 피조물이라 이전 것은 지나갔으니 보라 새 것이 되었도다.”(고린도후서 5:17) 사도 바울의 고백처럼 예수님 안에 거하면서 제 삶에 새로운 창조의 역사가 일어났습니다. 가장 중요한 변화는 제가 더 이상 삶을 주도하지 않게 됐다는 점입니다. 주님을 모시면서 제가 주도하는 삶이 아니라 저의 주인 되신 예수님이 주도하시고 만들어 가시는 삶을 맛보게 되었습니다.

저는 일본을 섬기는 선교사가 되기 위해 미국 유학을 갔습니다. 그런데 주께서는 학업과 더불어 지역 교회를 섬기는 목사로 저를 이민 교회에서 훈련 시키셨습니다. 계속 선교사의 꿈을 품고 있을 때에 하나님은 고국에서 전도사로 섬겼던 교회의 2대 담임 목사로 저를 부르셨습니다. 여전히 저의 마음 한 구석에는 선교사의 심장이 뛰고 있지만 주의 인도하심이 분명했기에 지역 교회 목사로 섬기고 있습니다.

저에게는 특별히 이루고 싶은 목회의 꿈이 없습니다. 단지 주님이 주인 되신 교회만을 꿈꿨을 뿐입니다. 하루하루 주께서 주시는 말씀과 성령의 감동으로 주의 몸 된 공동체를 섬겼습니다. 그러다 보니 어느덧 18년의 세월이 흘렀습니다. 돌아보면 주께서 저와 우리 지체들을 한 걸음 한 걸음 인도하시며 오늘의 늘사랑교회를 만드셨습니다. 진심으로 고백합니다. "예수를 빼고 나면 지금의 우리 교회를 설명할 수 없습니다."

저는 너무 내성적이고 수줍음을 많이 탔으며 말을 약간 더듬는 습관이 있어서 사람들 앞에 서는 것을 두려워했습니다. 좋은 목소리를 타고나 어려서부터 노래는 곧잘 했습니다. 그러나 사람들 앞에만 서면 너무 떨려 노래를 잘 부르지 못했습니다. 그런데 지금은 수많은 사람들 앞에서 하나님의 말씀을 전하고 찬양도 떨지 않은 가운데 하고 있습니다. 이것이 다른 사람들에게는 자연스러운 일로 보일지 모르지만 저에게는 기적입니다. 예수님을 모신 이후, 제게 새로운 창조가 일어났고, 지금도 일어나고 있습니다. 제 인생은 예수님을 빼고 나면 도저히 설명할 수 없습니다.

그래서 저의 첫 책에서는 저를 찾아와 만나주시고, 새 창조의 역사 가운데 저로 하여금 제 본 모습을 보게 해주신 예수님을 노래하고 싶었습니다. 우리 늘사랑 공동체를 지금의 모습으로 멋지게 만들어주시고, 이끌어주시는 예수님을 드러내고 싶었습니다. 교리 속에 갇힌 예수님을 설명하는 것이 아니라 삶의 현장에서 보여주신 예수님의 생생한 모습을 드러내고자 했습니다. 예수님은 책 속에 갇힌, 누군가가 배워야 하는 학문의 대상이 아니라 우리 인생 속으로 걸어 들어오셔서 우리 삶에 새로운 창조를 일으켜 주시고 우리의 본 모습을 볼 수 있는 눈을 열어 주시는 분이시기 때문입니다.

육을 입고 역사 속으로 들어오신 예수님을 만나는 인생 모두에게는 새로운 창조의 역사가 일어납니다. 그분을 만나는 순간, 자신의 삶을 바로 볼 수 있는 눈이 열릴 것입니다. 주님을 만나면 걸어왔던 지난 인생길이 이해 될 것이고, 걸어갈 인생의 길이 보일 것입니다. 허물과 죄로 눈 감고 살던 어두움의 땅에서 해 같이 빛나는 밝은 땅으로, 하나님이 친히 다스리시는 나라로 삶의 자리가 옮겨 질 것입니다. 그 길을 안내하고 싶은 마음에서 이 책을 쓰게 되었습니다.

예수님은 창조의 주권자이시지만 그 모든 영광을 다 비워내시고 종으로 우리 가운데 임하셨습니다. 하나님의 나라를 선포하시고 하나님을 주인으로 모시고 사는 '종 된 삶'의 모범을 보여 주셨습니다. 예수님의 바로 그 모습이야말로 끊임없이 자기 주도적으로 살고자 하는 우리의 완고하고 왜곡된 자아상을 보게 하는 거울입니다. 그 거울은 우리의 피 속에 흐르는 반역의 원죄를 보게 해 줍니다. 예수님은 우리의 모든 죄와 허물을 온 몸으로 짊어지고 절망의 자리인 십자가로 나아가셨습니다. 말로 다할 수 없이 크신 주님의 사랑이 십자가에서 그분의 피와 함께 부어졌습니다. 지금도 주 예수 그리스도의 피는 십자가를 타고 흐르고 있습니다.

예수님은 부활하셨습니다! 성경대로 삼일 만에 부활하셨습니다. 이것은 부인할 수 없는 역사적 사실입니다. 부활하셔서 예수님 자신이 창조주이시고 모든 생명의 주인임을 드러내셨습니다. 부활하신 예수님은 인류의 주권자, 모든 인생의 주인으로 역사와 인생들을 통치하십니다. 부활하신 예수님은 살기등등했던 사울을 만나주셨고 그로 하여금 자신의 인생을 하나님의 뜻 가운데 바로 보게 하셨습니다. 마찬가지로 부활의 주님은 우리를 만나주십니다. 우리가 스스로의 인생을 직시해 영광스러운 소명의 길을 걷도록 우리를 인도하실 것입니다. 낙심한 엠마오의 두 제자에게 찾아가신 것처럼 험한 인생길에서 좌절하고 절망하는 우리에게 찾아오셔서 우리를 위로해 주시고 회복시켜 주실 것입니다.

죽음이 우리의 끝이 아닙니다. 우리 인생이 마쳐지는 순간, 우리는 그 예수님과 영원한 하나님의 나라로 새로운 여정을 떠나게 되는 것입니다.

예수님을 만나면 인생이 보입니다! 주님은 이 땅의 창조주이시면서 모든 것을 지니신 분이십니다. 그래서 주 예수 그리스도를 얻으면 모든 것을 얻게 되는 것입니다. 여러분에게 예수님은 누구십니까? 진지하게 '나에게 예수님은 누구인가'라는 질문을 던지며 이 책을 읽기 바랍니다. 그리고 이 책을 덮는 순간 인생의 주인 되시는 주 예수 그리스도와 함께 새로운 삶의 마당으로 나아가시기를 기도합니다.

제 신앙의 여정 가운데 앞서 본을 보이시고 인도해 주신 많은 분들이 계십니다. 대학교 1학년 때 참석했던 집회에서 저를 주께로 인도해 주시고 헌신하도록 도와주신 영원한 스승 이동원 목사님, 저를 영적 아들 삼아주시고 기도와 물질로 공부 시켜주신 단 헐 목사님(Dr. Don Hull)과 사모님께 감사드립니다. 목회자의 본을 보여주신 길영환 목사님, 말씀과 기도의 균형을 가르쳐 주신 김광수 교수님, 섬김의 본을 보여주신 유관재 목사님과 김송식 목사님, 멘토링 해 주신 강준민 목사님, 안상희 교수님께 감사드립니다. 그리고 치열한 삶의 현장에서 헌신이 무엇인가를 가르쳐 주신 박수웅 장로님과 이병욱 장로님께 감사를 드리고 싶습니다.

항상 저의 곁에서 기도와 사랑으로 함께 해준 사랑하는 아내와 한국과 미국을 오가며 공부하는 가운데 많은 어려움이 있었지만 힘든 상황에서도 잘 성장해 준 자랑스러운 세 아들, 그리고 두 자부들에게 감사드립니다. 아무것도 모르고 좌충우돌하던 어린 목사를 용납하고 사랑해주신 노만한인침례교회 성도님들, 예수님이 선포하신 하나님의 나라를 함께 꿈꾸며 헌신하고 계신 자랑스러운 늘사랑교회 성도님들과 동역자 모두에게 진심으로 감사드립니다.

무엇보다 저의 모든 죄를 용서해 주시고 당신의 자녀로 새 창조의 삶을 살게 하신 것뿐 아니라 부족한 저를 하나님 나라의 일꾼으로 귀하게 사용해 주시는 하나님께 모든 감사와 영광을 올려 드립니다.

2017년 6월 안식년 중

얼바인에서

정승룡

01

예수를 알아야 인생이 보인다

하나님이 세상을 이처럼 사랑하사 독생자를 주셨으니 이는 그를
믿는 자마다 멸망하지 않고 영생을 얻게 하려 하심이라

요한복음 3장 16절

그러나 이제, 나는 봅니다. (But now I see.)

찬송가 '나 같은 죄인 살리신'의 가사를 알 것입니다. "나 같은 죄인 살리신, 주 은혜 놀라워, 잃었던 생명 찾았고, 광명을 얻었네." 노예 상인이었다가 회심한 이후 성공회 신부가 되었던 존 뉴턴이 작사한 영어 가사의 1절은 이렇습니다.

"Amazing grace! how sweet the sound. That saved a wretch like me! I once was lost, but now am found, Was blind, but now I see."

이 찬양을 영어로 들을 때마다 영어 가사의 마지막 부분이 마음을 칩니다.

"I was blind, but now I see."

특별히 맨 마지막 문장은 늘 여운을 남깁니다.

'But now I see.' "그러나 이제, 나는 봅니다."

그러나 이제,

나는 봅니다.

보이지 않았던 것을 보게 된 사람의 희열에 찬 외침이 이 짧은 문장 속에 들어 있습니다. 어느 날, 운명처럼 보이게 된 그것이 인생을 결정 짓습니다. 성경을 여러 각도에서 볼 수 있습니다. 그중 한 가지는 눈먼 자들이 눈을 뜨게 된 사람으로 변화되는 과정으로서 성경을 보는 것 입니다. 성경 속에는 보지 못하다가 보게 된, 그리고 그 보게 된 사건 이 인생을 좌우하게 된 수많은 사람들이 나옵니다. 이야기를 전개하 기에 앞서 결론을 먼저 말하고 싶습니다.

"주 예수 그리스도를 알면 인생이 보입니다."

이것은 제 인생의 고백입니다. 주 예수님을 알기 전에 저 역시 눈먼 자였습니다. "I was blind." 갈 바를 알지 못한 채, 인생의 참된 의미를 찾지 못한 채 그저 열심히 살았습니다. 남들이 보기에 성공적이라고 할 수도 있는 삶이었지만 인생의 '그 길(The Way)'은 보이지 않았습니 다. 그러다 주님을 만났습니다. 그리고 고백하지 않을 수 없었습니다. "But now I see. (이제 나는 봅니다)"

그렇습니다. 주 예수 그리스도를 알면 인생이 보입니다. 이것이 어 찌 저만의 고백이겠습니까? 이것은 그리스도의 몸 된 교회의 고백이 며, 거룩한 신자들의 고백입니다. 갈 바를 알지 못하는 이 민족의 고백 이 되어야 할 것입니다.

니고데모의 갈망

한 사람을 소개하고자 합니다. 니고데모라고 하는 사람입니다. 예수님 당시에 니고데모라고 하는 훌륭한 사람이 있었습니다. 그는 유대 관원이자 바리새인이었습니다. 당시에 바리새인은 엄격한 규율을 지켜가며 철저하게 종교생활을 하고 있었던 존경 받는 사람이었습니다. 또한 당시에 관원은 유대인의 최고 의결 기관인 산헤드린 공회의 멤버였습니다. 산헤드린은 지금으로 말하면 행정을 담당하는 부서이자, 중요한 결정을 하는 국회와 같은 기구입니다.

니고데모는 행정부서의 장관이나 국회의원 정도 되는 사람입니다. 니고데모란 이름은 '백성의 승리자'란 의미를 갖고 있습니다. '데모스'는 국가 또는 백성을, '니코스'는 승리란 뜻으로 니고데모는 '백성의 승리자'라는 이름처럼 높은 위치의 인물이었습니다. 당시의 사회적 잣대로 보았을 때 조금도 결격이 없는, 종교적으로 아주 탁월한 사람이었고 사회·경제적으로 중요한 자리에 있던 사람입니다. 바로 그 사람이 요한복음 3장에 등장합니다.

'백성의 승리자'란 이름의 니고데모가 밤에 청년 예수를 찾아옵니다. 그는 왜 청년 예수를 찾아왔을까요? 그것도 한밤중에요. 그의 마음속에 어떤 의도가 있었을 것입니다. 어느 날, 혜성같이 유대 땅에 나타난 청년 예수는 자신이 하나님의 아들이며, 메시아라고 자신 있게 선포하고 다녔습니다. 그리고 그가 가는 곳곳마다 천국 복음이 선포되는 것뿐 아니라 하나님의 놀라운 기적들이 일어났습니다. 그 사실은 유대 사회에 급속히 퍼졌고 니고데모도 그 소식을 접하게 되었습니다. 니고데모는 열심히 유대교의 율법을 지켜가며 신앙생활을 하고 있던 신실한 종교인이었습니다. 그의 평생의 갈망은 다른 유대인들과 마찬가지로 메시아를 만나는 것이었습니다. 어떤 일을 하더라도 그 갈망은 사라지지 않았습니다. 그래서 청년 예수에 대한 소식을 들었을 때, 자연스레 이런 생각을 하지 않을 수 없었습니다. '혹시라도 저 청년 예수가 진짜로 메시아가 아닐까? 하나님이 함께 하지 않는다면 저와 같이 놀라운 기적이 일어날 수 없을 텐데…. 저가 정말로 메시아라면….' 니고데모의 호기심은 커져갑니다. 한편으로는 사람들에게 하나님의 율법을 가르치는 유대인의 랍비로서 율법에 대한 내용을 이야기 하고 싶은 마음도 있었을 것입니다. 사회적 지위가 있기에, 혹시라도 오해가 있을까봐 아무도 보지 않는 밤에 몰래 청년 예수를 찾아가게 됩니다. 그는 예수님께 예의 바르게 인사합니다.

"랍비여, 당신이 하나님으로부터 온 선생이라는 사실을 압니다. 하나님께서 함께 하지 않으시면 당신이 행하시는 그 표적들을 누구도 할 수 없을 것이기 때문입니다." 니고데모는 아주 예의 바르게, 상대방을 충분히 인정하며 인사를 합니다. 그런데 인사를 받은 예수님의 태도가 오묘합니다. 예수님은 "아, 그래요? 감사합니다"라고 하지 않으셨습니다. 그렇게 답하는 것이 당연한데 말입니다. 대신 예수님은 처음부터 아주 중요한 문제를 언급하며 니고데모에게 다가갑니다.

니고데모의 당황한 모습이 눈에 선하지 않습니까? 그는 예수님과 율법에 대해 이런저런 이야기를 하러 왔습니다. 그런데 예수님이 다짜고짜 "거듭나지 아니하면 하나님 나라를 볼 수 없다"고 말하셨습니다. 크게 당황하면서 니고데모는 이렇게 말합니다.

그러자 예수님은 다시 그 말에 대한 대답을 주지 않으십니다. 대신 또 한 번 그 중요한 말씀을 반복하십니다. "진실로 진실로 네게 이르노니 사람이 물과 성령으로 거듭나지 아니하면 하나님의 나라에 들어갈 수 없느니라." 그리고 "육으로 난 것은 육이요, 영으로 난 것은 영이다"라는 오묘한 말씀도 해 주셨습니다. 니고데모는 여전히 그 말씀을 이해하지 못했습니다. 그러자 예수님은 니고데모가 이해할 수 있게 구약의 사건을 언급하며 어떻게 거듭날 것인지에 대한 이야기를 해줍니다.

　예수님이 언급한 구약의 사건을 살펴보겠습니다. 모세의 인도를 받은 이스라엘 백성들은 애굽을 떠나 광야로 나와 약속의 땅을 향해 나아가고 있었습니다. 금방 끝날 것 같은 광야 생활이 길어지면서 이스라엘 백성들은 극심한 어려움을 당했습니다. 광야의 고난이 닥치자 이스라엘 백성들은 불평, 불만을 털어놓기 시작합니다.

　"우리를 애굽에 그냥 놔두었다면 종살이 하면서 편하게는 살 수 있었을 텐데…. 왜 우리를 이끌어 내어 이 고생을 하게 하는가. 광야에서 죽는 것보다는 애굽의 종살이가 더 나았겠다."

　그러나 광야에 고난만 있었던 것은 아닙니다. 하나님의 보호하심도 함께 있었습니다. 하나님은 이스라엘 백성들이 광야에서 굶주렸을 때, 만나와 메추라기를 주셨습니다. 불기둥과 구름기둥으로 그들을 지키시고 인도하셨습니다. 하나님 덕에 광야에서도 이스라엘 백성들의 삶은 보존될 수 있었습니다. 그럼에도 이스라엘 백성들은 불평을 지속합니다. 기적과도 같이 만나를 먹음으로 생명을 유지할 수 있었지만 시간이 지나자 싫증을 내며 만나를 더 이상 먹을 수 없다고 불만을 토로합니다. 받은 은혜를 망각하고 불평을 일삼는 이스라엘 백성들을 바라보며 하나님께서 화를 내십니다. 화를 내는 것은 사랑의 다른 표현입니다. 사랑하지 않는 사람들에겐 관심 자체를 기울이지 않는 법입니다. 하나님이 화를 내신 것은 이스라엘 백성들이 자신의 본심을 너무나도 몰랐기 때문입니다. 하나님은 지극히 사랑스러운 눈길로 이스라엘 백성들을 지켜보셨고, 광야 길을 가는 그들을 보호하셨습니다. 그럼에도 자신의 본심을 알지 못하고 불평과 불만을 일삼는 그들에게 화를 내신 것입니다. 그래서 이스라엘 백성들에게 뱀을 보내셨습니다. 뱀에 물려 사람들이 죽게 되었습니다. 그때, 모세가 무릎 꿇고 하나님께 기도했습니다.

"하나님, 이 백성들을 보존해 주십시오. 지금 많은 이방인들이 우리를 주시하고 있습니다. 그들이 보는 가운데 하나님의 백성들이 애굽을 나와 약속의 땅을 향해 가고 있습니다. 그런데 이들이 광야에서 모두 죽는다면 하나님의 명예가 어떻게 되겠습니까? 부디 이 백성을 보존해 주십시오."

그러자 하나님께서 말씀하십니다. "구리 뱀을 만들어 장대 위에 높이 달아라. 그리고 백성들에게 선포하라. '눈을 들어 구리 뱀을 바라보는 사람들은 다 나을 것이다'라고."

이런 하나님의 말씀이 민수기서에 기록되어 있습니다. 예수님은 바로 이 구약의 사건을 니고데모에게 말씀해 주시는 것입니다. 그러면서 "모세가 광야에서 뱀을 든 것 같이 인자도 들려야 할 것이다. 그리고 그 들려진 인자를 바라보는 자는 누구나 구원을 얻을 것이다"라고 말씀하셨습니다. 요한복음 3장에서는 니고데모가 구원을 받았는지의 여부를 알 수 없습니다. 그러나 요한복음 19장 39~40절을 보면 그가 구원 받았다는 사실을 알 수 있습니다.

"일찍이 예수께 밤에 찾아왔던 니고데모도 몰약과 침향 섞은 것을 백 리트라쯤 가지고 온지라. 이에 예수의 시체를 가져다가 유대인의 장례 법대로 그 향품과 함께 세마포로 쌌더라."

니고데모가 예수님을 만난 그 자리에서 구원을 받았는지, 아니면 나중에 받았는지는 알 수 없습니다. 그러나 그 날, 그 밤에 예수 그리스도를 만나 대화를 나누는 가운데 복음의 씨앗이 니고데모에게 뿌려졌습니다. 그리고 어느 순간, 그 영혼이 거듭나는 놀라운 축복을 경험했습니다. 주님께서 십자가에 달려 돌아가시기 전까지는 니고데모가 어떤 생활을 했는지는 숨겨져 있었습니다. 그러나 주님이 돌아가신 후에 그는 겉으로 나와 예수님의 시신을 유대법에 따라서 잘 마무리 해 줍니다.

우리는 반드시 거듭나야 한다

자, 그럼 니고데모의 이야기를 통해서 거듭난다는 것이 무엇인지, 그리고 거듭나야 하는 이유가 무엇인지를 살펴보려 합니다. 예수님이 니고데모에게 하셨던 이야기를 다시 보겠습니다.

"사람이 거듭나지 아니하면 하나님의 나라를 볼 수 없느니라. 사람이 물과 성령으로 나지 아니하면 하나님의 나라에 들어갈 수 없느니라. 이는 그를 믿는 자

이것이 우리 모두가 거듭나야 하는 중요한 이유를 말씀해 주는 내용들입니다. 거듭나지 않으면 하나님 나라를 경험할 수 없기에 우리는 반드시 거듭나야 하는 것입니다. 그럼, 하나님의 나라란 도대체 무엇입니까? 하나님의 나라는 죽어서 가는 천당 이상의 의미와 개념을 갖고 있습니다. 로마서 14장 17절에는 하나님 나라에 대한 묘사가 있습니다.

"하나님의 나라는 먹는 것과 마시는 것이 아니요 오직 성령 안에 있는 의와 평강과 희락이라."

하나님의 나라의 핵심이 의와 평강과 희락이라는 것입니다. 하나님 나라에 들어가지 않는다면 참된 의를 알 수 없고, 참된 평화를 알 수 없으며, 참된 기쁨을 알 수 없다는 것입니다. 이 말씀대로라면 우리가 하나님 나라에 들어가면 성령 안에서 의로운 통치를 받는 인생이 되는 것입니다. 우리 모두는 반드시 무엇인가에 영향을 받고, 그 받은 영향에 따라 결정을 하고 살아갑니다. 우리 나름대로의 생각과 철학, 부모님의 생각과 소망, 때때로 다른 사람들의 의견과 생각에 영향을 받습니다. 그런데, 자신의 지난 삶을 돌아보십시오. 우리가 결정했던 삶, 다른 사람의 조언에 따라 살았던 삶이 어땠습니까? 물론 그런 삶 가운데 좋은 부분도 있었겠지요. 그러나 그 삶이 과연 완벽한 삶이었습니까? 삶을 돌아보면 솔직히 불안정한 부분이 많았던 것을 보게 됩니다. 제한된 인간의 삶은 불안정할 수밖에 없습니다. 삶은 언제나 뒤죽박 죽입니다. 시간이 갈수록 관계는 어려워집니다. 마음의 평안은 사라 집니다. 세상은 평화를 원하지만, 전쟁의 소문은 무성해져 갑니다. 우 리는 불안정하고, 부조리한 삶을 살다 이 땅을 떠나갑니다. 이것이 어 찌 완벽한 인생이라고 할 수 있겠습니까?

그러나 하나님의 의로우신 통치를 받을 때, 우리 인생은 정돈되고 정렬됩니다. 방향성이 있게 됩니다. 차분해지면서 점차 세상이 줄 수 없는 진정한 행복을 느끼게 됩니다. 하나님은 완전하신 분이시기에, 그 완전하신 분의 통치대로 살아갈 때, 우리도 온전하게 되는 것입니 다. 하나님의 의로운 통치를 받는 삶이 천국의 삶입니다. 비록 지금 이 땅에 살고 있지만 나보다 더 나를 사랑하시고, 나의 전과 후를 다 아 시는 하나님께서 의롭게 인도하시는 그 삶을 따라가는 인생을 산다면 천국의 삶을 이 땅에서 살고 있다고 말할 수 있습니다. 천국은 죽은 후 에 가는 저 피안의 세계만이 아닙니다. 바로 지금 이 순간, 이 땅에서 경험하고 살 수 있는 실재입니다. 하나님의 의로운 통치를 받을 때, 우 리 삶의 모순이 해결됩니다. 실수 가운데 좌충우돌하며 힘들고 어려 웠고, 꼬였던 삶이 풀리게 됩니다. 거듭남이 왜 중요한가요? 거듭나면 우리 하나님의 의로우신 통치가 성령 안에서 이루어지게 되기 때문입 니다. 거듭나야 하나님이 통치하는 완전한 세계에 들어갈 수 있습니 다. 그 세계에 들어갈 때, 평강과 평화의 삶, 진정한 샬롬의 삶을 살 수 있습니다.

많은 사람들이 무언가를 열심히 하고 있습니다. 그러나 그 마음 가운데 진정한 평화를 누리지 못하고 있는 것이 현실입니다. 가질 수 없는 것은 늘 가까이에 있습니다. 그것에 절망합니다. 시시때때로 분노합니다. 무언가를 목표로 하면서 도달할 수 없는 그 목표 때문에 괴로워합니다. 열등감이 엄습하면 스스로 통제할 수 없게 됩니다. 열등감을 감추기 위해 애써 교만을 떱니다. 자꾸만 자신의 의를 내세웁니다. 존재 자체보다는 성취와 업적으로 자랑합니다. 이런 모든 것들은 진정한 평화가 없다는 증거입니다. 한번 눈을 감고 곰곰이 생각해 보십시오. 내 영혼이 잠잠하고, 평온하며, 평화로운지를 점검해 보십시오. 거듭나게 되면 의도하지 않아도 진정한 평강의 삶을 살게 됩니다. 삶의 환경과는 상관없는 평화가 찾아옵니다. 아무리 어려운 상황에 처할지라도 이상할 정도로 마음이 평안할 때가 있을 것입니다. 세상을 초월한 평화가 삶의 고통을 상쇄시킬 때의 경험을 해 보셨을 것입니다. 그것이 거듭난 증거입니다.

하나님 안에서 평안하게 되면 이웃과 평화를 누릴 수 있습니다. 내 마음이 평화로울 때, 좀 더 너그러울 수 있습니다. 내 마음이 평화롭지 않을 때, 어디를 가나 문제를 일으키게 됩니다. 작은 일에도 화를 냅니다. 나는 잘해 보려 하지만 문제가 자꾸 생깁니다. 내면의 평화가 없기 때문입니다. 그러나 그런 문제가 해결되면 다른 사람들에게 너그러울 수 있습니다. 진실로 거듭나 하나님의 자녀가 되면 우리의 소망이 이 땅에 있지 않고 하늘에 있다는 것을 믿게 됩니다. 자신의 진정한 정체성을 알게 됩니다. 우리는 하늘의 사람으로 나그네처럼 이 땅에서 잠시 살다 간다는 사실을 깨닫게 되는 것입니다. 주 예수 그리스도를 주님으로 영접하고 거듭난 순간, 이 땅에서의 나의 삶이 외국인으로 사는 것 같은 삶이라는 사실을 깨닫게 됩니다. '잠시 나그네처럼 지구에서 타향살이를 하는 사람인데, 마치 이곳에서 천년만년 사는 것처럼 아웅다웅 하며 살아갈 필요가 있을까'라는 넉넉한 생각이 드는 것입니다. 내가 생각하고, 겪고 있는 것, 괴로워하는 것이 정작 아무런 문제가 되지 않는다는 인식을 합니다. 그러면서 평온한 가운데 다른 사람에게 너그러워집니다. 그런 삶을 살다보면 자신을 사랑하며, 관계 속에서 사람들과 평화를 누리게 됩니다. 그러다보면 신령한 기쁨이 넘치게 됩니다. 이것이 바로 하나님 나라의 삶입니다. 신령한 기쁨이 넘치는 삶이 바로 천국의 삶입니다.

하나님께서는 우리 한 명, 한 명을 너무나 사랑하십니다. 그러기에 하나님의 소원은 사랑하는 자녀들이 자신의 통치 가운데 가장 의롭고 바른 삶, 의미 있는 삶, 축복된 삶으로 들어가는 것입니다. 하나님은 우리가 상상한 것보다 훨씬 더 큰 기쁨의 세계로 우리를 인도하시기 원하십니다. 더 큰 기쁨의 삶을 허락하시기 위해 우리더러 거듭나라고 촉구하시는 것입니다. 눈먼 자들의 세계에서 눈 뜬 자들의 세계로 들어오라고 하십니다. 그분은 말하십니다.

"네가 보이지 않는 곳에서 살고 있다는 것, 그것이 진짜 삶이라는 것을 잊지 말라. 땅의 문제만 바라보지 말라. 고개를 들어 내 나라의 영광을 바라보아라. 날마다 고개를 더 높이 들어 하늘에 속한 것들을 바라보아라. 부디 거듭나라. 내 나라의 축복의 통치 안으로 들어오거라."

거듭나야 영생을 얻을 수 있다

　거듭남이 중요한 또 하나의 이유는 그것이 영생을 가져다주기 때문입니다. 우리가 주님을 '나의 주, 나의 하나님'으로 영접하는 바로 그 순간, 천국의 삶이 시작됩니다. 그 영접의 순간, 우리 육신의 죽음은 하나의 관문 밖에 되지 않습니다. 거듭나는 순간, 영원하신 하나님의 나라에 들어갑니다. 그러면 육체의 남은 때를 하나님의 백성으로서 살아갑니다. 하나님 백성된 삶의 특징은 영생, 즉 영원한 생명입니다.

　하나님은 거듭날 때 영생의 삶이 시작되는 축복을 우리에게 주십니다. 이는 무서운 말입니다. 거듭나지 못하면 영생의 삶을 살지 못한다는 뜻이기 때문입니다. 그래서 우리 신앙의 선배들은 "사람이 두 번 태어나면 한번 죽는다. 한번만 태어나면 두 번 죽는다"라고 했습니다. 육으로 태어나고, 영으로 거듭난 사람은 육신의 죽음만을 '간단히' 겪습니다. 그러나 육으로 태어났지만 하나님의 영으로 거듭 태어나지 않으면 육신의 죽음과 함께 영원한 심판에 따른 죽음이라는 두 번째 사망을 경험하게 됩니다. 하나님은 사랑하는 당신의 자녀들이 그런

두 번째 사망을 경험하기를 원하지 않습니다. 그렇기 때문에 우리에게 끊임없이 거듭남에 대한 마음의 부담을 주시는 것입니다. 사람은 어떠한 인생을 살더라도 영원한 집에 대한 향수를 지니고 있습니다. 영원한 집에 대한 회귀 의식은 사랑의 하나님이 주시는 마음입니다.

우리는 거듭나야 합니다. 거듭나야만 보입니다. 거듭나기 전에는 우리 모두 영적 맹인의 상태입니다. 어메이징 그레이스의 "I was blind"를 고백할 수밖에 없습니다. 그러나 거듭나는 그 순간, 보입니다. 하나님의 나라가 보입니다. 보이면 살 수 있습니다. 하나님 나라가 보일 때, 그 하나님의 나라를 경험하며, 하나님 나라를 살아가게 됩니다. 거듭나는 순간 비로소 "But now I see"를 고백하게 됩니다. 그래서 주 예수님은 이 시대의 모든 니고데모들에게 거듭나야 한다고 말씀하고 계신 것입니다.

거듭난다는 것은 무엇을 의미하는가?

그러면 거듭난다는 것은 무엇입니까?

거듭난다는 것은 헬라어 어원상 '위로부터 태어난다'는 뜻이 있습니다. 육신이 탄생하는 것은 없던 것에서 새롭게 창조되는 것입니다. 위로부터 태어나는 거듭남도 새로운 창조입니다. 거듭남은 육신의 탄생과 같이 완전히 새롭게 태어나는 것입니다. 적절한 환경과 교육에 따라 조금씩 점진적으로 좋아지는 것이 아니라 거듭나는 바로 그 순간, 완벽한 새로운 존재로 창조되는 것입니다. 육신의 출생이 있을 때 부모님들이 아주 기뻐합니다. 마찬가지로 성령으로 인한 영의 출생이 있을 때 하늘에 계신 우리 아버지를 비롯해 천군 천사들, 우리보다 앞서 간 구름같이 허다한 믿음의 선진들이 크게 기뻐합니다.

목회자로서 제게 가장 기쁜 순간들이 있습니다. 제가 사랑하고 기도했던 사람이 예수님을 '나의 주, 나의 하나님'으로 고백하며 구원받는 것을 볼 때입니다. 그 순간, 정말로 기쁘고 기쁩니다. 다른 사람처럼 많은 돈을 벌거나 권력을 휘두르지 못해도 목회자로 살아가면서 구원받는 사람들을 볼 때 참으로 기쁘고 보람이 있습니다. 인간인 저도 그러는데 우리를 지으시고, 만세 전부터 우리 삶 가운데 놀라운 계획을 갖고 계신 하나님이 어련하시겠습니까? 우리가 당신께 돌아와서 "아버지, 제가 왔습니다"라고 고백하며 하나님을 '아바 아버지'라고 부를 때 그분이 얼마나 기뻐하시겠습니까?

육신의 생명은 참으로 신기합니다. 아이들은 자라가면서 부모를 닮아갑니다. 생김새는 물론 성격까지도 부모와 비슷해져 갑니다. 그래서 아이의 성품을 보면서 깜짝깜짝 놀랍니다. "어머나, 저건 정말 내 것인데…." 신기할 정도입니다. 그런데 우리가 영으로 거듭나면 하늘 아버지이신 하나님의 성품을 우리도 모르게 조금씩 닮아갑니다. 우리가 이 땅에 발 디디며 살아가기에 여전히 옛사람의 성품이 있지만 우리 안에 하나님의 성품이 심겨져 점점 하나님의 거룩하고 아름다운 성품으로 자라나는 것을 보게 됩니다. 이것이야말로 놀라운 은혜입니다. 또한 우리 육의 생명이 태어나면 동사무소에 가서 출생신고를 합니다. 마찬가지로 영의 생명이 태어나면 영원한 하늘의 생명책에 그 이름이 등록됩니다. 생각하면 할수록 놀라운 축복입니다. 거듭날 때, 우리는 더 이상 이 땅에 고아처럼 버려진 존재가 아니라 하나님 나라의 생명책에 이름이 기록된 고귀한 존재가 됩니다. 하나님이 불로 이 땅을 심판하실 때, 생명책에 기록된 영의 자녀들을 구원해 주십니다. 자녀는 어머니 아버지의 사랑이 결합되어 태어납니다. 마찬가지로 선포되는 하나님의 말씀과 성령의 아름다운 역사 가운데 영혼이 거듭나게 되는 것입니다. 예수님은 니고데모에게 "물과 성령으로 거듭나지 아니하면 하나님의 나라에 들어갈 수 없다"고 말씀하셨습니다. 물과 성령은 하나님의 말씀을 의미합니다. 물은 생명의 근원입니다. 영혼을 거듭나게 하는 생명의 근원은 다름 아닌 복음의 말씀입니다. 이 복음의 말씀과 성령의 역사를 필요충분조건으로 해서 우리가 거듭나게 되는 것입니다. 생명을 걸고 말씀을 사랑해야 하는 이유가 여기에 있습니다.

영혼의 거듭남은 우리 영혼이 성령의 역사를 따라 위로부터 다시 태어나는 것입니다. 새롭게 태어날 때, 하나님을 '아바 아버지'로 부를 수 있는 하나님의 자녀가 되는 권세를 받게 됩니다. 신앙생활이라고 할 때, 종교적인 엄한 규율 속에 억지로 우리 삶을 끼어 맞추는 삶을 연상하기 쉽습니다. 어찌 보면 다른 종교 생활들은 그럴 수 있습니다. 그러나 기독교는 그런 종교가 아닙니다! 어떤 특정한 종교의 규율 속으로 들어가는 것이 아니라 거듭남을 통해서 아버지와 자녀간의 축복된 관계를 누리며 살아가는 것이 기독교의 신앙생활입니다. 거기에는 참 자유가 있습니다. 그래서 예수님은 "진리를 알지니 진리가 너희를 자유케 하리라"라고 말씀하셨습니다. 물론 자유를 방종과 혼동하지 마시기 바랍니다. 거듭날 때, 하나님의 자녀로서의 하나님과의 관계를 누리고 즐기게 됩니다.

우리가 아기로 막 태어났을 때에는 육신적으론 엄마와 아빠를 괴롭게 합니다. 부모는 몇 년 동안 잠 못 자고 아기를 돌봐야 합니다. 부모 노릇하기가 괴롭습니다. 아기가 그 부모의 노고를 압니까? 전혀 모릅니다. 그저 부모 슬하에서 자라날 뿐입니다. 그러나 그 아기가 커서 부모의 마음과 지난 고생을 알면서 부모의 남은 인생을 책임져 줍니다. 하나님의 자녀로 거듭나는 것도 마찬가지입니다. 처음 거듭났을 때엔 아무것도 모릅니다. 어쩌면 하나님의 명예에 누를 끼칠 수도 있습니다. 그러나 우리들의 부모님처럼 하나님은 그것을 개의치 않으십니다. 왜냐하면 우리가 당신의 자녀이기 때문입니다. 신앙생활을 하면서 담배를 끊지 못하고 술을 마시면서 괴로워하시는 분들이 계십니다. 물론 담배와 술은 끊는 것이 좋습니다. 그러나 더 중요한 것은 비록 담배피고 술을 마신다 할지라도 하나님의 눈길을 의식하며 사는 것입니다. 영적으로 성숙할 때까지 담배 피고 술을 마실 수 있습니다. 물론 이 말도 오해하면 안 됩니다. 그러나 술 마시고, 담배 핀다고 하나님께서는 당신의 자녀들을 하늘 호적에서 빼버리시지 않습니다. 중요한 것은 거듭남에 대한 갈망이 있어야 합니다. 어떤 환경과 처지에 있든 우리는 이렇게 고백해야 합니다. "하나님, 제가 당신의 자녀로 거듭나기를 원합니다. 내 육신이 태어난 것처럼 내 영혼이 하나님의 자녀로 거듭나기를 원합니다."

어떻게 거듭날 수 있는가?

그러면 어떻게 거듭날 수 있습니까?

거듭남은 결코 어렵지 않습니다. 이스라엘 백성들이 장대에 매달린 구리 뱀을 쳐다보는 것처럼 거듭남은 쉽습니다. 거듭남의 진리를 어렵게 말하는 사람들이 있습니다. 그러나 거듭남은 간단합니다. 십자가에 높이 달리신 우리 주 예수 그리스도를 믿음의 눈으로 바라보기만 하면 됩니다. 일본의 신학자 가운데 우치무라 간조라고 하는 분이 계십니다. 그가 십자가 복음의 진리를 깊이 묵상하고 깨달은 끝에 4마디의 영어로 이렇게 말했습니다.

"so simple, so profound"

'너무나도 간단하지만 너무나도 깊은 메시지'라는 뜻입니다. 복음의 진리는 간단합니다. 그러나 그 단순한 진리 속에 깊고도 깊은 의미가 있습니다. 우리가 하나님의 자녀로 거듭나는 것 역시 어려운 것이 아닙니다. 거듭나기 위해선 4가지를 받아들여야 합니다.

첫째, 하나님이 당신을 사랑하고 계심을 알아야 합니다.

둘째, 당신이 죄인임을 인정하고 고백해야 합니다.

셋째, 예수님이 당신을 위해 십자가에서 죽으시고 부활하셨다는 사실을 믿어야 합니다.

넷째, 예수 그리스도를 구세주와 주님으로 믿고 마음속에 모셔 들여야 합니다.

이 4가지를 진심으로 받아들이면 거듭나게 됩니다. 우리는 하나님께서 우리를 너무나 사랑하신다는 사실을 알아야 합니다. 하나님은 사랑이십니다. 그분은 정말 가슴 저리게 우리를 사랑하십니다. 그분의 자녀인 우리의 정체성은 '사랑 받는 자'입니다. 그 사랑 받는 자라는 정체성은 우리 조건과는 상관없이 주어진 것입니다. 우리 품질과도 상관없습니다. 그분은 불량품들도 동일하게 사랑하십니다. 우리가 부족하면 부족하기 때문에 더 사랑하십니다.

인생의 성공 비결은 주 예수 그리스도와 함께 사는 것이다

　사랑의 하나님께서는 우리 인생에 놀라운 축복을 예비시켜 놓으셨습니다. 하나님은 우리가 하나님 나라의 축복의 통치를 받음으로 평안과 평화 속에서 신령한 기쁨이 용솟음치는 삶을 살기를 진정으로 원하십니다. 그런 삶을 살지 못하는 인생들을 보시면서 하나님은 안타까워하십니다.

　우리가 하나님 나라의 신령한 기쁨의 삶을 살지 못하는 가장 큰 이유는 죄 때문입니다. 우리 모두는 죄인입니다. 진실로 거듭나기 위해서 우리는 하나님 앞에 나아가 "저는 죄인입니다. 저를 도우소서"라고 고백해야 합니다. 하나님의 사랑을 거부하고, 그 사랑에 온전히 반응하지 못한 것이 우리의 가장 큰 죄입니다. 남의 것을 빼앗고, 탐욕을 부린 것, 거짓말을 한 것만이 죄가 아닙니다. 도덕적으로 흠결 없이 반듯한 삶을 살았더라도 하나님 아버지를 떠나 있다면, 결국은 죄인입니다. 그런 사람들도 반드시 하늘 아버지께 자신의 죄성을 인정하며 돌아와야 합니다. "저는 불효자입니다. 아버지를 떠났기 때문입니다. 저를 용서해 주소서"라며 주님께 탄원해야 합니다. 성경은 "죄의 삯은 사망"이라고 분명히 선언하고 있습니다. 여기서 사망은 단순히 육신의 죽음만을 의미하지 않습니다. 하나님의 사랑과 영원히 분리되는 둘째 사망을 말합니다. 성경은 이를 멸망이라고 이야기합니다. 아버지 하나님을 알지 못할 때, 우리는 결국 멸망당할 비참한 존재가 되는 것입니다.

자신이 영원히 멸망당할 죄인이라는 사실을 알지 못한 채, 인생을 열심히 사는 것이 무슨 유익이 있겠습니까? 하나님 나라 안에서의 기쁨의 삶을 보지 못한 채, 도저히 채울 수 없는 갈증만을 안고 살아가는 인생은 참으로 비참하기 그지없습니다. 그래서 우리 인생에서 가장 중요한 일은 주 예수 그리스도를 알고, 만나는 것입니다. 성부 하나님은 죄에 빠진 인간을 구원하기 위해 독생자 예수님을 이 땅에 보내주셨습니다. 죄 없으신 주 예수님은 십자가에 달리심으로 우리 죄를 대신하셨습니다. 구리 뱀을 쳐다본 이스라엘 백성들 누구나 고침을 받았듯이 십자가에 달리신 주 예수 그리스도를 바라보는 누구나 구원받을 수 있습니다. 십자가상의 대속의 사건을 진심으로 나의 사건으로 믿으며 받아들인 사람들은 구원받은 자요, 거듭난 자입니다. 주 예수님을 나의 죄를 용서하신 그리스도로, 인생의 주인으로 마음 깊이 영접할 때, 비로소 하나님의 자녀로 거듭나는 것입니다.

주 예수님을 알고, 그분을 영접하며, 그 이름을 믿는 자들은 누구나 하나님의 자녀가 됩니다. 이런 사실을 믿으며 입술로 고백해야 합니다. 그리고 예수님을 초청해야 합니다. "주 예수님, 내 마음속에 들어오셔서 나를 하나님의 자녀로 거듭나게 해 주시옵소서." 진정으로 이런 초청을 할 때, 우리는 거듭나게 되는 것입니다. 이것은 영적인 사건이기에 육적인 변화 여부와는 상관이 없습니다. 주님을 쳐다 볼 때, 주님이 내 안에 들어오십니다. 십자가 사건이 바로 나의 영적인 사건이 됩니다. 내 마음을 주 예수 그리스도가 거할 집으로 만들 때, 비로소 인생의 길이 보입니다.

인생의 길이 보이지 않습니까? 갈 바를 알지 못해 답답하십니까?

답은 간단합니다.

주 예수 그리스도를 알면 인생이 보입니다.

인생의 성공 비결은 주 예수 그리스도와 함께 사는 것입니다.

주님을 만날 때, 우리 모두는 존 뉴턴과 같이 그분의 놀라운 은혜에 감격하면서 고백할 수 있습니다.

"그러나, 이제 나는 봅니다.(But now I see)"

02

한 아이가 우리에게 났으니

:: 말씀이 육신이 되어 이 땅에 오신 주예수 그리스도

¹태초에 말씀이 계시니라 이 말씀이 하나님과 함께 계셨으니 이 말씀은 곧 하나님이시니라 ²그가 태초에 하나님과 함께 계셨고 ³만물이 그로 말미암아 지은 바 되었으니 지은 것이 하나도 그가 없이는 된 것이 없느니라 ⁴그 안에 생명이 있었으니 이 생명은 사람들의 빛이라 ⁵빛이 어둠에 비치되 어둠이 깨닫지 못하더라 ⁶하나님께로부터 보내심을 받은 사람이 있으니 그의 이름은 요한이라 ⁷그가 증언하러 왔으니 곧 빛에 대하여 증언하고 모든 사람이 자기로 말미암아 믿게 하려 함이라 ⁸그는 이 빛이 아니요 이 빛에 대하여 증언하러 온 자라 ⁹참 빛 곧 세상에 와서 각 사람에게 비추는 빛이 있었나니 ¹⁰그가 세상에 계셨으며 세상은 그로 말미암아 지은 바 되었으되 세상이 그를 알지 못하였고 ¹¹자기 땅에 오매 자기 백성이 영접하지 아니하였으나 ¹²영접하는 자 곧 그 이름을 믿는 자들에게는 하나님의 자녀가 되는 권세를 주셨으니 ¹³이는 혈통으로나 육정으로나 사람의 뜻으로 나지 아니하고 오직 하나님께로부터 난 자들이니라 ¹⁴말씀이 육신이 되어 우리 가운데 거하시매 우리가 그의 영광을 보니 아버지의 독생자의 영광이요 은혜와 진리가 충만하더라 ¹⁵요한이 그에 대하여 증언하여 외쳐 이르되 내가 전에 말하기를 내 뒤에 오시는 이가 나보다 앞선 것은 나보다 먼저 계심이라 한 것이 이 사람을 가리킴이라 하니라 ¹⁶우리가 다 그의 충만한 데서 받으니 은혜 위에 은혜러라 ¹⁷율법은 모세로 말미암아 주어진 것이요 은혜와 진리는 예수 그리스도로 말미암아 온 것이라 ¹⁸본래 하나님을 본 사람이 없으되 아버지 품 속에 있는 독생하신 하나님이 나타내셨느니라

요한복음 1장1-18절

한 아이가 우리에게 났으니…

예수 그리스도의 탄생은 하늘과 땅을 관통하는 범우주적인 사건입니다. 그래서 예수 탄생의 기쁜 소식이 울려 퍼지던 그 밤에 하늘의 천사들은 다음과 같이 찬양하며 노래했습니다. "지극히 높은 곳에서는 하나님께 영광이요, 땅에서는 기뻐하심을 입은 사람들 중에 평화로다." 지극히 높은 곳인 하늘과 이 땅을 관통하는 놀라운 사건이 곧 우리 구주 예수 그리스도의 탄생입니다. 아기 예수의 탄생으로 죄악의 어둠 속에 있던 사람들에게 구원의 빛이 비춰졌습니다. 아기 예수의 탄생을 통해 길을 잃은 사람들에게 참된 삶의 길이 보이기 시작했습니다. 아기 예수의 탄생을 통해 존재의 절망 가운데 있는 사람들에게 부활과 영생의 소망이 임하게 되었습니다.

요한복음 1장에서 요한은 예수님의 세 가지 모습을 우리에게 보여주고 있습니다. 요한은 "태초에 말씀이 계시니라 이 말씀이 하나님과 함께 계셨으니 이 말씀은 곧 하나님이시니라"는 말로 요한복음을 시작합니다. 요한은 요한복음 도입부에서 말씀, 즉 로고스로 예수님을 설명합니다. "말씀이 육신이 되어서 우리 가운데 임하셨다"라면서 "사람들은 하나님의 독생자의 영광을 보았다. 그 영광 가운데 은혜와 진리가 충만하더라"고 예수님이 이 땅에 오심을 우리들에게 소개하고 있습니다. 신약의 사복음서는 모두 예수님을 소개하고 있는데 각 복음서마다 예수님을 각각 다르게 묘사하고 있습니다.

마태복음은 예수님을 구약에 예언되어 있었던 메시아로 소개하고 있습니다. 그래서 마태복음에는 구약의 예언의 말씀들이 많이 인용되어 있습니다. 이탈리아의 한 교회에 가면 레오나르도 다빈치가 그린 유명한 성화가 걸려 있습니다. 그 성화에는 구약에 나오는 여러 위대한 인물들이 그려져 있습니다. 많은 인물들이 다양한 모습과 자세로 나옵니다. 어떤 사람은 누워 있고, 어떤 사람은 서 있으며, 어떤 사람은 비스듬히 기대어 있습니다. 재미있는 것은 그런 다양한 모습 속에서도 그들의 얼굴은 오직 한 방향만을 향하고 있다는 것입니다. 그들의 눈은 동일하게 한 곳만을 바라보고 있습니다. 바로 건너편에 걸려 있는 아기 예수의 그림입니다. 다빈치는 그림을 통해 구약의 모든 인물들이 메시아 탄생을 기대하며, 기다리고 있었다는 것을 말하고 싶었던 것 같습니다. 구약의 선지자들은 하나님의 영광 가운데 메시아가 도래할 것을 예언하며 그 메시아의 탄생을 기다리고 있었습니다. 특별히 구약의 여러 선지자들 가운데 이사야는 '복음의 선지자'로 불릴 정도로 예수 그리스도에 대한 많은 예언을 남겨 놓았습니다. 그의 기록인 이사야서는 '제 5복음서'란 별명을 갖고 있습니다. 이사

야는 예수님이 탄생하기 700여 년 전에 "보라 처녀가 잉태하여 아들
을 낳을 것이요 그의 이름을 임마누엘이라 하리라"(사 7:14)고 예언
했습니다. 이 밖에도 이사야서에는 여러 부분에서 예수님에 대한 묘
사가 나옵니다.

"이는 한 아기가 우리에게 났고 한 아들을 우리에게 주신 바 되었는데 그의 어
깨에는 정사를 메었고 그의 이름은 기묘자라, 모사라, 전능하신 하나님이라, 영
존하시는 아버지라, 평강의 왕이라 할 것임이라. 그 정사와 평강의 더함이 무궁
하며 또 다윗의 왕좌와 그의 나라에 군림하여 그 나라를 굳게 세우고 지금 이후
로 영원히 정의와 공의로 그것을 보존하실 것이라. 만군의 여호와의 열심이 이
를 이루시리라." (사 9:6~7)

"이새의 줄기에서 한 싹이 나며 그 뿌리에서 한 가지가 나서 결실할 것이요 그
의 위에 여호와의 영 곧 지혜와 총명의 영이요 모략과 재능의 영이요 지식과 여
호와를 경외하는 영이 강림하시리니" (사 11:1~2)

"그가 찔림은 우리의 허물 때문이요 그가 상함은 우리의 죄악 때문이라 그가
징계를 받으므로 우리는 평화를 누리고 그가 채찍에 맞으므로 우리는 나음을
받았도다 우리는 다 양 같아서 그릇 행하여 각기 제 길로 갔거늘 여호와께서는
우리 모두의 죄악을 그에게 담당시키셨도다" (사 53:5~6)

마태복음 1장 23절에는 이사야서 7장 14절의 말씀이 그대로 인용되

어 우리 가운데 임하시는 메시아로 예수님을 소개하고 있습니다. 그 바로 앞 구절에서는 "이 모든 일이 된 것은 주께서 선지자로 하신 말씀을 이루려 하심이라"고 기록되었습니다. 이사야를 비롯해 여러 선지자를 통해서 수백 년 전에 예언된 메시아가 주 예수 그리스도로 우리 가운데 임하셨다는 것을 알려주고 있습니다. "유대 땅 베들레헴아 너는 유대 고을 중에서 가장 작지 아니하도다 네게서 한 다스리는 자가 나와서 내 백성 이스라엘의 목자가 되리라"는 마태복음 2장 6절 말씀은 미가서 5장 2절을 인용한 것입니다. 작은 마을인 유대의 베들레헴에서 영원한 목자 되시는 예수 그리스도가 오신다는 것이 이미 오래전에 선지자를 통해서 예언되었음을 알려줍니다.

마가복음은 능력을 나타내시는 권능자로서의 예수님을 우리에게 소개해주고 있습니다. 마가복음은 예수님의 가르침보다는 예수님의 행위에 초점을 맞춥니다. 마가복음의 저자는 아주 빠른 속도로 예수님의 권능의 행위를 기록하고 있습니다. 그래서 마가복음은 사복음서 가운데 가장 짧습니다. 마가복음 1장만 보더라도 예수님의 여러 행위가 숨 가쁘게 묘사되고 있습니다. 침례를 받으시고, 광야에서 시험 당하시며, 갈릴리에 와서 복음을 전하시고, 제자들을 부르시고, 더러운 귀신들을 쫓아내며, 사람을 고쳐주시는 사건들이 연속해서 기록되어 있습니다. 이밖에 마가복음에는 베드로의 장모를 고쳐주시는 사건, 나병환자를 비롯해 여러 병자들을 권능으로 치유해 주시는 사건 등 권능자 예수님의 여러 모습들이 묘사되어 있습니다.

누가복음은 예수님을 완벽한 인간으로 묘사합니다. 누가복음의 저자인 누가는 예수님에 대해 언급하며 '사람의 아들', '인자'라는 표현을 자주 씁니다. 의사였던 누가의 눈에 비친 예수님은 사랑으로 사람들을 품고, 고쳐주시는 치료자셨습니다. 그래서 누가복음은 사랑의 치료자로서 예수님을 우리에게 소개해주고 있습니다.

로고스(말씀)이신 예수님이 육을 입고
우리에게 오셨다

반면에 요한은 예수님이 '로고스' 즉 말씀이시라고 강조합니다. 말씀이라고 할 때엔 여러 개념이 있지만 대표적으로 3가지만 살펴보겠습니다.

첫째로 로고스(말씀)는 존재의 표현입니다. 하나님은 영이십니다. 그래서 볼 수도, 만질 수도 없습니다. 더욱이 죄인 된 우리는 거룩하신 하나님을 찾을 수도 없습니다. 이런 상황 가운데 말씀이신 예수님이 육을 입고 이 땅에 보내져 하나님이 어떠한 분이신지를 우리에게 나타내주셨습니다. 말씀이신 예수님이 성육신(incarnation)하심으로 하나님의 존재를 인간들에게 표현하셨다는 것이지요. 그래서 요한복음 1장 18절에 "본래 하나님을 본 사람이 없으되 아버지 품속에 있는 독생하신 하나님이 나타내셨느니라"고 기록되어 있습니다. 하늘 아버지

품속에 계셨던, 오직 말씀으로만 존재하셨던 예수님께서 육을 입고 이 땅에 오셔서 하나님을 나타내셨습니다. 하나님 존재를 표현해 주신 것입니다.

요한복음 14장에 보면 빌립과 예수님의 대화가 나옵니다. 빌립이 예수님께 이런 말을 합니다. "주여, 아버지를 우리에게 보여주옵소서. 그리하면 족하겠나이다." 그러자 예수님께서 빌립에게 말합니다. "빌립아 내가 이렇게 오래 너희와 함께 있으되 네가 나를 알지 못하느냐 나를 본 자는 아버지를 보았거늘 어찌하여 아버지를 보이라 하느냐." 예수님은 자신을 본 자는 누구나 하늘 아버지를 봤는데도 왜 보지 못한 것처럼 말하느냐고 하신 것입니다. 하나님은 영이시고, 인간의 모든 감각을 초월하시는 분입니다. 그래서 인간의 눈으론 볼 수 없습니다. 바로 그 하나님께서 자신의 존재를 보여주시기 위해 말씀이신 예수 그리스도를 육을 입혀 이 땅에 보내신 것입니다. 그래서 고린도후서 4장 4절에 "그리스도는 하나님의 형상이니라"고 기록되어 있습니다. 제한된 존재인 우리는 말씀이신 예수 그리스도를 통해 무제한적인 존재이신 하나님의 본질과 성품, 섭리, 역사, 사역을 알게 되는 것입니다. 다르게 말하자면 예수님이 하나님을 우리에게 나타내 보여주시는 것입니다. 우리로 하여금 하나님을 깨닫게 해주시는 분이 바로 예수님이십니다.

두 번째로 로고스(말씀)는 커뮤니케이션 입니다. 말씀을 통해 두 존재가 서로 연결될 수 있게 됩니다. 사람과 사람도 언어로 서로 연결되어 소통합니다. 로고스는 연결시켜주는 다리입니다. 죄로 인해 인간은 거룩하신 하나님과 단절되었습니다. 이것이 곧 성경에서 말하는 영적 사망입니다. 영적으로 죽은 상태인 인간들은 철학과 윤리적 노력, 강력한 의지, 더 나아가 종교적 헌신으로 하나님께 도달하려 애썼지만 모든 노력은 실패로 끝났습니다. 죄에 빠진 인간은 더듬거리며 하나님을 찾을 수 없었습니다. 그러한 절망적 상황 가운데 하나님은 말씀이신 예수님에게 육신을 입혀 자신과 인간들 간의 연결이 가능하도록 하셨습니다. 피조물인 인간들과 서로 사귐을 갖는 것은 하나님의 소망이셨습니다. 결국 주 예수 그리스도는 우리와 하나님 간의 다리가 되셨습니다. 예수님이 다리가 된 사건이 바로 성탄입니다. 예수님은 하나님과 우리 사이의 유일한 중보자이십니다. "하나님은 한 분이시요 또 하나님과 사람 사이에 중보자도 한 분이시니 곧 사람이신 그리스도 예수라."(딤전 2:5) 말씀이신 예수님은 하나님과 우리 사이에 교류가 가능하도록 다리를 놓아 주신 분입니다. 그래서 하나님은 예수님을 통해서 우리 가운데로 오십니다. 또 우리는 다리 되신 예수님을 통해 하나님께로 갈 수 있습니다. 이제 하나님과 우리 사이에 다리가 놓였습니다. 이것이 곧 로고스(말씀)로 우리 가운데 임하신 예수님입니다. 그래서 예수님은 자신 있게 말하십니다.

"내가 곧 길이요 진리요 생명이니 나로 말미암지 않고는 아버지께로 올 자가 없느니라." (요14:6)

세 번째로 로고스(말씀)는 특별한 계시의 수단입니다. "옛적에 선지자들을 통하여 여러 부분과 여러 모양으로 우리 조상들에게 말씀하신 하나님이 이 모든 날 마지막에는 아들을 통하여 우리에게 말씀하셨으니…."(히 1:1) 예수님 자체가 하나님의 특별 계시입니다. 우리에게 임하는 하나님의 특별 계시가 바로 말씀이신 예수 그리스도라는 것입니다. 구약에서 하나님께서는 꿈과 기적, 환상, 음성, 선지자의 말 등 여러 모양과 방법으로 말씀하셨습니다. 그렇지만 이 모든 것은 늘 2 퍼센트 부족했습니다. 하나님이 말씀하신 것은 분명 맞지만 뭔가 불완전했습니다. 그래서 이 마지막 때에 로고스이신 예수 그리스도를 이 땅에 보내서 그를 통해서 말씀하신 것입니다. 과거에 선지자들을 매개로 해서 우리 조상들에게 말씀하신 하나님이 이 마지막 때에 독생자이자 말씀이신 아들을 통해 우리에게 말씀하시는 것입니다. 독생자 예수 그리스도를 통해 당신을 계시하시고 당신의 말씀을 우리에게 전해 주십니다. 그런 면에서 말씀이 육신을 입고 우리 가운데 임하신 예수 탄생의 사건은 지상 최대의 사건이며 인간에게는 감사와 기쁨이 넘치는 사건입니다. 우리가 감히 어떻게 하나님을 알 수 있겠습니까? 죄인 된 인생들이 어찌 하나님을 알 수 있겠느냐고요. 제한된 인간의 그 어떠한 노력이 우리를 지존하신, 무제한적인 하나님께로 인도할 수 있겠습니까?

그래서 말씀이신 예수님이 이 땅에 오셔서 하나님을 나타내주신 것입니다. 이것이 세상의 모든 종교와 기독교를 구별 짓는 사건 중의 하나입니다. 세상의 많은 종교는 인간이 노력을 통해 신을 향해 나아가는 종교입니다. 저는 기독교를 종교라고 말하고 싶진 않습니다. 그럼에도 기독교를 종교의 범주로 굳이 본다면, 기독교는 창조주 하나님이 우리 가운데로 오신 종교입니다. 그 하나님을 우리가 만나게 되고, 그 하나님과 소통하게 되며, 그 하나님의 특별한 계시를 받게 된 사건이 바로 말씀이 육신이 되어 우리 가운데 거하시는 성탄의 사건입니다. 예수님을 통해서 창조주 하나님을 알게 되고 그 하나님과 연결 되며 그분의 위대한 계시를 받게 되는 놀라운 축복이 말씀이 육신이 되어 우리 가운데 임하시는 그 사건을 통해서 이루어졌습니다. 그러므로 성탄은 언제나 기쁘고 감격스러운 것입니다.

우리 모두는 그리스도의 편지다

　　말씀으로 임하신 예수님을 우리 마음 가운데 모셔드리면서 우리가 결단해야 할 것이 있습니다. 바로 우리 뿐 아니라 세상 모든 사람들이 말씀으로 임한 예수님을 알 수 있게 해야 한다는 것입니다. 그러기 위해선 우리 역시 말씀으로 성육신해야 합니다. 지금 세상 사람들은 예수님을 모릅니다. 찾지도 않습니다. 그럼 어떻게 그들이 예수님을 알 수 있겠습니까? 말씀으로 임하신 예수님을 우리의 삶으로 성육신 해야만 말씀이신 예수님이 우리를 통해 그들에게 보이게 되는 것입니다. 그래서 성경은 우리를 '그리스도의 편지'라고 하는 것입니다.

우리 모두는 그리스도의 편지입니다. 세상 사람들은 우리의 삶을 보고, 읽으면서 그리스도를 보며, 읽게 됩니다. 우리는 말씀이 육신이 되어 이 땅에 임하신 예수님을 영접해 주님으로 모셨습니다. 이제 그 말씀을 우리 삶으로 성육신화해서 세상 가운데 예수님이 보이고, 읽혀지고, 만져질 수 있도록 해야 합니다. 그것이 주님의 몸 된 교회의 역할입니다.

요한은 요한복음 1장 2~3절에서 주 예수 그리스도의 또 다른 모습을 소개하고 있습니다. "그가 태초에 하나님과 함께 계셨고 만물이 그로 말미암아 지은 바 되었으니 지은 것이 하나도 그가 없이는 된 것이 없느니라." 요한복음 1장 10절에는 이렇게 기록되어 있습니다. "그가 세상에 계셨으며 세상은 그로 말미암아 지은 바 되었으되 세상이 그를 알지 못하였고…."

요한은 말씀이 육신이 되어 우리 가운데 임하신 예수님을 언급한 뒤에 창조주이며 주권자로서의 예수 그리스도를 우리에게 소개하고 있습니다. 예수님은 태초에 하나님과 함께 계셨습니다. 이 말은 창세기 1장의 말씀을 연상시킵니다. 창세기는 창조의 장입니다. 창조가 있기 전부터 말씀이신 예수님은 하나님과 함께 존재하셨다는 것입니다. 요한은 지금 예수님의 선재성(先在性)에 대해 말하고 있습니다.

앞서 언급한 대로 미가서 5장 2절의 "베들레헴 에브라다야 너는 유다 족속 중에 작을지라도 이스라엘을 다스릴 자가 네게서 내게로 나올 것이라"는 말은 마태복음 2장 6절에 인용되었습니다. 그 미가서 구절의 바로 뒤엔 "그의 근본은 상고에, 영원에 있느니라"고 기록되어 있습니다. 현대인의 성경에는 이 말씀이 이렇게 번역되어 있습니다. "그는 영원 전부터 있는 자이다." 아주 명료합니다. 예수 그리스도는 온 우주 만물이 있기 전부터 존재하셨던 분이셨다는 사실을 알려주는 것입니다.

예수님은 하나님 아버지와 함께 창조의 주인이십니다. 예수님은 모든 창조 세계의 주인이고 주권자시며 상속자이십니다. 예수님은 창조자이고 생명의 주인이시기 때문에 죽은 자를 살리실 수 있었습니다. 생명의 주인으로서 예수님은 살리기도, 죽이기도 할 수 있는 모든 생명의 주권을 가지신 분이십니다. 그러나 그분의 본질은 사랑이기에 늘 살리십니다. 예수님은 살리는 분입니다. 다른 사람을 살릴 뿐 아니라 그분 자신도 부활하셨습니다. 예수님께서 창조주로 하늘과 땅의 모든 권세를 가지고 계셨기 때문에 귀신들에게 명하니까 귀신들도 순종할 수밖에 없는 것입니다. 하늘과 땅의 주권을 지니신 예수님의 손에 모든 것이 달려 있습니다. 우리가 아무리 열심히 노력하더라도 모두 크고 위대하게 되는 것은 아닙니다. 헛수고만 하고 허공만 치는 인생들이 얼마나 많은지 모릅니다. 주권을 지니신 예수님께서 사람을 크게도, 능하게도 하시는 것입니다.

창조주로서 예수님은 인간 뿐 아니라 자연세계의 모든 것에도 주권을 갖고 계십니다. 그래서 갈릴리 바다의 강풍더러 "잠잠하라"고 명하니 강풍도 순종하는 겁니다. 순종하지 않을 수 없습니다. 왜냐하면 자연 모든 세계에 창조주적인 주권을 가지신 분이 명했기 때문입니다. 이 성자 하나님, 창조주로서 모든 주권을 지니신 하나님이 당신이 창조한 피조물의 옷을 입고 이 땅 가운데 내려오신 것입니다. 그 날이 바로 성탄절이기에 우리가 크게 기뻐하며 그 날을 기념하는 것입니다.

이 땅에 오신 예수님은 자기를 만나고, 자기를 믿는 자들에게 계속해서 창조의 역사를 하십니다. 그분의 속성은 살리는 분, 만물을 새롭게 만드시는 분이기 때문입니다. 그래서 우리 인생들이 예수님을 만나 회개하며 그분을 주인으로 모시기만 하면 누구든지 새 창조의 역사를 경험하게 됩니다.

새로운 피조물을 영어로 보면 'new creation'입니다. 그분을 만나는 누구에게나 새 창조의 역사가 일어난다는 뜻입니다. 왜 그럴까요? 예수님이 창조자이시기 때문입니다. 아무리 형편없는 사람도 예수님을 만나 회개하고, 예수님을 인생의 주인으로 모시면 내면 깊숙한 데서부터 새 창조와 변화의 역사가 일어나게 되는 겁니다. 어떤 사람에게는 매우 빠르게, 어떤 사람은 천천히 일어나겠지만 분명한 것은 누구에게나 변화가 일어난다는 겁니다. 여기에는 예외가 없습니다. 그래서 인생에서 가장 중요한 것은 예수 그리스도를 만나는 것입니다.

예수님을 믿노라 하지만 자신에게 어떠한 새 창조의 변화가 일어나지 않는다는 사람들은 스스로를 점검해봐야 합니다. 입으로는 "주여, 주여"하지만 실제론 하나님과 상관없는 사람일 수 있습니다. 이 얼마나 두려운 일입니까? 창조주 하나님과 상관없는 사람의 인생이 어디로 가겠습니까? 창조주 되신 예수님이 지금 어디에 계십니까? 우리 마음과 삶의 중심에 있습니까? 누가 주인입니까? 나입니까? 예수 그리스도 입니까? 예수 그리스도가 내 삶의 중심에 계시고, 그분이 나의 주인이라면 새 창조의 역사는 한 번만이 아니라 전 삶을 통해 지속적으로 일어나게 되어 있습니다. 우리 삶에서 새 창조의 역사가 변함없이 진행되고 있는 겁니다. 피조물 가운데 새 창조의 역사를 완성한 사람은 아무도 없습니다. 우리는 새 창조의 과정 가운데 있는 사람들입니다. 아무리 재미없는 인생에게도 예수님이 들어가기만 하면 '그는 나로 더불어 먹고 나는 그로 더불어 먹는' 흥미진진한 인생이 열리게 됩니다. 의와 희락과 평강의 나라가 심령 가운데 펼쳐지게 되는 겁니다. 그러므로 우리 주 예수님은 살려주고, 풀어주고, 열어주는 분이십니다.

누가 인생의 주인인가?

스스로 '나는 열매 없는 인생'이라고 한탄하시나요? 포도나무이신 예수님과 접붙여 지기만 하면 저절로 열매를 맺게 됩니다.

예수님이 우리 인생에 들어오셔서 주인 되어 주시면 시간이 지나면 종류와 크기는 다를 수 있어도 각각의 열매를 맺게 됩니다. 우리의 노력과는 상관없이 열매가 맺힙니다. 예수님 안에서 우리는 참 쉼을 누릴 수 있습니다. 그래서 그분은 말씀하십니다.

만일 삶에서 특별한 열매가 없다면 다시 한 번 생각해봐야 합니다. 다른 것이 아니라 주님과 나와의 관계를 점검할 필요가 있습니다. 관건은 주님과의 바른 관계입니다. 주님이 내 안에 들어오셔야 합니다. 그때, 인생의 모든 것이 결정됩니다. 무능한 인생에 예수님이 들어가 주인 되어 주시면 언젠가는 주님께서 의도하신 능력이 그 무능한 인생을 통해 나타납니다. "내게 능력 주시는 자 안에서 내가 모든 것을 할 수 있느니라"는 고백은 사도 바울의 것만이 아니라 예수님을 주인으로 모신 모든 사람의 고백이 될 수 있습니다.

이렇게 놀라운 창조자 되시는 하나님께서 피조물인 인간의 몸을 입고 이 땅, 그것도 가장 비천한 자리에 내려오신 것 자체가 은혜입니다. 주님은 말씀하셨습니다.

"내가 온 것은 양으로 생명을 얻게 하고 더 풍성히 얻게 하려는 것이라." (요 10:10)

창조주 되신 주님께서 육신을 입고 미천한 자리에 오신 것은 우리에게 생명을 주고 우리를 부요하게 하기 위함입니다. 성탄이 우리 입장에선 감격스런 기쁜 날이지만 하늘 아버지 입장에선 가슴 아픈 날입니다.

창조주 하나님이 피조물인 인간과 같이 육신을 입은 것은 비유로 말하자면 지렁이보다도 더 미천하게 되는 것입니다. 독생자가 지렁이보다도 더 미천한 존재로 떨어졌다고 생각해 보십시오. 아버지 입장에선 가슴이 터질 것입니다.

하나님께서 아브라함을 시험하시려 작정하셨을 때, 여러 방법이 있었을 것입니다. 그런데 많은 방법 가운데 하필이면 약속으로 받은 아들인 이삭을 번제로 바칠 것을 명하셨습니다. 아브라함이 가장 중요하게 여길 바로 그것으로 시험하셨습니다. 백세에 얻은 아들, 그것도 하나님의 약속으로 얻은 독자를 바쳐야 했던 아브라함의 심정은 과연 어떠했을까요?

그러나 아브라함은 하나님의 명령에 순종, 아들을 바치기 위해서 사흘 길을 걷습니다. 그 사흘을 걷는 동안 아브라함은 얼마나 많은 생각을 했을까요? 그럼에도 그는 하나님의 명령에 순종합니다. 그가 이삭을 바치려고 할 때, 하나님께서 개입해 멈추게 하십니다. 그러면서 아브라함에게 말씀하십니다.

"네가 네 아들 네 독자까지도 내게 아끼지 아니하였으니 내가 이제야 네가 하나님을 경외하는 줄을 아노라." (창 22:12)

이삭을 바치려 한 아브라함의 이야기를 묵상하다 보면 인간의 죄를 대속하기 위해 아무 죄 없으신 독생자 아들을 내어 주시는 하나님 아버지의 심정을 조금이나마 이해하게 됩니다. 아버지의 애끓는 심정을 느낍니다. 그래서 아들을 주시기까지 우리를 회복시키기 원하시는 하나님 아버지와 그 아버지의 명령에 순종한 주 예수님에게 감사하지 않을 수 없습니다. 마음 깊숙하게 그 은혜가 느껴지는 사람들은 인생의 모든 것을 하나님께 드려도 전혀 아깝지 않습니다. 귀중한 보배 함을 주 예수님께 바칠 수 있습니다. 그 은혜에 감격했기에.

빛이 있는 동안 빛 가운데 걸어라

요한은 예수 그리스도를 빛으로 묘사합니다.

"그 안에 생명이 있었으니 이 생명은 사람들의 빛이라. 빛이 어둠에 비치되 어둠이 깨닫지 못하더라." (요 1:4~5)

"참 빛 곧 세상에 와서 각 사람에게 비추는 빛이 있었나니." (요 1:9)

요한복음 1장에서 7번이나 '빛'이라는 말이 등장합니다. 그만큼 빛 되신 예수 그리스도를 강조하고 있습니다. 예수님 탄생 700여 년 전에 이사야 선지자도 빛으로 임하실 예수님에 대해 예언했습니다.

"흑암에 행하던 백성이 큰 빛을 보고 사망의 그늘진 땅에 거주하던 자에게 빛이 비치도다." (사 9:2)

예수님 스스로도 당신이 세상의 빛이라고 말씀하셨습니다.

"예수께서 또 말씀하여 이르시되 나는 세상의 빛이니 나를 따르는 자는 어둠에 다니지 아니하고 생명의 빛을 얻으리라." (요 8:12)

"나는 빛으로 세상에 왔나니 무릇 나를 믿는 자로 어둠에 거하지 않게 하려 함이로라." (요 12:46)

예수님은 생명의 빛으로 이 땅에 오셨습니다. 그 빛이 비추는 곳마다 생명이 살아나게 됩니다. 어두움에 묻혀있던 우리 인생의 참된 길들이 보이게 됩니다. 그 참된 길을 걸어갈 수 있는 빛의 능력이 우리에게 임하게 됩니다.

이 말씀을 묵상하다 보면 강한 빛으로 임하신 예수님을 만났던 한 사람이 생각납니다. 나중에 바울이 된 사울입니다. 부활하신 주님은 한낮의 햇빛보다 더 강력한 빛으로 사울에게 임하셨습니다. 사울은 당대의 학자로 자기의 행동이 맞는 줄 알았습니다. 당시 유대 사회에서는 사울을 미래의 희망으로까지 생각했습니다.

그러나 유대인들과 사울은 모두 어두움 가운데 있었습니다. 어두움 속에 있다 보면 누가 진정한 희망인지를 모르게 됩니다. 사울 본인도 몰랐습니다. 칠흑 같은 어두움 속에서 그가 믿는다고 했던 하나님의 본심과는 정반대의 길을 갔던 것입니다. 어두움 속에서 갈 바를 알지 못했던 사울에게 부활하신 주님께서 강력한 빛으로 임하셨습니다.

그 빛이 임하자 그를 덮고 있던 어두움이 떠나게 됩니다. 예수 그리스도의 빛이 임한 뒤 사울은 사흘 동안 눈이 어두워졌지만 아나니아를 통해 안수 받을 때, 그의 눈에서 비늘이 벗겨집니다. 그를 감싼 어두움이 떠난 것입니다. 빛 되신 예수님을 만나자 사울을 덮은 어두움이 떠나고 새 생명이 찾아옵니다. 그리고 평생 달려야 할 새 길을 계시 받습니다. 이방인의 사도라는 길을 달려갈 수 있는 놀라운 빛의 능력을 부여받게 됩니다. 성령이 사울에게 부어진 것입니다. 이것이 사울에게 임한 은혜입니다. 빛으로 임한 그 은혜로 말미암아 사울은 바울이 되어 평생 주님의 편지가 되는 멋진 삶을 살게 됩니다.

에베소서 5장 8절의 말씀은 참으로 은혜롭습니다.

그렇습니다. 우리는 전에는 어두움 자체였습니다. 그러나 빛으로 임하신 주 예수 그리스도의 빛을 받음으로 우리는 이제 주 안에서 빛이 됐습니다. 어둠은 결코 빛을 이길 수 없습니다. 빛이 들어오는 순간, 어둠은 사라집니다.

그래서 빛이 있는 동안 우리는 빛의 자녀들처럼 행해야 합니다. 우리 스스로는 결코 빛을 발할 수 없습니다. 오직 빛 되신 주 예수 그리스도의 빛을 반사할 수 있을 뿐입니다. 빛을 반사하기 위해 우리가 해야 할 가장 중요한 일은 빛 되신 주님과 항상 접속되어 있는 것입니다.

로고스(말씀)이신 예수님은 육신이 되어 이 땅에 오셨습니다. 우리 쪽에서 볼 때, 그것은 위대한 사랑의 행위입니다. 그분은 창조주이며 주권자이십니다. 빛으로 오신 창조주 예수님을 만나는 사람들마다 모든 것이 새로워집니다.

사울이 바울 되는 역사는 지금 시대에도 이뤄지고 있습니다. 지금도 쓸모없는 인생들이 주 예수 그리스도와의 만남을 통해 열매 맺는 인생으로 바뀌고 있습니다. 이 위대한 행렬에 모두 동참해야 합니다. 예수님을 믿는 것이야말로 인생에서 가장 수지맞는 일입니다. 그분을 얻으면 모든 것을 얻게 되기 때문입니다.

03
물 떠온 하인들은 알더라
:: 하나님 나라를 시작하신 주 예수 그리스도

¹사흘째 되던 날 갈릴리 가나에 혼례가 있어 예수의 어머니도 거기
계시고 ²예수와 그 제자들도 혼례에 청함을 받았더니 ³포도주가 떨
어진지라 예수의 어머니가 예수에게 이르되 저들에게 포도주가 없
다 하니 ⁴예수께서 이르시되 여자여 나와 무슨 상관이 있나이까 내
때가 아직 이르지 아니하였나이다 ⁵그의 어머니가 하인들에게 이르
되 너희에게 무슨 말씀을 하시든지 그대로 하라 하니라 ⁶거기에 유
대인의 정결 예식을 따라 두세 통 드는 돌항아리 여섯이 놓였는지라
⁷예수께서 그들에게 이르시되 항아리에 물을 채우라 하신즉 아귀까
지 채우니 ⁸이제는 떠서 연회장에게 갖다 주라 하시매 갖다 주었더
니 ⁹연회장은 물로 된 포도주를 맛보고도 어디서 났는지 알지 못하
되 물 떠온 하인들은 알더라 연회장이 신랑을 불러 ¹⁰말하되 사람마
다 먼저 좋은 포도주를 내고 취한 후에 낮은 것을 내거늘 그대는 지
금까지 좋은 포도주를 두었도다 하니라 ¹¹예수께서 이 첫 표적을 갈
릴리 가나에서 행하여 그의 영광을 나타내시매 제자들이 그를 믿으
니라

요한복음 2:1-11

포도주가 떨어져 가고 있다

　어느 날 예수님께서 어머니 마리아와 제자들과 함께 갈릴리 가나 혼인 잔치에 가셨습니다. 이스라엘은 결혼식을 일생의 여러 날 가운데 특별히 큰 축복으로 생각하고 성대하게 치릅니다. 결혼 예식은 짧게 하지만 결혼식 축제는 일주일씩 계속되기도 합니다. 축제 기간에는 저녁마다 사람들이 함께 모여 먹고, 마시고, 기뻐하며 그 집에 임한 하나님의 축복을 축하합니다.

　예수님이 참석한 가나 혼인 잔치의 분위기가 점점 무르익고 있었습니다. 유대인들 특유의 소란한 대화 소리가 흥겹게 밤하늘을 수놓고 있을 때 갑자기 당황스러운 일이 생겼습니다. 포도주를 담고 있던 항아리가 바닥을 보이기 시작한 것입니다. 이스라엘 백성들은 유목민들이어서 양고기를 많이 먹습니다. 그런데 양고기는 너무 텁텁해서 포도주를 곁들이지 않으면 먹기 힘들다고 합니다. 그래서 유대인들의 잔치에서는 포도주가 아주 중요한 역할을 담당합니다. 우리나라 전라도 분들은 잔치에 홍어가 빠지면 잔치가 아니라고 말씀하십니다. 마찬가지로 유대인들의 잔치에서도 포도주가 빠지면 잔치가 아니라고 할 정도로 포도주는 매우 중요한 것입니다. 그 중요한 포도주가 동나

버린다면 잔치는 파장 납니다. 가나 혼인 잔치도 포도주가 떨어져 축제가 끝나버리게 될 위기를 맞게 되었습니다. 하인들은 서로 눈치를 보면서 어떻게 하면 좋을지 당혹스러워하고 주인도 발을 동동 거리게 되었습니다.

이런 사실을 알게 된 마리아가 함께 간 아들 예수님께 귀띔합니다. "지금 포도주가 다 떨어져 가고 있는데…." 그러자 예수님은 "지금은 나의 때가 아닙니다"라고 말씀하십니다. 그런데 그 말을 들은 마리아의 태도가 좀 이상합니다. 마리아는 지금은 때가 아니라는 예수님의 말을 들은 바로 그 이후에 하인들에게 "내 아들 예수가 뭐라고 말하든지 시키는 대로 하시오"라고 부탁을 해 놓습니다. 아니나 다를까 예수님께서 그 하인들을 부르시더니 "항아리에 물을 채우라"고 말합니다. 하인들은 무슨 영문인지 잘 몰랐지만 마리아가 부탁한 그 말을 기억하고 물을 아귀까지 가득 채워 넣습니다. 그러자 예수님께서 다시 말씀하십니다. "이제는 떠서 연회장에게 갖다 주라." 하인들로서는 이해할 수 없는 말씀이었습니다. 그러나 하인들은 예수님의 말대로 항아리에 있는 물을 떠서 연회장에게 갖다 줍니다. 성경은 그 물이 포도주로 바뀌었는지를 분명하게 말하고 있지 않지만 주님께서 "떠서 갖다 주라"고 말씀하신 것을 보아서 아마도 물을 다 담은 다음에 하인들이 떠다 줄 때 포도주로 바뀌지 않았을까 추측 해봅니다.

자, 이런 장면에서 하인들이 얼마나 놀랐겠습니까? 그들에게 항아리에 들어 있는 것은 물입니다. 분명히 물을 부었기 때문입니다. 포도주가 아닌 물을 떠다 준다면 봉변을 당할지도 모릅니다. 그러나 물을 떠서 가는 동안에 물이 포도주로 바뀝니다. 아마도 그 잔치에 참여한 모든 사람들은 그 기적으로 놀랐겠지만 가장 놀랐고, 흥겨워했던 사람들은 하인들이었을 것입니다. 이렇게 해서 가나 혼인 잔치는 포도주가 떨어져 파장될 위기를 면하게 됩니다.

기적(Miracle)이냐, 표적(Sign)이냐

이것이 가나 혼인 잔치의 표적 이야기입니다. 요한은 이 가나 혼인 잔치 이야기와 관련해 "예수께서 이 처음 표적을 갈릴리 가나에서 행하여 그 영광을 나타내시매 제자들이 그를 믿으니라"(요 2:11)고 기록했습니다. 요한은 기적이란 단어 대신 표적이란 단어를 사용했습니다. 기적과 표적은 어떻게 다릅니까? 영어로 기적은 'Miracle'입니다. 표적은 'Sign'입니다. 기적은 외부적으로 나타난 사건에 주목하게 합니다. 사람들은 기적을 보면서 "어떻게 기적이 일어났을까"라면서 외부적인 사건 자체에 초점을 맞춥니다. 그러나 표적은 기적적인 사건이 상징하는 의미와 교훈에 초점을 맞춥니다. 그래서 다르게 말하면 표적은 어떤 내용을 전달하는 언어입니다. 침례 요한의 정체성은 '광야에서 외치는 소리'입니다. 소리 그 자체의 물리적인 파동이 어떻게 될까를 염두에 두기보다는 소리가 의미하는 바가 무엇인지를 주목할 때, 보다 진실에 다가갈 수 있습니다. 표적이 바로 그렇습니다. 기적 자체도 중요하지만 그 기적을 통한 예수님과 하나님이 의도와 교훈이 무엇인가에 더 집중하도록 표적이라는 단어를 사용한 것입니다.

이 표적 이야기를 나누면서 주님께서 의도하셨던 표적이 지목하는 세 단어와 세 교훈을 생각해봅니다. 예수님이 제자들에게 표적을 통해 가르쳐 주셨던 의미가 이 시대를 살고 있는 우리에게도 동일하게 하나님께서 말씀하시는 의미라고 믿습니다. 표적이 지목하는 세 단어는 무엇일까요?

첫째, 예수 그리스도에 대한 믿음이라는 단어입니다.

> "예수께서 이 처음 표적을 갈릴리 가나에서 행하여 그 영광을 나타내시매 제자들이 그를 믿으니라." (요 2:11)

예수님은 사람들이 자신이 누구인지에 대해 믿도록 이 표적을 일으키신 것입니다. 가나 혼인 잔치에서 포도주가 떨어졌습니다. 포도주가 떨어졌을 때 예수님의 어머니 마리아는 문제를 해결하기 위해 주인이나 하인을 붙들고 말하지 않았습니다. 자신의 아들 예수에게 말했습니다. "지금 포도주가 떨어졌다." 이것은 무엇을 의미할까요? 마리아는 자신의 아들이 하나님의 아들이신 메시아, 백성을 죄로부터 건져낼 자, 문제를 해결할 자라는 사실을 알았습니다. 그녀는 예수 그리스도의 정체성에 대한 믿음을 갖고 있었습니다. 그래서 마리아는 예수님께 문제를 해결해 달라고 부탁합니다. 그것을 알았던 예수님은

"여자여 나와 무슨 상관이 있나이까 내 때가 아직 이르지 아니하였나이다"(요 2:4)라고 말합니다.

예수께서 자기의 어머니를 '여자여'라고 부른 것은 육신의 어머니를 하대하는 것이 아닙니다. 원어의 여자라는 의미의 단어가 호격으로 사용될 때는 경멸이 아닌 존칭의 의미로 사용됩니다. 당시에 황제가 자신의 아내인 황후를 부를 때 사용했던 용어가 바로 "여자여"입니다. "나와 무슨 상관이 있습니까"는 "지금 여기 포도주가 떨어진 것이 저와 무슨 상관이 있습니까"라는 말입니다. 더 이해하기 힘든 것은 "내 때가 아직 이르지 못하였나이다"라는 말입니다. 마리아가 예수님께 문제를 해결해달라고 말한 것은 믿음을 전제로 했던 이야기입니다. 예수님의 정체성에 대한 믿음이 확고했기에 예수님께 도움을 청했던 것입니다. 그다음에 예수님이 "내 때가 아직 이르지 않았다"고 말한 것에도 예수님의 정체성에 대한 분명한 가르침이 있습니다.

예수님은 마리아의 아들이기 이전에 하나님의 아들입니다. 현재의 문제를 해결하는 것도 중요하지만 하늘 아버지의 궁극적인 뜻을 이뤄 드리는 것이 더 중요합니다. 예수님은 자신이 하나님의 아들이며 메시아인 것을 하늘 아버지가 지목해 드러내라고 하시기 전까지는 자기가 능력이 있더라도 그 능력을 표출하지 않을 것을 천명한 것입니다.

예수님은 자신이 누구인지에 대한 자아 정체성이 확고했습니다. "아직 때가 아니다"라고 말함으로써 자신의 정체가 '하나님의 아들 예수 그리스도'임을 어머니 마리아에게 확인시켜 준 것입니다. 마리아는 그 말을 듣고 자신이 믿고 있었던 아들 예수님의 정체를 다시한 번 되새깁니다. 아들 예수님이 누구인지에 대한 확고한 믿음을 재확인한 후에 하인들에게 아들이 명한 그대로 따라서 할 것을 분부하게 됩니다.

표적은 예수 그리스도가 하나님의 아들임을 드러낸다

결국 가나 혼인 잔치의 문제는 해결 되었습니다. 예수님께선 물을 포도주로 바꾸셨습니다. 요한은 이 사건 이후 제자들의 반응을 말하고 있습니다. 요한은 제자들이 "그를 믿었다"고 언급합니다. 혼인 잔치에서 기적을 베풀어 문제를 해결한 그분이 바로 주 예수 그리스도시라는 것을 제자들이 믿게 되었다는 것입니다.

사실 제자들은 예수님을 쫓아다닌 지 얼마 되지 않은 사람들입니다. 가나 혼인 잔치의 기적이 기록된 요한복음 2장은 '사흘째 되는 날'로 시작됩니다. 요한복음 1장에는 예수님께서 제자들을 부르시는 장면이 나옵니다. 갈릴리 지방의 어부들을 불러 제자로 삼고 그 인근에서 사역을 시작한 지 사흘째 되는 날에 표적을 행한 것입니다.

어쩌면 제자들은 예수님을 쫓아다니면서 '이분이 누구신가'에 대한 궁금증이 커져갔을 것입니다. 예수 그리스도에 대한 막연한 생각은 있었겠지만 그분이 정말로 하나님의 아들이고, 본인이 선포한 바와 같이 진짜 메시아인가에 대한 의구심이 있었을 것입니다. 그러다 이 표적을 통해 자신들이 따르는 예수 그리스도가 하나님의 아들이며 메시아란 사실을 분명하게 믿습니다. 가나 혼인 잔치의 표적을 보고 제자들은 예수님의 정체에 대해 확실히 알게 된 것입니다.

좀 더 정확하게 요한은 말씀을 통해 표적이 제시하는 가장 중요한 의미를 제시하고 있습니다.

표적이 제시하는 가장 중요한 바는 '예수 그리스도가 하나님의 아들이다'는 사실을 드러내는 것이며 그 사실을 믿는 자들은 누구나 영생을 얻을 수 있게 하는 것입니다. 그것이 표적의 진정한 의미입니다. 가나 혼인 잔치를 비롯해 예수님께서 기적을 일으키신 것이 단순한 기적으로 끝나지 않고 표적이 된 것은 그 모든 기적들이 예수 그리스도가 하나님의 아들인 것을 드러내는 도구로 사용되었기 때문입니다.

사실 사람들은 기적을 보면 많이 놀랍니다. 과학적인 세계관에 붙잡혀 있는 사람일수록 기적을 직접 눈으로 보면 사고체계가 바뀌어져 버립니다. 1994년 6월에 일본 나가노현 마츠모토시의 주택지에서 화학병기에 이용되는 사린가스를 살포하는 테러사건이 벌어졌습니다. 일본을 발칵 뒤집어 놓은 사건이었습니다. 테러에 사용된 사린 독가스는 이단 종교인 옴진리교의 교주였던 아사하라 쇼코의 지시에 따라 살포되었습니다. 아사하라 쇼코를 따라 다녔던 수하들은 무식한 자들이 아니라 일본 제일의 명문 도쿄대학에 다녔던 수재들이었습니다.

그들이 왜 그렇게 되었을까요? 아사하라 쇼코에게는 앉아서 공중부양하는 기적적인 능력이 있었습니다. 앉아 있으면서 몸을 뜨게 하는 것입니다. 최고 지성인 도쿄대 학생들이 그 기적적인 모습을 보고 놀라며 아사하라 쇼코를 신으로 인정, 그의 가르침을 그저 따랐습니다. 공중부양도 하나의 기적이라고 할 수 있습니다. 그러나 그런 기적은 사단도 행할 수 있습니다.

기적을 쫓아다니지 마십시오. 그러다간 큰일 납니다. 기적이 아닌 표적을 따라야 합니다. 그 기적이 정말로 '예수 그리스도가 하나님의 아들이신 것을 드러내는' 기적인지, 아니면 그 사실을 거부하는 기적인지를 분별해야 합니다. 지금 우리는 극심한 미혹의 시대를 살고 있습니다. 이런 미혹의 시대에 가장 필요한 것은 분별의 영을 갖는 것입니다. 어떻게 분별할 수 있습니까? 말씀을 통해서입니다. 성경은 우리를 미혹으로부터 분별케 하는 최고의 병기입니다.

예수님이 하나님의 아들이며 메시아임을 믿을 때, 생명을 얻는다

우리는 성경 말씀을 통해 가나 혼인 잔치에 있었던 기적적인 사건을 소개 받았습니다. 우리에게 이 사건을 알게 하신 하나님의 의도는 무엇일까요? 하나님께서 우리에게 이 말씀을 주신 분명한 의도가 있습니다. 그것은 바로 예수 그리스도가 하나님 아들, 메시아이심을 믿게 하려 하기 위함입니다. 사람들로 하여금 예수 그리스도가 하나님의 아들 메시아인 것을 믿고 영생을 얻게 하려는 하나님의 의도가 가나 혼인 잔치의 표적 이야기에는 담겨 있는 것입니다. 믿음 생활에서 가장 중요한 전제는 주 예수 그리스도가 하나님의 아들이며 우리를 구원할 메시아라는 사실을 믿는 것입니다. 제자들과 같이 우리 역시 예수님이 행한 여러 기적들을 통해 그 사실에 대한 믿음을 확고히 하는 것입니다. 그러할 때, 우리에게도 모든 기적이 표적이 되어 다가옵니다.

'예수가 누구일까? 정말 그분이 하나님의 아들이며 메시아일까'라며 반신반의하는 사람들에게 요한복음 2장 말씀을 통해 하나님께서는 예수님이 자신의 아들이며 메시아라는 사실을 분명히 알려주십니다. 우리에게 말씀을 통해 많은 표적을 준 것은 예수님이 하나님의 아들이며 메시아이신 것을 믿고, 그 믿음을 통해서 영생복락을 누리게 하려는 하나님의 의도가 있다는 것입니다. 예수님을 나의 구세주, 나의 주인으로 모시지 못하고 있다면 우리의 모든 신앙행위는 공허한 것이 되고 맙니다. 먼저 이 사실을 믿게 해달라고 간구해야 합니다. 믿음은 '받아들임'입니다. 과학적인 세계관에서 초 과학적인 진리를 받아들이는 것이 믿음입니다. 그 믿음을 간직할 때, 영생의 문이 열립니다.

'믿는다'는 영어로 'Believe'입니다. 이 'Believe'라는 단어를 생각해보면 참 재미있습니다. 'Believe'는 'Be+life'입니다. 믿음에 생명이 있다는 의미입니다. 그렇습니다. 믿음에 생명이 있습니다. 여러분들이 진심으로 믿으려 할 때, 하나님께서는 믿을 수 있는 능력을 주십니다. 그 믿음을 지닐 때, 생명을 얻습니다. 그 생명은 하나님께서 우리를 위해 미리 예비해 놓으신 생명입니다.

예수 그리스도로 시작된 하나님 나라

둘째로 이 표적이 우리에게 지시해 주는 것은 예수 그리스도로 시작된 하나님의 나라라는 단어입니다.

"말하되 사람마다 먼저 좋은 포도주를 내고 취한 후에 낮은 것을 내거늘 그대는 지금까지 좋은 포도주를 두었도다 하니라." (요 2:10)

예수 그리스도가 복음을 선포함으로써 이 땅에 하나님 나라가 시작되었습니다. 하나님 나라란 관점에서 예수님이 공생애 가운데 첫 번째 행하신 표적에는 매우 중요한 의미가 있습니다. 첫 번째 표적을 통해서 예수님의 정체성 뿐 아니라 하나님의 아들이신 메시아가 이 땅에 오셔서 하나님의 나라를 시작하셨다는 사실이 드러났습니다.

가나 혼인 잔치의 표적 이야기 속에 하나님의 나라의 본질이 많이 담겨 있습니다. 먼저 첫 번째 표적을 일으킨 장소가 잔칫집이라는 사실이 중요합니다. 예수님은 첫 번째 표적을 잔칫집이 아닌 초상집에서도 펼칠 수 있으셨을 것입니다. 주님은 실제로 그렇게도 하셨습니다. 죽은 나사로의 초상집에서 나사로를 살리는 놀라운 기적을 행하셨습니다.

그런데 굳이 잔칫집에서 첫 표적을 이루신 것에는 큰 의미가 있습니다. 또한 물이 포도주가 되게 하였다는 사실에도 굉장한 의미가 있습니다. 가나 혼인 잔치에 참석한 사람들에겐 처음 마셨던 포도주보다 나중에 마신 포도주가 훨씬 더 좋은 포도주였습니다. "이렇게 좋은 것을 지금까지 남겨두었느냐"고 한 하객들의 말 속에 하나님 나라의 본질이 들어 있습니다.

예수 그리스도가 선포한 하나님의 나라는 잔칫집과 같은 곳입니다. 예수님은 하나님 나라를 전하면서 사람들더러 종교적인 규율 속에 들어오라고 하시지 않았습니다. 이스라엘 백성들은 이미 종교적인 율법 속에서 너무나 많은 고통을 당하고 있었습니다. 처음에는 그런 율법이 자신들을 구원할 줄 알았습니다. 그러나 그런 규율들을 지키려 하다 기쁨이 상실되어 버렸습니다. 연회장에서 포도주가 떨어져 기쁨이 상실된 것은 율법 속에서 기쁨을 빼앗긴 이스라엘 집을 상징하고 있습니다. 율법과 종교적인 형식은 결코 그들을 구원하지 못합니다. 주님은 가나 혼인 잔치를 통해 사람들이 자신이 선포한 복음을 받아들여 하나님과 바른 관계를 맺을 때, 그곳에 놀라운 기쁨의 잔칫상이 펼쳐진다는 것을 상징적으로 말씀해 주신 것입니다.

교회는 하나님 나라의 축소판입니다. 곧 잔칫집입니다. 교회에서 우린 세상에서의 그릇된 삶을 회개하고 주님의 용서를 받습니다. 물론 교회에는 그런 경건한 요소가 있습니다. 그러나 그것만이 전부가 아닙니다. 그것은 시작일 뿐입니다. 교회와 하나님 나라의 본질은 기쁨과 축제, 소망입니다. 그것이 교회의 본질이기에 이 땅의 사람들은 현재 보이는 교회의 모습이 부족하다고 해도 교회 주변을 서성거립니다. 교회에서 잃었던 소망과 기쁨을 발견하기 원합니다. 우리는 신앙생활에 대해 오해하는 경향이 있습니다. 교회에 다니는 것이 어떤 굴레 속에 들어가는 것이라고 여깁니다. 교회를 무엇은 해야 하고, 무엇은 하지 말아야 하는 규율이 엄격한 훈련소로 여깁니다. 그런 점도 분명히 있습니다. 그러나 교회의 본질은 그보다 훨씬 더 큽니다. 교회에서 우리는 하나님 나라를 경험합니다. 교회는 잔칫집입니다. 교회에 다니는 모든 사람들은 잔칫집에 초대받아 잔치를 즐기는 사람입니다. 우리의 교회는 이제 그 기쁨을 회복해야 합니다. 그러면 오지 말라고 해도 세상 사람들은 기를 쓰고 교회에 올 것입니다.

하나님 나라에 들어갈 때 우리의 본질이 바뀐다

　또한 물이 포도주가 되었다는 것은 하나님 나라에 들어갈 때 우리의 본질이 바뀌는 것을 의미합니다. 물과 포도주는 화학적인 성분 자체가 다릅니다. 과학적으로는 물이 포도주로 도저히 바뀔 수 없습니다. 그러나 그런 일이 가나 혼인 잔치에서 일어났습니다. 주님이 개입하기만 하면 본질이 바뀝니다. 주님께서 우리에게 기적을 베풀어 주실 때, 우리의 본질도 바뀌게 됩니다. 그 이전에 하나님과 원수였던 사람들이 하나님의 자녀라는 본질로 바뀌는 것입니다. 본질상 진노의 자녀들이 하나님의 축복의 자녀들이 되는 것입니다. 본질이 바뀌면 삶이 바뀝니다. 이전의 본질로는 도저히 느낄 수 없는 기쁨을 경험하게 됩니다. 그 기쁨은 점점 더 강도가 강해집니다. 시간이 가면서 하나님의 은혜를 깨달아 알아갈수록 기쁨은 커져갑니다. 어느 누구도 빼앗아 갈 수 없는 기쁨의 축제가 우리 마음 가운데 벌어지게 됩니다.

　저는 고등학교 3학년 때 진심으로 주님을 만나게 되었습니다. 그 이전까지는 인간적으로 교회를 다닌 것 같습니다. 노래하는 것을 좋아했던 저는 처음 교회 다닐 때엔 목사님으로부터 좋은 말씀을 들으면서 교회 친구들과 같이 화음을 맞출 수 있어서 참 좋았습니다. 교회 에서 여학생들을 자연스레 만날 수 있던 것도 싫지 않았습니다. 그러다 고3이 되어 제 인생의 진로를 놓고 고민하다가 주님을 진심으로 만났습니다. 아무리 제 스스로 인생 계획을 세워보아도 답답할 뿐이었습니다. 그러다 주님과 씨름한 끝에 제 인생에 대한 주권이 내가 아니라 주님께 있다는 사실을 인정했습니다. 그 순간, 말로 형용할 수 없는 기쁨이 찾아왔습니다. 이전에 누렸던 기쁨과는 다른 차원의 기쁨을 맛보게 되었습니다.

이후 신앙생활을 하고 결혼도 하면서 믿음으로 산다는 것이 얼마나 큰 축복인지를 삶을 통해서 경험했습니다. 하나님의 주권을 인정한 믿음의 가정을 꾸리니 부부 관계도 좋고, 자녀 양육을 두고도 크게 다툴 일이 없었습니다. 주님을 만난 이후 미래에 대한 걱정을 버리게 된 것뿐 아니라 삶의 진정한 의미도 알게 되었습니다. 이 또한 축복이었습니다.

세상적인 측면에서 산다는 것은 참으로 무서운 일입니다. 괴롬과 슬픔, 고통이 점철되는 것이 인생입니다. 인간에겐 근본적인 고독과 공포가 있습니다. 그런데 주님이 내 곁에 계시다는 확신을 하게 되니 근심은 기쁨이, 절망은 소망이 되었습니다. 믿음 안에서 기쁨의 강도는 점점 강해졌습니다. 이 땅에서 하나님 나라를 산다는 의식을 하게 됐습니다. 그러다 보니 이 땅의 소소한 문제들은 더 이상 문젯거리조차 되지 않았습니다.

저는 제 경험에 비춰 하나님의 자녀로서 하나님 나라에 살고 있다는 기쁨과 그 의미는 세월이 갈수록 더 커져갈 것을 확신합니다. 그 기쁨과 의미가 언제 가장 크겠습니까? 우리가 이 땅을 떠날 때입니다. 이 땅을 떠날 때가 되면 이전에 중요하게 여겼던 것들이 무슨 소용이 있겠습니까? 자신이 추구한 인생의 의미, 재물, 명예, 심지어는 가족에 이르기까지 인생의 그 모든 것들이 마지막 순간에는 그다지 중요한 요소가 되지 않을 것입니다. 생의 마지막 순간, 하나님 앞에 선 단독자가 된 그 순간에 나를 지켜줄 것은 오직 창조주 하나님에 대한 믿음뿐입니다. 하나님과 단둘이 마주할 때, 그리고 인생의 판결자 되시는 그분과 함께 지난 삶을 계수하며 결산할 때, 내가 신앙 안에 있었다는 사실이 얼마나 큰 축복이었는지를 알게 될 것입니다.

하나님 나라를 살게 되면 시간이 갈수록 더 좋은 것들이 예비 되어 있다는 사실을 알게 됩니다. 믿음의 사람들은 끊임없이 저 높은 곳을 향해 우상향하는 인생을 삽니다. 신앙의 클라이맥스는 천국에서 이뤄집니다. 이 땅에서의 우리의 삶은 인턴십 기간일 뿐입니다. 영원한 나라에서 살기 전에 잠시 사는 것뿐입니다.

요한계시록 21장을 묵상하면서 큰 은혜를 받았습니다. 그 말씀을 통해 천국에 대한 소망을 확고히 갖게 되었습니다. 천국은 아름다운 빛 속에서 주님과 친밀함을 누리는 곳입니다. 우리의 믿음을 동원해 주님을 보려 애쓸 필요 없이 평생 의지했던 주님과 얼굴과 얼굴을 맞대며 만나는 곳입니다. 거기에선 주님과 지고의 친밀함 속으로 들어갑니다. 천국이 이 땅에서 맛 볼 수 없는 극치의 기쁨을 경험할 수 있는 곳이라 생각하니 지금의 모든 어려움을 믿음으로 극복할 힘이 생깁니다. 천국을 생각하면 힘이 납니다. 매일 매일 천국을 소망하며 살아가게 됩니다.

하나님 나라의 특징은 가나 혼인 잔치의 포도주와 같이 시간이 가면

갈수록 더 좋아진다는 것입니다. 첫 시작은 미미한 것 같지만 세월이 흘러가며 은혜가 더해지고, 하나님 안에서의 세밀한 기쁨을 새록새록 느낄 수 있는 곳이 바로 하나님 나라입니다.

그러나 믿음 생활을 한다고 하는 사람들 가운데 많은 이들이 처음엔 기쁜 것 같았지만 갈수록 기쁨이 사라진다고 토로합니다. 둘 중의 하나입니다. 정말 구원 받지 못했거나 믿음 생활에 병이 들었기 때문입니다.

세계적인 신학자로 '세속도시'의 저자인 하비 콕스 박사는 "현대 교회의 문제는 그 마음에 축제가 상실된 것이다"라고 말했습니다. 그에 따르면 현대의 서구 교회는 하나님 나라의 축제를 잃어버리고, 종교적인 규율 속에 빠져 버렸습니다. 저는 우리의 교회가 그렇게 되지 않기를 간절히 바랍니다.

제가 섬기는 늘사랑교회에선 예배드릴 때 모든 사람들이 일어나 박수치며 열심히 찬양합니다. 하나님 앞에서 잔치를 베푼다는 심정으로 그렇게 합니다. 마음이 우울하다가도 하나님 앞에서 열심히 박수치며 찬양할 때 기쁨이 다시 솟아납니다. 그러다 보면 점점 더 하나님 나라의 잔치에 몰입되게 됩니다.

주님은 그런 기쁨 넘치는 하나님의 나라를 우리에게 주셨고, 우리를 하나님 나라의 백성으로 불러주셨습니다. 우리는 하나님 나라 잔치의 주인공들입니다. 우리의 가정과 직장, 교회에 가나 혼인 잔치와 같은 잔치가 늘 펼쳐지기를 소망합니다.

하나님 나라는 순종으로 들어간다

셋째로 가나 혼인 잔치의 표적이 지목하고 있는 것은 주 예수 그리스도의 영광이 드러난 순종이라는 단어입니다.

“이제는 떠서 연회장에게 갖다 주라 하시매 갖다 주었더니.” (요 2:8)

가나 혼인 잔치에서 표적이 일어날 수 있었던 것은 하인들의 순종이 있었기 때문입니다. 예수님은 사람들의 조력 없이도 말씀으로 빈 항아리에 물이 채워지고, 거기에 포도주가 담겨지게 하실 수 있는 분입니다. 그분은 그냥 “얏!” 하는 소리 한 번에 모든 것을 끝낼 수 있는 능력자이십니다. 그러나 주님은 그렇게 하지 않으셨습니다. 이것이 중요한 포인트입니다. 거기에는 우리 인간들을 초대하시는 하나님의 속 깊은 배려가 담겨 있습니다.

마리아가 하인들에게 “예수가 시키는 대로 하라”고 했을 때, 하인들은 예수가 누구인지 몰랐습니다. 그런데 문제가 발생했고 워낙 다급하다 보니 마리아가 시키는 대로 했습니다. 사실 곰곰이 생각해보면 순종하기 힘든 명령이었습니다. 일반적인 이치에 맞지 않았기 때문입니다. 예수님은 하인들에게 “항아리에 물을 채워 넣어라”고 하셨습니다. 그런데 하인들 입장에선 지금 필요한 것은 포도주이지 물이 아닙니다. 그럼에도 예수님은 "포도주를 채워 넣어라" 하지 않고 "물을 채워 넣어라"고 명하셨습니다. 그리고 연회장에서 "갖다 주라" 하신 말씀도 하인들로선 이해하기 힘듭니다. 그들에게 항아리 속에 있는 것은 분명 물이었기 때문입니다. 그러나 하인들은 그저 순종했습니다. 그것이 믿음의 세계가 작동하는 원리입니다. 마리아는 왜 주인이나 연회장이 아니라 굳이 하인들에게 말했을까요? 하인은 윗사람이 시키는 대로 하는 사람입니다. 연회장이나 주인은 그런 이치에 맞지 않는 말을 들으면 토를 달았을지 모릅니다. "그게 말이나 되는 이야기입니까? 미치지 않고서야…." 이렇게 말하며 마리아의 제안을 거부했을 것입니다. 그러나 하인들은 이치에 맞지 않는 듯한 말에 순종했습니다. 내키지 않은 일을 억지로라도 했습니다.

그 일은 결코 쉬운 일이 아니었습니다. "항아리에 물을 담으라"고 할 때, 흔히 옆에 있는 물을 몇 바가지 채워 넣으면 될 것처럼 생각됩니다. 하지만 유대 풍습에 정통한 학자들에 따르면 예수님 시대 당시에 항아리는 우리가 생각하는 조그만 것이 아닙니다. '두세 통 드는 돌 항아리'의 용량은 약 77리터에서 115리터에 해당된다고 합니다. 이 엄청난 규모의 항아리 6개의 아귀까지 물을 채우는 것은 쉬운 일이 아니었습니다. 그러나 하인들은 순종하며 그 모든 수고를 감당했습니다. 그런 순종 끝에 기적이 일어난 것입니다.

주님께선 이 이야기를 통해 우리에게 참으로 중요한 것을 가르쳐 주십니다. 믿음의 세계로 들어가기 위해선, 하나님이 허락해주신 기쁨의 축제에 참여하기 위해선 순종이 필요하다는 사실입니다. 순종할 때, 믿음의 양수가 터집니다. 그 양수가 터질 때, 보이지 않았던 영의 세계가 보이며 그 세계를 살아낼 수 있습니다.

믿음의 세계는 우리의 논리와 이성으로 열리지 않습니다. 오직 순종함으로 믿을 수 있습니다. 믿음과 순종은 동전의 양면과 같습니다. 순종하는 자만이 믿을 수 있습니다. 또한 참으로 믿는 자만이 순종할 수 있습니다. 믿고 순종할 때, 하나님 나라의 잔치가 벌어지는 것입니다. 이 땅의 많은 사람들은 지금 잔치가 벌어진 그 축제의 현장에 들어가지 못하고 있습니다. 잔칫집 밖에서 불평만 하고 있습니다. 잔칫집에 들어가야 풍성한 음식을 맛볼 수 있습니다. 잔칫집 앞에는 "들어오시오"라는 표지판(Sign)이 붙어 있습니다. 그 표지판, 즉 표적을 믿고 들어가야 합니다. 그저 표지판이 과학적으로 옳은지, 그른지 토론만 하고 고민하면서 평생 들어가지 못하는 가련한 인생이 되어선 안 됩니다.

어쩌면 우리는 부스러기를 먹으면서 만족해하고 있는지 모릅니다. 잔칫집에서 내다 버린 부스러기에 만족하며 그것이 인생이라, 그것이 믿음 생활이라 생각하는 것 같습니다. 그러나 더 풍성하고, 더 맛있는 음식이 잔칫집에 있습니다. 거기엔 더 기뻐하는 사람들로 가득합니다. 그들 모두는 표지판에 쓰여 있는 대로 어린아이와 같은 단순한 순종을 통해 하나님 나라의 축제의 장소에 들어간 사람들입니다.

물 떠온 하인들은 알더라

　믿음의 세계는 순종함으로 들어갑니다. 들어가 보면 하나님께서 예비해놓으신 놀라운 보물들이 그득합니다. 세상 이치에 맞지 않는 것, 남들은 물론 자신조차도 하기 싫은 일을 하는 사람들이 있습니다. 세상은 그들을 바보라고 말합니다.

　그러나 그들이 모두 바보인 것은 아닙니다. 그들이야말로 참으로 지혜로운 사람일 수 있습니다. 어떤 면에선 가장 똑똑한 사람들입니다. 똑똑하기에 자신의 한계를 인정하고 더 큰 하나님 나라의 세계로 들어갈 수 있었습니다. 그리고 멋진 축제의 삶을 살았습니다. 주님께 순종함으로 그들은 멋진 바보가 되었습니다. 그리고 하나님의 마음을 얻었습니다. 이제, 우리가 하나님을 위해 순종하는 믿음의 바보가 될 차례입니다.

　이 가나 혼인 잔치 이야기에서 가장 큰 즐거움, 짜릿한 기쁨을 누렸던 사람은 누구였을까요? 바로 순종했던 하인들이었습니다. 항아리에서 떠간 물이 포도주로 바뀐 것을 보고 그들은 손이 떨릴 정도로 충격과 전율, 기쁨에 휩싸였을 것입니다. 물론 연회장을 비롯해 많은 하객들도 처음 것보다 더 맛있는 포도주를 마시면서 즐거웠겠지만 정말 기뻤던 사람들은 하인들이었을 것이 분명합니다. 그들은 예수님의 첫 기적 현장의 증인들입니다. 연회장과 잔칫집의 모든 사람들이 알지 못했던 비밀을 그들은 알았습니다.

> "연회장은 물로 된 포도주를 맛보고도 어디서 났는지 알지 못하되 물 떠온 하인들은 알더라." (요 2:9)

그들의 순종은 세대에서 세대로 이어지면서 지금 우리에게까지 전달되고 있습니다. 결국 가나 혼인 잔치에서 섬겼던 하인들이야말로 진정한 믿음의 승리자라고 할 수 있습니다. 하나님의 나라를 기적적으로 체험하고 맛보는 자는 대개 섬김을 받는 사람이 아니라 섬기는 사람입니다. 주님께서 말씀하신 대로 믿고, 헌신하고, 순종하는 사람들에게 기적이 일어나는 법입니다. 섬길 때, 헌신할 때, 희생할 때, 하고 싶지 않은 하나님의 일을 억지로라도 할 때, 놀랍고 기적적인 기쁨의 세계가 열리게 되는 것입니다.

역사(History)는 예수 그리스도의 이야기입니다. 예수님의 탄생을 통해 역사는 기원전(BC·Before Christ)과 기원후(AD·Anno Domini)로 나눠졌습니다. 예수님으로 인해 역사가 두 동강 난 것입니다. 지금 우리는 '우리 주님의 해(AD·Anno Domini)'에서 살고 있습니다. 역사뿐 아니라 우리 인생도 예수님을 만남과 동시에 두 동강이 납니다. BC의 세계와 AD의 세계로 나눠집니다. 어떤 사람은 자신의 삶을 돌아보면서 "내 BC의 세계는 '비실비실한 세계'였다"면서 "그러나 주님을 만난 이후 내 AD의 세계는 '매력적이고 꿈 많은(Attractive and Dreamful)' 세계가 됐다"고 고백했습니다.

우리 모두는 지금 매력적이고 꿈 많은 우리 주님의 세계에서 주
님과 동행하며 살고 있습니다. 주 예수 그리스도를 만난 누구나
AD의 세계, 매력적으로 꿈 많은 세계를 살 수 있습니다. 이것이 우
리의 기쁨이요, 소망입니다. 이 기쁨과 소망은 누구도 빼앗아 갈 수
없습니다. 그래서 주님을 믿는 그리스도인들은 참으로 행복한 사
람들입니다.

04
너희가 읽은 그 성경이
지금 이 자리에서 이뤄졌도다
∷ 능력을 베푸시는 주 예수 그리스도

²⁴또 이르시되 내가 진실로 너희에게 이르노니 선지자가 고향에서는 환영을 받는 자가 없느니라 ²⁵내가 참으로 너희에게 이르노니 엘리야 시대에 하늘이 삼 년 육 개월간 닫히어 온 땅에 큰 흉년이 들었을 때에 이스라엘에 많은 과부가 있었으되 ²⁶엘리야가 그 중 한 사람에게도 보내심을 받지 않고 오직 시돈 땅에 있는 사렙다의 한 과부에게 뿐이었으며 ²⁷또 선지자 엘리사 때에 이스라엘에 많은 나병환자가 있었으되 그 중의 한 사람도 깨끗함을 얻지 못하고 오직 수리아 사람 나아만뿐이었느니라 ²⁸회당에 있는 자들이 이것을 듣고 다 크게 화가 나서 ²⁹일어나 동네 밖으로 쫓아내어 그 동네가 건설된 산 낭떠러지까지 끌고 가서 밀쳐 떨어뜨리고자 하되 ³⁰예수께서 그들 가운데로 지나서 가시니라

누가복음 4:24~30절

변화(Change)를 넘어 변혁(Transformation)으로

예수님은 누구십니까? 우리 주 예수 그리스도는 기적의 주요, 능력 많으신 참 하나님이십니다. 예수님은 하나님 나라의 복음으로 죽은 영혼을 살리셨습니다. 더러운 귀신 들린 자들을 치유하셨습니다. 권세 있는 새로운 가르침으로 인간의 그릇된 생각들을 바로잡아 주셨습니다. 각종 질병에 걸린 사람들을 안수하시며 치료해 주셨습니다.

바로 이 능력의 주 예수 그리스도가 부활하신 주님으로 지금 우리 가운데 사시며 2000년 전과 동일하게 역사하고 계십니다. 이 땅에 계셨을 때 행하셨던 권능의 일들을 당신의 백성들을 통해 이 시대에서도 행하시고 계십니다. 그분의 권능의 역사는 지금도 진행형입니다. 예수님을 체험한 사람들은 반드시 변화를 받습니다. 표정과 언어, 삶의 목적이 달라집니다. 그분이 능력자이시기 때문입니다.

최근에 많이 쓰이는 단어가 트랜스포메이션(Transformation·변혁)이라는 용어입니다. 단순한 체인지(Change·변환)정도의 변화가 아니라 혁명적인 변화를 의미합니다. 지금 우리는 혁명의 시대에 살고 있습니다. 4차 산업혁명이라는 거대한 변혁이 진행되고 있습니다. 인공지능이 앞으로 모든 것을 대체할 수 있습니다. 그러나 어떠한 변혁보다도 더 강력한 변혁이 있습니다. 살아계신 능력의 주님으로 인한 변혁입니다. 주님을 만나는 누구나 트랜스포메이션 하게 됩니다. 그분을 만나면 단순한 변화가 일어나는 것이 아니라 존재의 원형질이 달라지는 극적 변혁이 이뤄집니다. 능력의 주님이 우리 인생의 옷자락을 만지시기만 해도 혁명적 변화가 일어나게 되어 있습니다.

그런데 문제는 이 기적과 능력을 모든 사람들이 체험하며 살지 못한다는 것입니다. 그래서 삶과 믿음의 트랜스포메이션이 일어나지 않습니다. 다른 사람들과 똑같이 교회에 나와 예수님을 믿고 신앙생활을 하지만 5년이 지나도, 10년이 지나도 가시적 변화가 없습니다. 오히려 시간이 지날수록 점점 더 무덤덤해지기까지 합니다. 주님을 깊이 만나지 못했기 때문입니다. 주님을 향한 간절함이 부족했기 때문입니다.

저를 포함한 우리 모두가 주 예수님을 더 깊이 만나 삶의 근본적 변혁이 일어나기를 간절히 바랍니다. 만군의 주 하나님, 능력의 하나님을 만나고서 변화되지 않는다는 것은 있을 수 없는 일입니다. 성경 속에서도 그분을 만난 사람들은 누구나 삶의 코페르니쿠스적인 변혁을 경험했습니다.

너희가 읽은 그 성경이 지금 이 자리에서 이뤄졌다

　　누가복음 4장 후반부에 기록된 대로 예수님은 가버나움 지역에서 많은 말씀을 선포하셨습니다. 사람들은 권세 있는 새로운 가르침에 놀랐습니다. 주님의 말씀이 선포되자 사람들의 생각이 바뀌기 시작했고, 주님을 따르는 자들이 생겼습니다. 귀신들려 고생하는 자들 속에 있는 귀신을 꾸짖자 귀신들이 떠나가고 그 영혼이 참 자유를 누리는 축복을 받았습니다. 병들어 힘들어하는 자들이 치유됐습니다. 예수님은 가버나움에서 권세 있는 능력들을 많이 베푸셨습니다. 그러던 중 예수님은 고향 나사렛이 생각났습니다. 이렇게 생각하셨을 것입니다. '내가 많은 사람들에게 하늘 아버지의 은혜를 베풀어주고 있는데 이제 내 친구, 내 가족들이 있는 고향 나사렛에 가서 은혜의 말씀을 전해야겠다.' 나사렛에 돌아온 예수님은 하던 대로 회당에서 성경을 읽으시고 놀라운 설교를 하셨습니다. 설교학에서 '나사렛 설교'라고 불리는 설교입니다.

"주의 성령이 내게 임하셨으니 이는 가난한 자에게 복음을 전하게 하시려고 내게 기름을 부으시고 나를 보내사 포로 된 자에게 자유를, 눈 먼 자에게 다시 보게 함을 전파하며 눌린 자를 자유롭게 하고 주의 은혜의 해를 전파하게 하려 하심이라." (눅 4:18~19)

이렇게 선지자 이사야를 통해 전해진 하나님의 말씀을 읽으시면서 "이 글이 오늘 너희 귀에 응하였느니라"(눅 4:21)고 하십니다. 바로 그 말씀을 듣고 있는 자들에게 이사야를 통해 하신 말씀이 그 자리에서 이뤄졌다고 선포하신 것입니다. 예수님은 권세와 능력이 있는 당신 자신으로 인해 눌린 자는 해방되고, 눈 먼 자는 다시 보게 되며, 포로된 자는 자유케 되는 역사가 '지금, 이 시간, 바로 이 자리'에서 일어난다고 하셨습니다. "너희가 읽은 그 성경이 지금 이 자리에서 이뤄졌다"는 말씀은 정말 놀라운 선포입니다. 예수님의 선포 그대로 지금의 우리 역시 우리가 읽은 성경 그대로 이뤄지는 것을 경험할 것입니다. 주님은 그 놀라운 은혜와 능력을 고향 나사렛 사람들은 물론 온 땅 사람들에게 베푸시길 원하셨습니다. 누가복음의 이 말씀은 마태와 마가복음 등 다른 공관복음에서도 언급되어 있습니다.

마가복음에서는 "이 자리에 이루어졌느니라"고 말씀하십니다. 눌린 자를 해방하고, 눈 먼 자를 다시 보게 하며, 포로된 자를 자유케 하실 그 주님이 계시기에 사람들이 읽은 그 성경이 지금 이 자리에서 이루어졌다는 놀라운 설교를 하신 것입니다. 주님은 이 은혜와 능력을 그들에게 베푸시길 원하신 것입니다. 마가복음에서는 예수님의 가르침을 듣고 치유의 역사를 본 자들이 이렇게 말합니다.

"이 사람이 마리아의 아들 목수가 아니냐? 야고보와 요셉과 유다와 시몬의 형제가 아니냐? 그 누이들이 우리와 함께 여기 있지 아니하냐 하고 예수를 배척한지라." (막 6:3)

예수님의 가르침을 듣고 치유의 역사를 목도한 그들은 오히려 예수님을 외면했습니다. 그들의 행동을 어떻게 이해할 수 있을까요?

"예수께서 그들에게 이르시되 선지자가 자기 고향과 자기 친척과 자기 집 외에서는 존경을 받지 못함이 없느니라 하시며 거기서는 아무 권능도 행하실 수 없어 다만 소수의 병자에게 안수하여 고치실뿐이었고 그들이 믿지 않음을 이상히 여기셨더라. 이에 모든 촌에 두루 다니시며 가르치시더라." (막 6:4~6)

결국 예수님은 "선지자가 고향에서 존경받지 못한다"고 말씀하시며 소수의 사람들만 고치시고 떠나십니다. 그러면서 그들의 믿지 않음을 기이히 여기셨습니다. 그때, 주님의 마음이 얼마나 안타까우셨을까요? 주님은 고향 사람들에게 능력을 베풀어 그들로 하여금 하나님을 체험케 하여 하나님의 은혜 가운데 삶을 변화시키길 원하셨지만 그들은 그런 예수님의 사랑을 배척했습니다. 그들은 비록 하나님의 백성이며 예수님과 함께 고향에 산 사람들이지만 예수님을 배척하니 자신들에게 임할 예수님의 능력마저 제한되고 말았습니다. 예수님은 마음이 꽉 닫혀있는 그들에게 사랑의 능력을 더 이상 베푸실 수 없었습니다. 예수님은 "선지자가 고향에서는 환영을 받지 못한다"고 말하신 뒤에 비록 이방인이었으나 놀라운 하나님의 은혜와 기적을 경험한 사람에 대한 예를 들어줍니다.

"엘리야가 그 중 한 사람에게도 보내심을 받지 않고 오직 시돈 땅에 있는 사렙

엘리야 시대에 수많은 사람들이 있었지만 사르밧(사렙다) 과부 한 명만이 하나님의 은혜를 경험했습니다. 엘리사 시대의 수많은 나병환자들 가운데 오직 나아만 장군만이 하나님의 은혜로 깨끗하게 되었습니다. 예수님이 이런 예를 드시며 “너희도 이들처럼 하나님의 은혜와 능력을 체험하게 되기를 원한다”고 하셨을 때, 그들은 회개하기는커녕 오히려 화를 냅니다.

그들은 예수님의 말씀을 받아들이기 보다는 예수님을 배척했고 심지어 죽이려고까지 했습니다. 예수님은 죽이려는 그들 사이를 지나가 다른 곳으로 가셨습니다. 전 누가복음 4장 30절의 “예수께서 … 가시니라”는 말이 두렵게 다가왔습니다. ‘예수님이 가시면’ 정말 큰일 납니다. 생명이 그분께 있습니다. 우리를 회복시키고 살리실 권능이 그분께 있습니다. 그런데 그분이 가버리신다니 이 얼마나 큰 문제입니까? 그러나 예수님을 배척하고 가시게 했던 나사렛의 사람들은 그 중대성을 전혀 몰랐습니다. 예수 그리스도를 아는 지식이 없어서 사람들은 망하는 법입니다. 지금 우리도 스스로를 돌아봐야 합니다. 내가 예수님을 떠나가시게 만들고 있지 않은지를 비상한 마음으로 점검해야 합니다.

나사렛 사람들은 하나님의 백성으로 회당에 함께 모여 하나님을 경배했지만 그 가운데 예수님의 기적적인 은혜를 체험한 사람들은 소수에 불과했습니다. 많은 사람들은 그 능력과 은혜를 경험하지 못한 채 습관적으로 종교 행위만을 행했습니다. 우리의 현실은 어떠합니까? 나사렛 회당 속 소수의 사람들처럼 예수님의 권세와 능력, 은혜를 체험하며 살고 있습니까? 혹시 다수의 사람들처럼 그저 습관적 종교 행위만을 하고 있지 않습니까? 나아만 장군과 사르밧 과부처럼 우리 역시 예수님의 은혜를 체험하며 변화를 넘어 변혁의 삶을 살아가야 합니다. 그것이 우리를 향한 하나님의 의도입니다.

사르밧 과부와 나아만 장군의 간절함

그러면 어떻게 하면 나사렛 회당의 소수의 사람들처럼, 사르밧 과부와 나아만 장군처럼 하나님의 은혜를 체험하며 변혁의 삶을 살 수 있을까요? 무엇이 필요합니까?

첫째로, 자신의 상황에 대한 절체절명의 위기감을 느껴야 합니다.

먼저 사르밧 과부 이야기와 나아만 장군 이야기의 공통점이 무엇인
지를 살펴봐야 합니다. 사르밧 과부가 살던 아합 왕 시대에 아합 왕은
하나님을 제대로 섬기지 못했습니다. 본인뿐 아니라 백성들도 하나님
을 잘 섬기지 못하게 그릇 인도했습니다. 그러자 하나님의 징계가 내
립니다. 무려 3년 6개월 동안이나 비가 내리지 않는 징계였습니다. 하
나님은 엘리야를 통해 아합 왕에게 앞으로 3년 6개월 동안 이스라엘
땅에 비가 내리지 않을 것을 말하라고 하십니다. 엘리야가 그리 말하
자 아합 왕은 크게 노했고, 엘리야는 왕을 피해 하나님의 명령에 따라
그릿 시냇가에 숨어 지냅니다.

수년 동안 비가 오지 않으니 시냇물이 마르게 되었습니다. 엘리야
는 물도 마시기 어려워졌습니다. 그러자 하나님은 엘리야에게 시돈
땅 사르밧으로 가라시면서 거기에 살고 있는 한 과부가 물과 먹을 것
을 줄 것이라고 말씀하십니다. 그래서 엘리야는 상당히 먼 이방 땅인
시돈의 사르밧으로 걸어가 한 과부를 만납니다. 엘리야는 그 과부에
게 물을 가져달라고 청합니다. 극심한 가뭄을 겪었을 텐데도 과부는
물을 구하러 갑니다. 그런 과부에게 엘리야는 한 가지 더 부탁합니다.
"청하건대 네 손의 떡 한 조각을 내게로 가져오라." 어렵게 물을 구하

러 가는 과부에게 떡까지 달라는 것입니다. 그 말을 들은 과부가 정색을 하며 말합니다.

"당신의 하나님 여호와께서 살아 계심을 두고 맹세하노니 나는 떡이 없고 다만 통에 가루 한 움큼과 병에 기름 조금 뿐이라. 내가 나뭇가지 둘을 주워다가 나와 내 아들을 위하여 음식을 만들어 먹고 그 후에는 죽으리라." (왕상 17:12)

지금 이 과부는 마지막 남은 밀가루와 기름 몇 방울로 떡을 만들어 아들과 함께 먹고 나서 죽기로 작정한 상태였습니다. 생을 마감할 절체절명의 위기 상황에 처해 있었습니다. 제가 사르밧 과부의 입장이라면 기가 막힐 지경이었을 것 같습니다. 하나님이 해도 해도 너무하신다고 생각했을지도 모릅니다. '기왕에 사람을 통해 물과 먹을 것을 주시려 한다면 재력 있는 사람에게 보내셔야지 하필이면 마지막 남은 밀가루와 기름 몇 방울로 떡을 만들어 먹고 죽어버리려는 사람에게 보내실 수 있을까'라고 생각하며 하나님을 원망했을 수 있습니다. 당신의 선지자 엘리야를 아무것도 남은 것이 없는 과부에게 보낸 하나님의 의도는 무엇일까요? 이 이야기를 통해서 우리에게 던지시는 메시지는 어떤 것일까요?

나아만 장군의 이야기는 열왕기하 5장에 나와 있습니다. 나아만 장군은 누구입니까?

"아람 왕의 군대 장관 나아만은 그의 주인 앞에서 크고 존귀한 자니 이는 여호

나아만 장군은 아람 왕국을 다른 민족들의 침략에서 구원한 일등 공신입니다. 그는 크고 존귀한 자였습니다. ‘존귀한 자’라는 표현은 앞에 내세웠다는 의미입니다. 그는 큰 용사입니다. 여러모로 보아 가진 것이 많은 자였습니다. 아무것도 없었던 사르밧 과부와 대비됩니다. 흔히 소유를 Position(지위), Power(능력), Possession(소유물) 등 3P로 이야기하곤 합니다. 사르밧 과부는 3P가 없는 사람이었습니다. ‘No Position(아무 위치가 없는 사람)’, ‘No Power(아무 능력도 없는 자)’, ‘No Possession(아무 소유물이 없는 자)’이었습니다. 반면에 나아만 장군은 이 3P를 모두 갖고 있는 사람이었습니다. 그는 군대 장관이란 높은 지위(Position)를 가지고 있었습니다. 왕의 권위와 능력을 빌어서 왕의 이름을 사용할 능력(Power)이 있었으며 재력과 재물 등 소유물(Possession)도 많았습니다. 그런데 나아만 장군이 누구인지 설명하는 열왕기하 5장 1절 마지막 부분에 반전이 일어납니다. “그는 큰 용사이나 나병환자더라.” 그는 큰 용사다. 그러나 그는 나병환자다. 이 말 한 마디가 앞에서 말한 것을 한순간에 다 뒤집어버립니다. 모든 것을 다 가진 나아만 장군이 가련한 존재가 되었습니다.

그 당시 사람들은 나병을 저주받은 병으로 여겼습니다. 나병환자들은 모든 사람들과 격리되어야 했습니다. 나아만 장군은 저주받은 자, 더러운 자로 여김 받아야 되는 치명적인 병에 걸렸던 것입니다. 겉은 군대장관으로서 화려한 치장을 했겠지만, 얼굴을 가리고 있어 나병환자임을 잠시는 가릴 수 있었겠지만, 내적으로는 몸이 썩어 문드러지는 나병환자였습니다. 그것이 나아만 장군의 정체성이었습니다.

사르밧 과부와 나아만 장군은 외적으론 전혀 다른 입장의 사람들이지만 한 가지 공통점이 있었습니다. 어떤 공통점인가요? 이 두 명은 모두 절체절명의 위기 가운데 있었습니다. 절체절명의 위기에 처했다는 것이 두 사람의 공통점이었습니다. 사르밧 과부는 굶주림 속에서 아들과 함께 죽어야 하는 위기 가운데 있었고, 나아만 장군은 모든 것을 가진 자 같았지만 몸이 썩어 문드러지는 나병환자라는 치명적 위기에 처해 있었습니다. 나병 앞에 그의 경력과 지위, 소유가 무슨 의미가 있었겠습니까?

영적 위기감과 간절함이 우리의 재산이다

주님은 왜 이 두 사람의 예를 드셨을까요? 또한 하나님의 능력은 누구에게 베풀어질까요? 이 두 이야기를 읽고 또 읽으면서 하나님의 능력은 절체절명의 위기감을 느끼고 있는 사람에게 일어난다는 사실을 깨달았습니다. 그렇습니다. 절체절명의 위기감, 간절함을 느끼지 않는 사람들에게는 하나님의 은혜가 베풀어지지 않습니다. 간절함을 느끼지 못하는 사람은 간절하게 구하지 않습니다. 그래서 언제나 삶은 그저 그렇게, 그럭저럭 지나갑니다. 평생 종교생활만 하다가 하나님의 선하심을 한 번도 맛보아 알지 못한 채 이 땅을 떠나갑니다.

하나님을 만났던 사람들은 예외 없이 영적 위기감을 느끼면서 간절함을 갖고 하나님을 찾았습니다. 다른 사람들이 보기엔 아무런 문제가 없는 사람들이 긴박한 영적 위기감을 느끼며 "내가 죽었구나"라면서 하나님의 도우심을 찾는 경우가 성경에는 많이 나타납니다. 이사야 6장에 보면 놀라운 말이 있습니다. 웃시야 왕이 죽던 해에 이사야는 성전에 들어가 나라의 운명을 놓고 하나님께 기도드립니다. 이사야는 나라를 걱정하고 하나님을 사랑하는 사람이었습니다. 주님의 천사를 만난 그가 이런 고백을 합니다.

"화로다 나여, 망하게 되었도다. 나는 입술이 부정한 사람이요 나는 입술이 부정한 백성 중에 거주하면서 만군의 여호와이신 왕을 뵈었음이로다." (사 6:5)

이사야는 자기가 이제 망하고 있다는 영적 위기감을 느끼고 있었습니다.

"오호라 나는 곤고한 사람이로다. 이 사망의 몸에서 누가 나를 건져내랴." (롬 7:24)

인류 역사상 가장 위대하게 하나님의 쓰임을 받은 사람 가운데 한 명인 사도 바울의 고백입니다. 역시 하나님 나라를 위해 위대하게 쓰임 받았던 베드로도 예수님의 무릎 아래 엎드려 이렇게 고백합니다.

이 고백들은 죽어가는 현장에서 어쩔 수 없이 해야 했던 고백이 아닙니다. 베드로가 자신이 죄인이라고 고백했던 것은 놀라운 기적을 경험한 직후였습니다. 자기가 원했던 물고기를 넘치게, 기적적으로 잡았던 현장에서 자신의 전적인 무능과 죄인됨을 고백했습니다. 사도 바울은 그 위대한 선교 사역을 모두 감당한 후에 스스로 곤고한 사람이라고 한탄합니다. 자신이 너무나 문제가 많은 사람이었음을 고백합니다. 중요한 것은 영적 위기의식 속에서 통회의 고백을 한 사람들에게 하나님은 능력의 손길을 베풀어 주신다는 점입니다.

어떤 분은 나아만 장군이 걸린 나병을 '나에게 있는 병', '내속에 감추어진 병'으로 이야기합니다. 겉으론 화려하지만 감춰진 내 속의 질병들이 있습니다. 다른 사람들에겐 화목한 가정처럼 보이지만 정작 뚜껑을 열고 보면 가족 구성원들 사이에 심각한 갈등과 아픔, 상처가 넘치는 가정의 병이 있습니다. 다른 사람들은 훌륭한 신앙인으로 여기지만 하나님 앞에서 썩어 문드러진 내 영혼의 질병도 있습니다. 이런 내 속에 감춰진 나병들을 인식하며, 심각한 위기감으로 하나님께 매달려 몸부림치며 기도하는 자에게 하나님은 능력의 손길을 베푸십니다.

사르밧 과부처럼 눈에 보이는 생활고로 위기감을 느끼는 분도 있을 것입니다. 나아만 장군처럼 겉으론 화려한 강점들만 보이지만 내면에 썩어가는 질병으로 고통스러워하는 분들도 있을 것입니다. 자신의 외면적·내면적 약점들을 직시하며, 위기의식 속에서 그 약점들을 하나님 앞에 내어놓고 기도하는 사람들에게 하나님의 능력과 은혜, 섭리가 임합니다. 우리 주님은 약할 때 강함을 주시는 능력의 주님이십니다.

안식년 동안 성경을 읽다가 하나님 앞에서 서럽게 운 적이 있습니다. 요한계시록 2장과 3장에 보면 교회들에 대한 이야기가 나옵니다. 거기 나오는 여러 교회들의 모습을 읽으면서 기도하며 저 스스로를 점검했습니다. 그러던 중 3장 14절부터 나오는 라오디게아교회에 대한 말씀을 읽으며 마음이 심히 괴로웠습니다. 성령께서 제 마음을 요동치게 하셨습니다. 그중에 특별히 다음 말씀을 읽을 때 마음이 너무나 힘들었습니다.

"네가 말하기를 나는 부자라 부요하여 부족한 것이 없다 하나 네 곤고한 것과 가련한 것과 가난한 것과 눈 먼 것과 벌거벗은 것을 알지 못하는도다. 내가 너를 권하노니 내게서 불로 연단한 금을 사서 부요하게 하고 흰 옷을 사서 입어 벌거벗은 수치를 보이지 않게 하고 안약을 사서 눈에 발라 보게 하라."(계 3:17~18)

이 말씀을 읽으면서 혹여 제가 스스로 자족하고 있는 부분은 없는지 점검해 보았습니다. 겉으로 내놓고 말하지 않았지만 우리 교회에 많이 배운 사람들이 모여 여러 면에서 부요하고, 별 부족한 부분이 없다고 자족한 적이 없는지 곰곰이 생각했습니다. 우리가 자족하고 있을 때, 성령께서 "네 곤고한 것과 가련한 것, 우둔한 것을 알지 못하느냐"고 말씀하시면 우리는 어떻게 할 것인가를 생각하다 보니 너무 가슴이 아팠습니다.

다른 사람들과 다른 교회가 보기에 우리 교회가 휘황찬란한 계급장을 많이 갖고 있고, 여러 칭찬을 받고 있지만 정작 우리 안에 치명적인 나병이 있지 않는가를 점검해 보았습니다. 우리 스스로는 나병이 있다는 사실 자체를 모를 수도 있기에 요한계시록에 나와 있는 처방처럼 안약을 사서 눈에 발라야 한다는 생각도 했습니다.

영의 눈이 떠질 때, 우리 내면의 가련한 부분들이 보이게 됩니다. 무엇을 알기 위해선 매개체가 있어야 합니다. 맛은 혀로 봅니다. 영은 영의 눈으로 봐야 합니다. 사랑은 눈과 혀가 아니라 가슴으로 압니다. 영이신 하나님은 영으로 알 수 있습니다. 영이신 하나님을 이성으로 찾기 때문에 결국 하나님을 못 찾습니다. 매개체가 잘못됐습니다. 무언가에 도달하는 루트가 틀렸습니다.

분명한 점은 우리의 영적인 상태는 영으로 안다는 것입니다. 성령 하나님께 내 영혼의 모습을 보게 해달라고 기도해야 합니다. "이대로 가다간 도저히 안 되겠다"는 영적 위기감을 느껴야 합니다. 그런 간절함이 있을 때, 하나님의 능력의 손길이 100% 쏟아지는 것입니다. "주여 나는 죄인이로소이다. 나를 고치소서"라고 통회하며 기도할 때, 영혼의 실상과 내면의 나병을 보게 됩니다. 그럴 때, 진정 위기감을 느낍니다. 그 위기감은 간절함으로 전환됩니다. 그 간절함, 그 사모함이 우리의 재산입니다. 위기감과 간절함이 없으면 영혼을 뒤흔들고, 보좌에 상달되는 기도를 할 수 없습니다. 주 예수 그리스도의 능력의 역사도 경험하지 못합니다.

우리 주 예수님은 능력을 베푸시는 그리스도이십니다. 그 주님의 능력을 삶 속에서 경험하기 원하십니까? 주님을 마음 깊숙이 초청하십시오. 영혼의 실상을 보십시오. 내면의 나병을 부둥켜안고 위기감을 느끼며 간절히 기도하십시오. 그러면 어느 순간, 예수님의 능력의 메커니즘이 내 삶에 작동하기 시작할 것입니다.

말씀을 소홀히 하지 않는 영적 겸손함을 지니라

하나님의 은혜를 체험하며 변혁의 삶을 살기 위해선 둘째로, 말씀을 소홀히 하지 않는 영적 겸손함이 있어야 합니다.

"그가 이르되 당신의 하나님 여호와께서 살아 계심을 두고 맹세하노니 나는 떡이 없고 다만 통에 가루 한 움큼과 병에 기름 조금 뿐이라." (왕상 17:12)

사르밧 과부의 이야기입니다. 자신에게 남아 있는 한 움큼의 밀가루와 약간의 기름으로 떡을 만들어먹고 죽으려고 하는 긴박한 상황입니다. 만일 제가 사르밧 과부인데 누군가가 내게 물을 주고, 거기에다 떡을 만들라고 주문했다면 크게 화를 내며 이렇게 말했을 것입니다. "도대체 당신은 내 상황과 형편을 눈곱만큼이라도 아시오? 내가 지금 내 아들과 이 마지막 것을 먹고 죽으려고 한단 말이요. 저리 꺼지시오!" 그러나 그 사르밧 과부는 분명 화를 벌컥 내야 할 상황인데도 이렇게 말합니다.

사르밧 과부에게는 하나님에 대한 센스가 있었습니다. 하나님의 사람을 알아보는 눈이 있었습니다. "당신의 하나님"이라는 말에 비춰볼 때, 그녀는 자신에게 터무니없는 부탁을 하는 엘리야가 하나님의 사람이라는 것을 알고 있었습니다. 그래서 과부는 엘리야가 한 말을 터무니없게, 소홀하게 여기지 않았습니다. 그리고 자기 형편을 잘 설명합니다. 사르밧 과부에겐 하나님의 사람의 말을 소홀히 여기지 않는 영적 겸손함이 있었습니다.

자, 이번엔 나아만 장군의 이야기로 들어가 볼까요? 나아만은 큰 용사이지만 나병 환자였습니다. 그의 집엔 이스라엘에서 잡혀온 작은 소녀가 있었습니다. 나아만 장군 부인의 수종을 들던 그 소녀가 여주인에게 말합니다.

바로 그다음 구절에 나아만 장군은 왕에게 가서 이스라엘 땅에서 온 소녀의 말을 전하고 있습니다. 그런데 그 사이에 생략된 장면이 있습니다. 나아만 장군이 여종의 말을 듣고, 왕에게 가서 그 여종의 말이 이러이러하다고 말하고 있는 장면입니다.

자신이 절체절명의 위기 상황에 처했기에 그렇기도 하겠지만 나아만 장군은 어린 계집종의 말 한마디도 소홀히 여기지 않았습니다. 그에겐 겸손함과 더불어 영적 민감성이 있었습니다. 어린 계집종의 말 속에서도 하나님의 음성을 들으려 했던 것입니다. 그것이 겸손입니다. 하나님의 역사는 하나님의 말씀을 소홀히 여기지 않는 겸손한 사람에게 일어납니다. 겸손한 마음으로 각 사람과 온 우주를 통해 들리는 하나님의 음성을 민감하게 듣는 사람에게 하나님의 거룩한 역사는 시작됩니다. 하나님의 말씀을 소홀히 여기지 않기 위해선 내 생각을 극복해야 합니다. 내 뜻을 버리고 하나님의 뜻을 찾아야 합니다.

누군가 스승에게 물었습니다. "어떻게 해야 하나님의 뜻을 알 수 있을까요?" 그러자 스승이 이렇게 답했다고 합니다. "자네 뜻에서 멀어지면 질수록 하나님의 뜻에 가까워지는 것이라네." 내 뜻에서 멀어져 하나님의 뜻에 가까이 가기 위해선 하나님의 말씀을 소중히 여기는 영적인 겸손함을 지녀야 합니다. 그러면 하나님께서 귀한 능력의 역사를 베풀어 주십니다. 영적인 겸손함으로 나아가는 길은 내 생각을 극복하는 것 외는 없습니다.

여러분의 생각을 절대화 하지 마십시오. 절대적인 진리는 하나뿐입니다. 예수 그리스도가 하나님의 아들이신 것, 그것만이 절대입니다. 다른 모든 것은 상대적입니다.

그래서 우린 늘 하나님이 보내시는 주파수에 촉수를 맞춰야 합니다. 하나님과 친해져야 합니다. 진리가 아닌 것으로 다른 사람을 판단하지 마십시오. 특별히 하나님 말씀 앞에 겸손히 나오십시오. 말씀을 통해 내게 주시는 하나님의 말씀을 기를 쓰고 찾으십시오. 하나님이 쓰시는 사람은 겸손한 자들입니다. 겸손함이 있는 사람을 통해서 주님은 일하십니다.

나아만 장군이 모든 화려한 옷을 입고 선지자 엘리사의 집 문에 섰을 때, 선지자는 나와 보지도 않고 사자를 보냅니다. 엘리사는 목회적인 측면에서 이치에 맞지 않는 일을 했습니다. 목회는 다가감입니다. 그 시대의 목회자라고 할 수 있는 선지자 엘리사는 자기에게 뭔가를 부탁하러 오는 사람, 그것도 나병에 걸린 절박한 사람을 직접 만나 처방전을 내려줘야 했습니다.

엘리사는 사람을 무시했습니다. 큰일 날 일을 한 것입니다. 우스갯소리로 개 중에서 가장 무서운 개가 '섭섭개'라고 합니다. 사람을 섭섭하게 만들면 관계는 끝장납니다. 엘리사는 나아만 장군을 섭섭하게 만들었습니다. 왜 그랬을까요? 거기에는 의도가 있었습니다. 하나님께서는 나아만 장군의 자기중심적인 태도를 깨어 부수기를 원하셨던 것입니다. 엘리사에게 이렇게 말씀하셨는지도 모릅니다.

"나아만이 여전히 '나~만'의 생각을 갖고 있구나. 그의 마음은 자기 주장으로 꽉 차 있구나. 그가 더 깨어져야겠다. 기적의 역사가 일어나려면 그가 고운 가루로 부서져야한단다."

엘리사는 하나님의 명령에 따라 그렇게 나아만 장군을 섭섭하게 대했던 것입니다. 목사로서 가능한 한 성도들을 따뜻하게 대하려 합니다. 그러나 가끔은 상대가 섭섭한 마음이 들 정도로 거리감 있게 대할 때도 있습니다. 물론 상대방은 '섭섭병'에 걸릴 수 있습니다. 그런데 저 역시 그냥 막무가내로 상대를 섭섭하게 하는 것이 아닙니다. 의도가 있습니다. 그분이 목사인 저를 의지하지 않고, 저를 통하지 않고, 하나님 앞에 단독자로 서서 하나님을 붙들고 씨름할 기회를 주기 위해서입니다. 하나님과 직면해 철저히 나를 부수는 시간을 주려는 의도가 있습니다.

물은 높은 곳에서 낮은 곳으로 흘러내립니다. 반대는 없습니다. 하나님 은혜의 강물도 낮은 마음을 찾아 흘러갑니다. 우리의 지식과 경험, 훈련 받은 것과 사역이 밑받침대가 되어, 우리 마음이 그 받침대 위에 올라가 있다면 하나님의 말씀은 우리 마음에 고이지 않습니다. 다 흘러내려가 버립니다. 낮고 낮은 마음을 가지십시오, 그것이 우리에게 유익합니다.

지금 우리는 말씀의 홍수 시대에 살고 있습니다. 인터넷에 들어가면 온갖 좋은 하나님의 말씀을 다 들을 수 있습니다. 그러나 홍수 가운데 정작 마실 물이 귀하듯, 말씀의 홍수 시대에 사람들은 믿음의 소중함을 잃어버리고 있습니다. 영적 교만이 하늘을 찌르고 있습니다. 그래서 말씀이 넘치는 지금 시대에 하나님의 말씀을 그대로 따르는 참된 제자는 찾아보기 힘들어졌습니다.

나아만 장군이 한낱 종에 불과한 어린 소녀의 이야기를 하나님의 말씀처럼 귀하게 여긴 것처럼 우리 역시, 이 시대의 나아만 장군, 사르밧 과부처럼 겸손하게 하나님의 말씀과 하나님의 사람들을 받아들여야 하겠습니다. 거기서부터 하나님의 은혜의 역사가 시작됩니다.

우리는 하나님이 교장이신
'순종 학교'의 학생들입니다

하나님의 은혜를 체험하며 변혁의 삶을 살기 위해선 셋째로, 하나님의 말씀에 순종할 믿음의 용기가 있어야 합니다.

"나아만이 이에 내려가서 하나님의 사람의 말대로 요단 강에 일곱 번 몸을 잠그니 그의 살이 어린아이의 살 같이 회복되어 깨끗하게 되었더라." (왕하 5:14)

사르밧 과부와 나아만 장군 이야기의 공통점을 또 찾아보겠습니다. 엘리야가 떡을 만들어 달라고 부탁했을 때 사르밧 과부는 자기의 절박한 상황을 설명합니다. 그러자 엘리야는 이렇게 말합니다.

"두려워하지 말고 가서 네 말대로 하려니와 먼저 그것으로 나를 위하여 작은 떡 한 개를 만들어 내게로 가져오고 그 후에 너와 네 아들을 위하여 만들라. 이스라엘의 하나님 여호와의 말씀이 나 여호와가 비를 지면에 내리는 날까지 그 통의 가루가 떨어지지 아니하고 그 병의 기름이 없어지지 아니하리라 하셨느니라." (왕상 17:13~14)

엘리야는 사르밧 과부가 도저히 상상할 수 없었던 하나님의 계획을 전해주었습니다. 놀라운 축복의 계획입니다. 순종하십시오. 순종하면 하나님이 우리 모두에게도 이런 복을 주실 것입니다. 우리 인생의 마른 통에도 밀가루와 기름이 떨어지지 않는 기적이 있을 것입니다. 이제 공은 사르밧 과부에게 넘어갔습니다. 순종할 것인가, 말 것인가? 다행히 사르밧 과부는 순종했습니다. 그 순종의 순간이야말로 사르밧 과부의 인생역전이 이뤄진 순간입니다.

나아만 장군의 이야기로 돌아갑니다. 선지자 엘리사는 장군 나아만을 홀대했습니다. 멀리 요단 강에 7번 들랑날랑 하면서 몸을 씻으라고 합니다. 정상적인 사고로 이해할 수 없는 이야기입니다. 더구나 직접 말한 것이 아니라 사자(使者)를 통해 전한 것입니다. 나아만 장군은 화가 단단히 났습니다. 수하들에게 말합니다. "아니, 우리나라에 요단 강 보다 더 맑은 강이 없더냐? 차라리 거기서 씻으면 낫지 않겠는가. 선지자란 사람이 나를 뭐로 보고 저따위 말을 할 수 있겠는가." 나아만 장군은 지금 자기 생각만을 내뱉고 있습니다. 화를 내고 돌아섭니다. 그대로 갔더라면 나아만 장군은 결국 나병으로 몸이 문드러진 상태에서 죽었을 것입니다.

그러나 그것이 끝은 아니었습니다. 복 있는 사람 주위엔 하나님이 보내신 사람들이 있습니다. 나아만 장군은 '섭섭병'에 걸려 화를 내고 돌아섰지만, 그의 주변엔 지혜로운 하나님의 사람들이 있었습니다. 그들이 간곡히 말합니다. "장군이시여, 만약 선지자가 당신께 어려운 일을 시켰으면 하실 것 아닙니까? 밑져야 본전이라고 생각하고 한 번 해 보시지요." 주변에 영적인 조언을 해 주는 사람이 있다는 것은 크나큰 복입니다. 나아만 장군은 그 말을 듣습니다. 아마 나아만 장군은 못 이기는 척하며 돌이켰을 것입니다. 자기 복입니다. 그는 체면을 내려놓았습니다. 주변 조언자의 말을 무시하고 가버렸을 수 있지만 처음 행동을 번복하며 요단 강에 일곱 번 들랑날랑 하는 그 일을 순종했습니다. 하나님은 그 순종을 기쁘게 받으셨습니다. 그래서 문둥병을 고쳐주셨습니다. 그뿐 아니라 그의 피부를 어린 아이의 피부와 같게 해 주는 덤의 복을 내려주셨습니다.

이 두 이야기의 공통점은 분명합니다. 이들에게는 하나님의 말씀에 순종할 믿음의 용기가 있었습니다. 순종은 믿음을 전제로 합니다. 로마서에서는 "믿어 순종하게 하나니"(롬 1:5) " 믿어 순종하게 하시려고"(롬 16:26) 등 믿음과 순종의 상관관계에 대한 구절이 나옵니다. 오직 믿는 자만이 순종할 수 있습니다. 순종은 믿음의 용기를 지닐 때 가능합니다. 부디 은혜 받는 것으로 신앙생활을 끝내려 하지 마십시오. 그 말씀을 삶의 자리에 가져가는 순종의 과정이 있을 때, 승리의 삶이 가능합니다. 어떤 분들은 '아니, 허구한 날 순종 이야기만 하나?'라고 생각할 수 있습니다. 그러나 순종이 핵심이기에 매번 이야기 하지 않을 수 없습니다. 물론 성경 공부를 통해서도 하나님에 대해 많이 배울 수 있습니다. 그러나 성경 공부에서 배우는 것은 이론입니다. 이론을 통해선 하나님에 대한 아이디어만을 배울 뿐입니다. 이론이 실제가 되지 않는 한, 더 많은 아이디어가 우리를 구원으로 인도하지 못합니다.

설교는 가르치는 것(teaching)이 아닙니다. 설교는 하나님의 음성을 전하고, 그 음성을 삶에 적용토록 돕는 것입니다. 성경을 근거로 하기에 가르침의 요소가 있지만 설교의 진정한 목적은 정보가 아니라 변화요, 변화를 뛰어넘는 변혁을 가져오게 하는 것입니다. 매주 설교를 10년 넘게 들었지만 삶의 변화가 없다면 설교를 헛들은 것입니다.

다음은 한국 교회의 유명한 간증 가운데 하나입니다.

시골의 어느 교회가 성장을 해서 교회를 건축해야하는 시기가 되었습니다. 그런데 재정이 없어 엄두를 내지 못하는 상황입니다. 시골 교회이기 때문에 넉넉한 성도도 없습니다. 그 교회에 과부 집사님이 한 명 있었습니다. 사르밧 과부와 같은 분입니다. 이 과부 집사님은 시장에 나가 행상을 하는 분입니다. 그 집사님이 기도 하다가 하나님의 음성을 듣습니다. "네 재산을 드려라! 재산이 얼마 되지 않겠지만 내 앞에 바쳐라." 그래서 집사님은 이렇게 반문했습니다. "아니, 굶어 죽으라는 말입니까?" 단순명료한 답이 왔습니다. "그래도 바쳐라!" 집사님은 번민 끝에 목사님을 찾았습니다. "저, 건축헌금 하겠습니다." 집사님의 형편을 누구보다 잘 아는 목사님이 말합니다. "아니, 집사님, 왜 그러세요? 집사님 생활이 뻔한데 이러시면 안 됩니다." 인간적으론 좋은 목사지만 영적으로는 빵점 목사입니다. 집사님은 계속 우깁니다. "하나님이 하라고 하시니 순종할 수밖에 없습니다." 그러자 목사님도 어쩔 수 없이 과부 집사님의 헌금을 받습니다. 헌금을 마친 집사님의 마음은 하나님께 순종했다는 기쁨으로 가득 찼습니다.

그러다 먹고 살아야 하니 행상을 갔습니다. 가다가 길에서 아픈 사람이 고함치는 소리를 듣습니다. '저 사람 참 안됐다'며 지나가는데 성령께서 말씀하십니다. "저 사람을 위해 기도해줘라." 집사님이 묻습니다. "성령님, 제가 목사도 아닌데 저 아픈 사람을 위해 기도하라니 무슨 말입니까?" 성령께서 간단히 말합니다. "하라는 대로 해라!" 집사님은 결국 성령의 감동에 순종해 그 아픈 자에게 손을 얹고 기도해주었습니다. 놀랍게도 그 자리에서 그 사람의 아픈 것이 깨끗하게 나았습니다. 그 후부터 그 집사님이 손을 대는 사람마다 치유되었습니다. 그 과부 집사님을 통해 한국 교회에 신유의 역사가 놀랍게 일어났습니다. 그분이 우리가 잘 아는 현신애 권사님입니다. '한국의 캐서린 쿨만'이라 불린 분입니다. 현 권사님을 통해 무수히 많은 사람들이 치유를 받고 하나님께 영광을 돌렸습니다. 그분의 치유 사역으로 인해 하나님의 교회가 부흥하기 시작했습니다. 현 권사님을 통해 초기 한국 교회의 북한 선교도 본격적으로 시작될 수 있었습니다. 한 작은 과부

집사님의 순종이 개인은 물론 교회와 민족을 변화시킬 수 있었던 것
입니다.

우리 주 예수 그리스도는 능력을 베푸시는 전능자이십니다. 그분의
손이 닿는 곳마다 살리는 역사가 일어납니다. 우리 역시 그분을 통해
사람들과 가정, 교회, 국가를 살릴 수 있습니다. 시작은 한 조각의 순
종입니다. 우리 모두는 하나님의 '순종 학교'의 학생들입니다. 그 학교
의 수업은 여전히 진행 중에 있습니다.

05
대제사장이신 예수를 깊이 생각하라
:: 주 예수 그리스도, 우리의 대제사장

[14]그러므로 우리에게 큰 대제사장이 계시니 승천하신 이 곧 하나님의 아들 예수시라 우리가 믿는 도리를 굳게 잡을지어다 [15]우리에게 있는 대제사장은 우리의 연약함을 동정하지 못하실 이가 아니요 모든 일에 우리와 똑같이 시험을 받으신 이로되 죄는 없으시니라 [16]그러므로 우리는 긍휼하심을 받고 때를 따라 돕는 은혜를 얻기 위하여 은혜의 보좌 앞에 담대히 나아갈 것이니라 [1]대제사장마다 사람 가운데서 택한 자이므로 하나님께 속한 일에 사람을 위하여 예물과 속죄하는 제사를 드리게 하나니 [2]그가 무식하고 미혹된 자를 능히 용납할 수 있는 것은 자기도 연약에 휩싸여 있음이라 [3]그러므로 백성을 위하여 속죄제를 드림과 같이 또한 자신을 위하여도 드리는 것이 마땅하니라 [4]이 존귀는 아무도 스스로 취하지 못하고 오직 아론과 같이 하나님의 부르심을 받은 자라야 할 것이니라 [5]또한 이와 같이 그리스도께서 대제사장 되심도 스스로 영광을 취하심이 아니요 오직 말씀하신 이가 그에게 이르시되 너는 내 아들이니 내가 오늘 너를 낳았다 하셨고 [6]또한 이와 같이 다른 데서 말씀하시되 네가 영원히 멜기세덱의 반차를 따르는 제사장이라 하셨으니 [7]그는 육체에 계실 때에 자기를 죽음에서 능히 구원하실 이에게 심한 통곡과 눈물로 간구와 소원을 올렸고 그의 경건하심으로 말미암아 들으심을 얻었느니라 [8]그가 아들이시면서도 받으신 고난으로 순종함을 배워서 [9]온전하게 되셨은즉 자기에게 순종하는 모든 자에게 영원한 구원의 근원이 되시고 [10]하나님께 멜기세덱의 반차를 따른 대제사장이라 칭하심을 받으셨느니라

히브리서 4:14-5:10

도대체 신앙은 우리 삶에 어떤 의미가 있는 것인가?

존경하는 목사님으로부터 들은 이야기입니다. 미국에서 사역하시는 그 목사님은 주로 국제결혼을 한 자매들이 모여 있는 교회를 담임하고 계셨습니다. 그 교회에서 단기선교를 계획, 멤버들을 모아서 함께 선교를 떠나게 되었습니다. 선교를 떠나기 바로 전날 한 자매님으로부터 전화가 왔습니다. 꽤 열심히 교회를 섬기는 자매님이었습니다. 통화에서 자매님은 목사님께 본인의 어려움들을 토로했습니다. 하나님께 부끄럽게 살았던 예전 모습 때문에 아무리 교회에서 열심히 봉사해도 늘 죄책감으로 마음이 눌렸다고 합니다. 또한 미국에서 외국 사람으로서 겪는 근원적인 외로움을 토로하며 자신이 굉장한 열등감과 두려움 속에서 살고 있다고 이야기했습니다.

자매님은 그로 인한 심한 우울증을 겪고 있었는데 목사님과 통화를 한 그 밤에도 아주 우울해 했습니다. 그녀는 한참 이야기하다가 한 손에는 수화기를, 다른 한 손에는 권총을 들고 있다고 이야기했습니다. 목사님이 깜짝 놀랐습니다. 아주 위급한 상황인 것을 깨닫고 전화로 밤새 그 자매님을 위로, 격려하고 상기된 감정을 달래줬습니다. 전화를 끊으면 그 자매님이 꼭 일을 낼 것만 같아서 계속 이야기했습니다.

그러다 날이 샜고, 선교 여행을 떠날 시간이 되었습니다. 그 자매님과도 이야기가 잘 되어 일단 통화를 끊고 계획대로 멤버들과 함께 단기 선교여행을 떠났습니다. 단기선교여행 중에도 계속 그 자매님에 대한 걱정이 들었습니다. 그래서 다른 사람들은 일정에 따라 선교여행을 계속하게 하고 중간에 그 목사님만 돌아왔습니다. 돌아오는 비행기에서도 왠지 모를 불안감이 엄습해 계속해서 그 자매님을 위해 중보기도를 했습니다. 공항에 도착해서 전화를 해보니 자매님 대신 다른 사람이 받으면서 깜짝 놀랄 소식을 전해줬습니다. 바로 몇 시간 전에 그 자매님이 자살을 했다는 것입니다. 목사님의 충격은 이루 말할 수 없었습니다. 그 자매님에게 그런 일이 일어나지 않도록 밤새도록 대화하며 격려했는데 결국 이런 일이 일어나고 말았습니다. 목사님은 그 사건을 통해 목회자란 정말 생과 사의 갈림길에 선 사람들 사이에서 사역하고 있다는 점을 절실히 깨달았다고 합니다. 육체적인 측면 뿐 아니라 영적인 생사의 갈림길에 처해 있는 사람들에게 생명줄을 던져주는 것이 목회라는 사실을 절감하며 한 영혼이라도 주님께로 인도하기 위해서 초긴장하며 애써야 한다고 저에게 말씀해 주셨습니다.

목사님으로부터 그 이야기를 들으며 많은 생각을 했습니다. '그 자매님이 나름대로 교회에 나가 열심히 봉사했는데도 불구하고 어찌해서 본인의 아픔을 해결 받지 못했을까?'라는 의구심이 생겼습니다. '도대체 그 자매님에게 신앙이란 어떤 의미가 있었을까?'라는 생각도 해보았습니다. '그 상황에서 꼭 극단적인 결정을 해야만 했을까? 다른 방법은 없었을까?'란 안타까운 마음도 들었습니다.

정도의 차이는 있지만 이 땅의 많은 사람들이 그 자매님과 비슷한 정서적인 죄 짐을 지고 죄책감과 두려움 속에서 살아갑니다. 때론 좌절하고, 열등감을 느끼며, 생을 포기하고 싶은 절박한 마음으로 삶을 영위해 나갑니다. 정상적인 사람들도 그런 정서적으로 고통당하는 사람들의 이야기를 듣다보면 그 정서적인 고통이 자신들에게 전이됨을 느낍니다. 우울증을 호소하는 사람의 이야기를 들으면서 없던 우울증이 생기기도 합니다. 이러한 때, '과연 우리가 믿고 있는 신앙의 의미가 무엇인지'를 생각하며 '그 신앙이 우리를 제대로 지켜줄 수 있는가'라는 질문을 하게 됩니다. 복잡한 삶의 정황 속에서 우리의 신앙이 온전하게 작동될 수 있는가의 문제는 믿는 자들이라면 몇 번씩 생각해 보았을 것입니다.

성경 히브리서 수신자들의 삶도 우리와 비슷했습니다. 유대인인 그들은 예수님을 믿고 크리스천이 되었습니다. 유대 사회에서 살아온 그들이 크리스천이 되었다는 사실은 결코 간단한 문제가 아니었습니다. 혹독한 대가를 치러야 했습니다. 그들은 예수님을 믿었다는 한 가지 이유 때문에 유대 사회로부터 추방당해야 했습니다. 생업도 박탈당해 가난하게 살 수밖에 없었습니다. 그들은 주변 사람들로부터 조소와 멸시를 당하는 삶의 자리에 있었습니다. 극심한 핍박을 받았습니다. 이것이 1~2년 사이에 해결되는 문제라면 그나마 견딜 수 있겠지만 5년, 10년, 15년, 길게는 30년까지 갔습니다. 이런 상황 가운데 그들은 절망과 좌절, 무력감에 빠지게 됐습니다. 유대 사회에서 크리스천으로 산다는 것이 너무나도 어려웠기에 예수 믿는 삶을 포기하고 다시 유대교로 돌아간 사람들도 생겨났습니다. 히브리서는 그런 분위기 속에서 쓰인 것입니다. 히브리서 기자는 그런 사람들에게 경고하기도 하고, 다시 한번 믿음의 삶을 굳건하게 살자고 격려하기도 합니다.

대제사장이신 예수를 깊이 생각하라

히브리서 4장 14절~5장 10절은 삶과 믿음의 어려움을 겪고 있는 사람들에게 어떻게 하면 모든 환경적 어려움(정신적 · 영적 어려움)을 극복하고 하나님이 의도하시는 은혜와 기쁨의 삶을 살아갈 수 있을지를 말해줍니다. 은혜는 헬라어로 '카리스'라고 합니다. 기쁨은 '카라'입니다. 근원적인 기쁨은 은혜로부터 나옵니다. '카라'로부터 '카리스'와 '카리스마(은사)'가 나옵니다. 그래서 기쁨과 은혜, 은사는 모두 맥이 통하는 단어들입니다. 하나님의 은혜를 받은 사람으로서 기쁘게 사는 것, 그리고 그 은혜의 연장선상에서 은사를 받아 기쁨으로 섬기는 것 등이 하나로 연결됩니다. 바로 신자 된 우리가 그런 은혜를 받고 사는 사람들입니다. 그렇다면 복잡한 삶의 자리에서 우리는 어떻게 이 기쁨과 은혜의 삶을 누리면서 살 수 있을까요?

히브리서 기자는 무엇보다도 "예수를 깊이 생각하라"고 권면합니다.

"그러므로 함께 하늘의 부르심을 받은 거룩한 형제들아 우리가 믿는 도리의 사도이시며 대제사장이신 예수를 깊이 생각하라." (히 3:1)

예수님은 우리가 믿는 도리의 사도이자 대제사장입니다. 선지자보다 뛰어나신 예수 그리스도를 깊이 묵상하는 것, 그들이 숭배했던 천사보다 훨씬 뛰어나신 예수 그리스도를 깊이 묵상하는 것, 그들이 존경하고 따르는 모세보다 뛰어나신 예수 그리스도를 깊이 묵상하는 것, 이것이 그들을 붙잡아 주고 어려움 가운데서 건져주는 은혜의 통로가 된다는 것입니다. 그렇기에 히브리서 기자는 우리에게 "예수를 깊이 생각하라(Fix your thoughts on Jesus)"고 권면하는 것입니다. 히브리서 기자는 또한 믿는 자들에게 말씀으로 격려합니다.

"우리가 시작할 때에 확신한 것을 끝까지 견고히 잡고 있으면 그리스도와 함께 참여한 자가 되리라." (히 3:14)

그렇습니다. 우리는 처음 믿어 확신한 것을 끝까지 잡고 있어야 합니다. 우리 삶의 자리에는 그 믿음을 무너뜨릴 수 있는 수많은 요소들이 있습니다. 어떤 어려움 속에서도 처음 확신한 것을 끝까지 잡고 있으면 그리스도의 영광에 참여할 수 있습니다. 그분은 우리 믿는 도리의 사도이자 대제사장이십니다. 모든 것 위에 뛰어나신 분입니다. 그러니 그분 외에 누구를 의지한단 말입니까? 비록 눈에는 아무 증거도 보이지 않더라도, 귀에는 아무 소리 들리지 않아도, 믿음을 견지해 나가다보면 영광의 날이 올 것입니다. 대제사장이신 예수 그리스도를 깊이 묵상할 때 모든 어려움으로부터 우리 마음이 보호를 받습니다. 기쁨의 원천되신 그분이 주시는 은혜가 임합니다. 그래서 그 은혜로 인해 세상의 고통을 능히 이길 수 있습니다.

　거듭 말하거니와 우리가 섬기는 예수 그리스도는 우리의 대제사장이십니다. 구약 시대의 대제사장은 모든 백성들의 짐을 다 짊어지고 하나님 앞에 나아갑니다. 그리고 하나님으로부터 용서를 받아옵니다. 또한 백성들의 소원을 하나님 앞에 아뢰고 응답을 받아 나옵니다. 구약 시대의 대제사장은 하나님 앞에 나아가 하나님의 말씀을 받아 그것을 백성들에게 그대로 전하는 자였습니다. 그래서 대제사장은 하나님과 백성들의 중간에 서서 때론 하나님의 대리자로, 때론 백성들의 대표자로서의 역할을 했던 사람입니다. 하지만 그들의 대제사장직은 완전하지 못했기에 매년 새롭게 역할을 바꿔야 했습니다. 이런 가운데 예수 그리스도가 오심으로 말미암아 단 한 번의 제사로 수천 년 동안 내려왔던 모든 제사를 마감해 버렸습니다. 완결시켜 버린 것입니다. 예수님 자신이 완벽한 대제사장으로 우리에게 임하셨습니다. 그분은 완전한 대제사장이십니다. 우리에게는 대제사장이 계십니다. 우리의 완벽한 변호인이 계시다고요! 이것을 믿어야 합니다. 우리가 주 예수 그리스도를 내 영혼의 대제사장으로 모실 때, 근심과 걱정은 도저히 자리할 수 없습니다. 나보다 엄청나게 뛰어나시고 훌륭하신 분, 나와 하나님을 연결시켜 주실 분, 내 모든 문제를 해결해 주실 든든한 분이 계시는 것입니다. 그분 안에서 우리는 안전합니다. 태산을 넘어 험곡에 가도 우리는 두려워하지 않게 됩니다. 그래서 대제사장이신 주님을 모신 크리스천들은 매일 기쁨의 삶을 살 수 있습니다. 이런 크리스천들은 세상이 감당할 수 없습니다. 세상은 물을 것입니다. "도대체 당신의 그 놀라운 기쁨은 어디서 온 것이요?" 우리의 기쁨은 오직 주 예수 그리스도로부터 옵니다. 다른 방법은 없습니다.

하나님께 택함을 받은 대제사장이신 예수 그리스도

그럼 대제사장으로서의 예수 그리스도의 모습을 살펴보겠습니다. 대제사장이신 예수 그리스도는 하나님의 택하심을 받은 자였습니다. 구약 시대의 제사장들도 하나님의 택하심을 받은 사람들이었습니다.

"이 존귀는 아무도 스스로 취하지 못하고 오직 아론과 같이 하나님의 부르심을 받은 자라야 할 것이니라."(히 5:4)

대제사장직은 아론의 계통을 좇아서 계승되어 왔습니다. 대제사장은 인간으로선 굉장히 영예스러운 직입니다. 그들은 하나님이 택하신 하나님의 종들입니다. 예수님도 하나님의 택하심을 입어 완벽한 대제사장직을 감당하셨습니다.

"그리스도께서 대제사장 되심도 스스로 영광을 취하심이 아니요 오직 말씀하신 이가 그에게 이르시되 너는 내 아들이니 내가 오늘 너를 낳았다 하셨고 또한 이와 같이 다른 데서 말씀하시되 네가 영원히 멜기세덱의 반차를 따르는 제사장이라 하셨으니….”(히 5:5~6)

주 예수 그리스도는 다른 인간 대제사장과는 본질적으로 다르신, 완벽한 대제사장이십니다. 주님은 '큰 대제사장'이셨습니다. 그분은 큰 대제사장직을 완수하시고 승천하셨습니다. 인간 대제사장 누구도 승천할 수 없었습니다.

신학적으로 '승천하셨다'는 말은 '하나님과 동등하게 되셨다'는 의미를 갖습니다. 빌립보서 2장 6절은 '주 예수 그리스도가 하나님의 본체'라고 언급합니다. 하나님의 본체이신 분이 하나님과 동등 됨을 취하지 않고 이 땅으로 내려오셨다는 것입니다. 그러나 예수님은 이 땅에서의 임무를 마치고 승천하셨을 때, 다시 하나님과 동등하게 되셨습니다. 승천하신 우리의 대제사장이신 예수님은 하나님 우편에 앉아 여전히 우리를 위해 중보해주시고 계십니다. 그래서 그분은 이 땅 뿐 아니라 하늘에서도 그 권위를 나타내는 영원한 대제사장이십니다. 이것이 큰 대제사장이신 예수님과 인간 대제사장들 간의 근본적인 차이입니다.

또한 인간 대제사장들은 아론의 반차를 통해서 나왔습니다. 그러나 예수님은 멜기세덱의 반차를 통해서 내려오셨습니다. 멜기세덱은 모세보다 500년 전 이상에 존재했던 사람입니다. 보통 아브라함의 시대를 BC 2000년, 모세 시대를 BC 1500년, 다윗 시대를 BC 1000년경으로 봅니다. 따라서 모세와 동시대 인물인 아론의 반차로부터 제사장직이 시작된 것은 BC 1500년경입니다. 그렇게 본다면 아브라함을 축복한 멜기세덱은 모세 시대보다 500여 년 빠른 BC 2000년경에 이미 '지극히 높으신 하나님의 제사장'이었습니다.

"살렘 왕 멜기세덱이 떡과 포도주를 가지고 나왔으니 그는 지극히 높으신 하나님의 제사장이었더라." (창14:18)

히브리서 기자는 이 멜기세덱과 예수 그리스도를 연결시킴으로 예수님의 대제사장직이 아론의 계열을 타고 내려온 인간 제사장직과는 근본적으로 다르다는 것을 이야기하고 있습니다. 우리가 신뢰하는 대제사장이신 예수 그리스도는 하나님께서 택하신 대제사장으로서 본질상 하나님 자신이십니다.

구약 시대에는 우리가 죄를 범했을 때, 그 죄를 직접 들고 하나님 앞에 나아갈 수 없었습니다. 죄를 지은 사람은 먼저 제물을 가지고 제사장에게 가야합니다. 먼저 제사장에게 자기 죄를 고백합니다. 제사장은 그 죄를 받아 안수함으로써 제물이 된 짐승에게 그 죄를 전가시킵니다. '죄의 삯은 사망'입니다. 따라서 제물이 된 짐승을 죽임으로써 인간이 저지른 죄의 삯을 치르게 하는 것입니다. 제사장이 그 피를 제단에 뿌리고 기도할 때, 그 피가 불살라지는 것을 보고 죄가 용서함 받았다고 믿었습니다.

그러나 우리의 대제사장이신 예수 그리스도가 십자가에 못 박혀 돌아가심으로써 더 이상 우리는 짐승을 가지고 제단에 나아갈 필요가 없게 됐습니다. 우리의 어린 양 되신 예수 그리스도가 단 한 번의 제사로 우리의 과거와 현재, 미래의 죄를 다 용서 받게 하셨기 때문입니다. 우리가 믿는 예수 그리스도는 바로 그런 분이십니다.

우리의 믿는 도리를 굳게 붙잡자

예수 그리스도를 깊이 생각해 보십시오. 우리의 마음 가운데 죄의 문제가 해결 되지 않으면 그 죄 짐의 무게로 인해 우리 영혼이 눌려지게 됩니다. 그러나 예수 그리스도를 깊이 묵상할 때, 우리의 대제사장 되시고 하나님의 아들 되신 주님이 내 죄를 담당해 주신다고 믿으며 그분께 우리 죄를 고백할 때, 우리는 비로소 죄 사함을 받고 영혼이 유쾌하게 되는 것입니다.

인생의 막다른 곳에 이르렀다 할지라도 하나님 앞에 무릎 꿇고, '내 영혼의 대제사장' 되신 예수 그리스도를 깊이 묵상하며, 그분으로부터 오는 은혜를 받을 수 있다면 우리는 여전히 안전합니다. 그러나 그런 믿음의 훈련이 되지 않았다면 어렵고 힘든 순간이 닥쳐 올 때, 우리는 결정적으로 심한 좌절에 빠질 수 있습니다. 교회는 성도들에게 봉사를 가르치기 전에 먼저 하나님과 교제하는 법을 가르쳐야 합니다. 그래서 열심히 일하기 전에 내 영혼의 대제사장이신 그리스도께 죄의 문제를 고백하고 해결 받을 수 있는 방법을 배워야 합니다. 사역자들은 그것을 도와주는 사람들입니다. 사역자들이 성도님들의 죄의 고백을 들을 필요는 없습니다. 들어봤자 아무것도 할 것이 없습니다. 사역자들은 단지 돕는 자들일 뿐입니다. 죄의 문제를 해결하실 분은 우리의 대제사장 되신 예수님뿐입니다. 그분께 가서 그분의 이름으로 하나님 앞에서 죄 사함이란 해결을 받는 것입니다. 이것이 바로 우리가 믿는 도리입니다.

“그러므로 우리에게 큰 대제사장이 있으니 승천하신 이 곧 하나님의 아들 예수시라. 우리가 믿는 도리를 굳게 잡을지어다.”(히 4:14)

히브리서 4장 14절은 수학 공식처럼 풀어낼 수 있는 것이 아닙니다. 그저 믿는 것입니다. 이제 우리에겐 더 이상의 제사가 필요 없습니다. 주님께서 단 한 번 드리신 그 제사로 인해 우리는 주님의 이름으로 하나님 앞에 나아가 우리의 모든 죄를 해결 받을 수 있습니다. 할렐루야! 이것을 우리의 삶의 자리에서 실제 사건으로 경험하게 하는 것이 바로 우리의 믿음입니다.

우리가 믿음으로 반응하지 않으면 하나님께서 약속해 주신 예수 그리스도를 통한 죄 사함이 아무런 소용이 없다는 것입니다. 우리 삶의 자리에서 죄 사함의 역사가 구체적으로 일어나기 위해서는 먼저 우리가 믿음으로 약속하신 말씀을 받아야 합니다.

이 땅을 믿음으로 살다간 신앙의 선배들은 그런 믿음의 경험을 한 분들입니다. 예수님께서 베드로에게 말씀하신 것처럼 우리는 근본적으로 목욕을 마친 사람들입니다. 주 예수 그리스도를 믿고, 우리 죄 사함을 간구하는 순간에 우리는 모두 목욕을 한 것입니다. 죄라는 때는 벗겨졌습니다.

그러나 우리는 여전히 너무나 먼지가 많은 이 땅을 살아갑니다. 우리도 모르는 사이에 우리 영혼에 죄의 시꺼먼 때가 묻습니다. 우리는 부족하고 연약해서 또다시 죄를 저지릅니다. 이것이 인간의 실존입니다. 그럴 때, 결코 실망하며 실족하지 마십시오. 영혼의 어둔 밤을 지나가고 있다면 우리의 영원한 대제사장 되신 주 예수님을 깊이 생각하십시오. 주님께서 우리 죄를 정결케 해주시고 우리를 하나님의 카리스(은혜) 속으로 인도하며 그 안의 카라(기쁨)를 맛보게 해 주실 것입니다. 이것이 우리의 간증이며, 우리의 자랑이 되어야 합니다.

우리 연약함을 이해하시는 대제사장이신 주 예수 그리스도

우리가 섬기는 대제사장이신 주 예수 그리스도는 우리의 모든 연약함을 이해하시는 분이십니다.

히브리서 4장 15절의 '동정하다'라는 말을 다른 번역본에서는 '체휼(體恤)'이라고 번역했습니다. '체휼'은 처지를 이해하여 가엾게 여긴다는 뜻입니다. 함께 동정하며 고통당한다는 말이지요. 바로 대제사장이신 주님께서 우리의 안타까운 처지를 함께 고통스러워하시며 우리를 동정하신다는 것입니다. '동정하지 못하실 이가 아니요'라며 두 번 부정을 쓰면서 강한 긍정을 나타냈습니다. 이는 주님께서 반드시 동정하신다는 것입니다. 대제사장이신 주님은 우리의 연약함을 너무도 잘 이해하시고 우리를 긍휼히 여기는 분이십니다. 주님은 이 땅에 오실 때 육을 입으셨습니다. 구약의 제사장 제도를 보면 제사장이 백성들을 위해 죄 사함의 제사를 드릴 때 그들을 용납했다고 말합니다.

인간 대제사장들 역시 무지하고 무능해서 죄에 빠지고 죄에 넘어간 자들을 능히 용납한다는 것입니다. 용납한다는 것은 부드럽게 대한다는 뜻으로 그들을 질책하고 정죄하는 것이 아니라 불쌍히 여기고 부드럽게 대해준다는 것입니다. 그렇게 해줄 수 있는 것은 자기도 똑같이 육을 입은 사람이기에 그들을 잘 이해할 수 있기 때문입니다. 그래서 인간 대제사장들은 긍휼 가득한 마음으로 사람들의 죄를 들고 하나님께 나갈 수 있었습니다. 우리 예수님도 똑같습니다. 예수님도 우리처럼 육을 입으셨고, 우리처럼 유혹을 당하셨습니다. 아니, 우리가 당하는 유혹보다 더 큰 유혹을 받으셨고, 우리가 당하는 어려움보다 더 큰 어려움을 당하셨습니다. 히브리서 4장 15절 말씀대로 그분은 모든 일에 우리와 똑같이 시험을 받으셨습니다. 그러나 그분은 죄가 없으신 분이십니다. 죄가 없다는 것이지 유혹을 받지 않으셨다는 것은 아닙니다. 예수님은 이 땅에 계실 때 우리가 지금 당하는 유혹을 다 당하셨습니다. 우리가 정서적으로 당하는 아픔들도 경험하셨습니다. 철저한 배신감도 느끼셨습니다. 한없이 외로우셨습니다. 십자가 앞에서 얼마나 두려우셨겠습니까? 우리 주님은 우리 죄를 사해 주기 위해 친히 우리와 같이 되셨습니다. 그래서 그분은 육을 입고 살아가는 사람들의 아픔을 너무나도 잘 이해하십니다. 그렇게 우리를 완벽하게 이해해주시는 분이 하나님 앞에서 우리의 변호인이 되어 주신다는 것입니다. 이것이야말로 우리의 소망입니다. 주님의 우리의 변호사이십니다. 그래서 우리는 언제나 안전합니다.

저는 신학교에 들어가기 전에 1년여 동안 직장생활을 했었습니다. 그때에는 그 시간이 낭비처럼 여겨졌습니다. 그러나 돌아보니 직장에서의 그 1년은 하나님께서 디자인 해주신 시간이었습니다. 본래 대학을 마치고 곧장 신학교에 가고 싶었지만 여러 상황으로 인해 종합무역상사에서 근무하게 되었습니다. 무역상사에서는 손님 접대를 하고, 접대를 받는 것이 주된 일이었습니다. 그럼으로써 하나라도 더 주문을 얻어내야 했습니다. 크리스천으로서 상대방을 접대하는 일이 얼마나 어렵던지 주일마다 교회에 와서 울곤 했습니다. 예배를 드리기 위해 예배당 안으로 들어오면 한 주 동안 잘 못 살았던 것들로 인해 부끄러워서 고개를 들지도 못했습니다. 제 안에 계신 성령님께서 탄식하시는 소리가 들렸습니다. 얼마나 많은 눈물을 흘렸는지 모릅니다. 주님께서 가르쳐 주신 말씀대로 직장에서 살아야 했지만 믿음과 현실은 너무나도 괴리가 컸습니다. 세상은 교회와는 달랐습니다. 그래서 전 직장 생활하는 분들의 아픔을 잘 알고 있습니다. 직장에서 말씀대로 살기위해 영적 전쟁을 벌이는 그 노고를 압니다. 그래서 주님께서 맡겨주신 성도님들이 넘어지더라도 전 충격 받지 않습니다. 그 상황을 너무도 잘 알기 때문입니다.

제가 직장 생활 가운데 하나님 앞에서 칭찬 받을 만한 것이 있다면 직장 내에 믿음의 다락방을 만든 것입니다. 매주 수요일에 믿는 직장 동료들이 모여 함께 식사한 후 예배를 드렸습니다. 그 모임 하나 만든 것 외에는 1년 동안의 직장 생활에서 철저하게 실패했습니다. 그렇기에 전 직장 다니는 집사님들의 기도제목을 대할 때 마음이 아련하고 아픕니다. 제 마음이 그럴진대 우리의 대제사장과 변호인 되시는 주님의 마음은 얼마나 아프시겠습니까? 그분은 우리 연약함을 동정하는 분이십니다. 승천하신 우리 주님은 지금 하나님 우편에서 우리를 위해 중보하고 계십니다.

극심한 외로움에 쩌들어 있는 분이 계십니까? '어느 누구도 나를 위해 기도해 주지 않는다'고 영적 고립감과 좌절감에 빠져 있습니까? 인간은 당신을 위해 기도해주지 않을 수 있습니다. 그러나 우리 주 예수님은 당신이 어떤 처지에 있든, 당신을 변호하고 당신을 위해 기도해 주십니다. 그분은 당신의 품질을 보시는 분이 아닙니다. 당신, 오직 당신만을 지극한 사랑의 눈으로 주목하고 계십니다. 그 하나님의 따뜻한 눈길이 느껴지지 않습니까? 참으로 그분은 우리의 대제사장이시며 우리 연약함을 너무도 잘 이해하는 분이십니다. 그분은 긍휼 가득한 분으로 우리의 고통스런 그 자리에 함께 계십니다.

영성가인 헨리 나우웬은 "하나님의 긍휼은 비를 맞는 이에게 우산을 받쳐주는 것이 아니라 조용히 그의 곁으로 다가가 함께 비를 맞는 것"이라고 했습니다. 우리 주 예수님은 우리와 함께 비를 맞으시는 분입니다. 우리가 울고 있을 때, 함께 꺼이꺼이 우시는 분입니다. 우리를 정죄하지 않고, 대신 우리를 체휼하시는 분이 바로 예수님이십니다. 우리가 범죄로 넘어질 때, 외면하지 않으시고 하나님 앞에서 우리를 변호해 주시는 분입니다. 이 주님을 깊이 묵상할 때, 그분 앞에 털어놓지 못할 것이 아무것도 없습니다. 사람 앞이 아니라 우리를 체휼하시는 그분 앞에 우리 연약함을 털어 놓으십시오. 그때, 이 세상 어느 곳에서도 느낄 수 없는 '카라(기쁨)의 영'이 임할 것입니다. 믿음은 붙잡음입니다. 우리의 대제사장이신 주님의 손을 꼭 붙잡고 가는 것이 믿음이요, 신앙생활입니다.

영원한 구원의 근원이신 대제사장, 예수 그리스도

대제사장이신 주 예수 그리스도는 우리의 영원한 구원의 근원이십니다.

"그가 아들이시면서도 받으신 고난으로 순종함을 배워서 온전하게 되었은즉 자기에게 순종하는 모든 자에게 영원한 구원의 근원이 되시고…" (히 5:8~9)

구약 시대의 대제사장들은 사람들의 죄를 사하도록 도움을 줌으로써 임무를 끝냈습니다. 그러나 큰 대제사장이신 예수님은 스스로 어린 양이 되셨습니다. 우리 죄를 위한 제물이 되심으로 우리로 하여금 영원히 구원 받을 수 있는 원천이 되어 주셨습니다. 따라서 그분은 영원한 구원의 주님이십니다. 이 은혜를 생각할 때 얼마나 감사한지 모르겠습니다. 그분 안에 영생이 있습니다. 그러므로 그분을 깊이 묵상할 때 참 기쁨과 감사가 넘칩니다.

예수님을 깊이 묵상함으로 우리는 더 깊은 은혜 속으로 들어갈 수 있습니다. 예수님은 우리의 위대한 대제사장이십니다. 그분은 우리를 위대함의 세계로 초청하십니다. 예수님에 대한 깊은 묵상이 없기에 우리는 조그마한 도움을 얻는 수준으로만 예수님을 믿고 있습니다. 그러나 보다 깊은 묵상을 할 때, 예수님으로부터 나오는 더 깊은 은혜를 체험할 수 있습니다.

히브리서는 우리에게 두 가지 큰 교훈을 줍니다. 첫째, 우리가 믿는 도리를 굳게 붙잡으라는 권면입니다. 믿음의 도리는 우리의 신앙 고백입니다. 베드로의 고백대로 주는 그리스도시며 살아계신 하나님의 아들이십니다. 믿는 자라면 언제나 "주는 나의 주인이시며 나의 구세주이십니다"라고 고백해야 합니다. 이것이 기본입니다. 믿는 도리입니다. 이것을 붙잡아야 합니다. 삶의 자리가 어려우면 어려울수록, 믿음의 회의가 일어나면 일어날수록, 이 신앙의 고백을 해야 합니다. 우리의 이성만으론 그러기 어렵습니다. 그래서 우리는 겸손하게 하나님 앞에 나아가 믿음을 달라고 기도해야 합니다. 믿음으로 화합하지 않으면 하나님 나라의 역사가 일어나지 않습니다. 신앙생활은 머리가 아니라 가슴으로 하는 것입니다.

우리의 믿음 여정에 왜 기쁨이 없습니까? 머리로 신앙생활을 하기 때문입니다. 그런 머리만으로 하는 신앙생활은 평상시에는 제대로 가동되는 것 같지만 인생의 막다른 골목에 이르렀을 때, 전혀 도움이 되지 않습니다. 열심히 교회에서 봉사한 한 자매님이 자살한 것과 같이 역경을 만나 믿음의 기초가 일순간에 허물어져버릴 수 있습니다.

그러나 머리로는 이해되지 않아도 가슴으로 믿고 나갈 때, 우리 대제사장이신 주 예수 그리스도의 도움을 그대로 받을 수 있습니다. 어떤 어려움에도 굴하지 않고, 찢기고 상처 난 상태에서도 은혜의 보좌 앞에 담대히 나갈 때, 하나님의 역사는 시작됩니다. 구약 시대에서 하나님 보좌는 심판의 보좌였습니다. 아무리 대제사장이라 하더라도 조그만 죄가 있으면 그 앞에서 죽을 수밖에 없습니다. 그러나 주 예수 그리스도가 죽으심으로 말미암아 성소 휘장이 갈라지고 하나님과 우리 사이에 길이 열렸습니다. 그 보좌는 더 이상 심판의 보좌가 아니라 우리의 영원한 대제사장이신 주님께서 우리를 중보해 주시는 은혜의 보좌가 되었습니다. 그래서 우리는 담대하게 그 보좌 앞으로 나갈 수 있는 것입니다.

비은혜의 세계에서 은혜의 세계로

둘째, '때를 따라 돕는 은혜'란 말이 주는 교훈입니다. 이에 대해 저명한 성경학자 에이티 라벗슨(A.T. Robertson)은 그의 신약성경사전에서 '때에 맞춘 도움을 얻기 위하여, 아슬아슬한 찰나에 도움을 얻기

위하여, 늦기 전에 도움을 얻기 위하여'라고 의미 설명을 했습니다. 늦기 전에, 내 인생에 아무런 낙이 없고 근원적인 카라를 느끼지 못하는 절망적인 순간이 오기 전에 예수님 앞에 나아가야 합니다. 내가 완전히 무너져버릴 아슬아슬한 순간에도 도움을 받기 위해 주님 앞으로 나아가야 합니다. 나 스스로 은혜의 보좌 앞에 나갈 아무런 근거가 없습니다. 그럼에도 우리가 그 보좌로 담대히 나갈 수 있는 것은 우리의 변호인이자 대제사장 되시는 예수 그리스도의 도움이 있기 때문입니다. 그렇게 나가 담대히 기도할 때, 하나님께서는 우리에게 은혜를 더하십니다.

은혜에는 두 가지가 있습니다. 우리의 노력과는 상관없이 하나님이 거저 주시는 은혜가 있습니다. 우리의 구원, 우리의 태어남이 그렇습니다. 또 한 가지는 믿음으로 나갈 때 주시는 은혜가 있습니다. 하나님의 은혜의 강물은 주 예수님을 믿는 믿음 안에서 담대히 나아갈 때 주어집니다. 지금 신앙생활에 기쁨과 은혜가 없다면 다른 사람을 탓하지 마십시오. 문제의 근원은 내게 있습니다. 내가 은혜의 보좌 앞에 담대히 믿음으로 나가지 않기 때문에 기쁨이 없는 것입니다. 성경은 분명히 말하고 있습니다.

주님은 지금 은혜의 보좌 앞으로 우리를 초청하십니다. 그 보좌 앞으로 담대히 나갑시다. 은혜는 그야말로 은혜입니다. 하나님 나라엔 영성 작가 필립 얀시가 말한 대로 '은혜의 새로운 계산법'이 있습니다. 그 계산법에 따르면 은혜란 받을 만한 가치가 있는 사람에게 주어지는 것이 아닙니다. 필립 얀시는 '놀라운 하나님의 은혜'란 책에서 이렇게 말합니다.

"나는 나의 선행과 악행을 저울로 달아 항상 미달점을 찾아내는 계산적인 하나님의 이미지를 간직한 채 자랐다. 복음서의 하나님은 비은혜의 냉혹한 율법을 기어코 깨뜨리시는 자비롭고 관대하신 분이시다. 나는 어째서인지 복음서의 그 하나님을 모르고 살았다. 하나님은 그런 계산표를 다 찢으시고 충격과 반전으로 의외의 결말을 낳기에 으뜸인 단어, 은혜의 새로운 계산법을 도입하신다. … 유아 놀이방 시절부터 우리는 비은혜의 세계에서 성공하는 법을 배운다. 부지런한 새가 벌레를 잡는다, 수고 없이는 소득도 없다, 세상에 공짜란 없다, 권리를 주장하라, 돈 낸 만큼 찾아 먹으라. 나도 이런 공식들을 잘 안다. 그런 공식을 따라 살고 있으니까. 나도 벌기 위해 일하고 이기는 것을 좋아하고 권리를 내세운다. 누구나 그 이상도 그 이하도 아닌 받아 마땅한 대로만 받기를 원한다. 그러나 조금만 귀 기울여 보면 은혜의 속삭임이 함성처럼 파고든다. 받아 마땅한 것을 받지 않은 나, 형벌 받아 마땅한 내가 용서를 받았다. 진노를 받아 마땅한 내가 사랑을 받았다. 빚을 지고 감옥에 가야 마땅한 내가 오히려 신용 양호 평가를 받았다. 가차 없는 질책에 무릎 꿇어 회개해야 마땅한 내가 잘 차려진 잔칫상을 받았다."

그렇습니다. 우리는 비은혜의 세계에서 성공하기 위해 새벽부터 저녁까지 분투, 노력하고 있습니다. 그러나 그렇게 한다고 해서 우리 삶에 풍성한 수확이 있고 마음에 기쁨이 넘치는 것은 아닙니다. 그러한 모든 인간적인 날갯짓을 멈추고 잠잠히 대제사장이신 예수 그리스도를 깊이 생각하고 그 안에 잠길 때, 우리는 비은혜의 세계에서 풍성한 은혜의 세계로 들어갈 수 있습니다. 은혜의 보좌 앞에 담대히 나아갔을 때, 비로소 우리는 알게 됩니다. 모든 것이 은혜라는 사실을 말입니다. 그래서 우리가 해야 할 가장 중요한 것은 지금 이 시간, 우리의 삶의 자리에서 주님을 모시고 그분께 모든 것을 맡기는 것입니다. 그다음은 주 예수님께서 모두 해결해 주실 것입니다. 그분은 위대하신 대제사장, 능치 못할 것이 없으신 하나님이십니다!

06

주님이여, 이 손을 꼭 잡고 가소서

:: 완벽한 우리의 스승, 주 예수 그리스도

^{12}그들의 발을 씻으신 후에 옷을 입으시고 다시 앉아 그들에게 이르시되 내가 너희에게 행한 것을 너희가 아느냐 ^{13}너희가 나를 선생이라 또는 주라 하니 너희 말이 옳도다 내가 그러하다 ^{14}내가 주와 또는 선생이 되어 너희 발을 씻었으니 너희도 서로 발을 씻어 주는 것이 옳으니라 ^{15}내가 너희에게 행한 것 같이 너희도 행하게 하려 하여 본을 보였노라 ^{16}내가 진실로 진실로 너희에게 이르노니 종이 주인보다 크지 못하고 보냄을 받은 자가 보낸 자보다 크지 못하나니 ^{17}너희가 이것을 알고 행하면 복이 있으리라

요한복음 13장 12-17절

지극한 사랑 이야기

　어느 자그마한 외딴 마을이 있었습니다. 어느 날, 그 마을에 한 젊은 수도사가 왔습니다. 그는 언덕 위에 있는 자그마한 교회를 섬기면서 마을 사람들과 함께 생활하게 되었습니다. 외지인들을 별로 겪어보지 못한 마을 사람들은 처음에는 의심과 경계의 눈초리로 그를 바라보았습니다. 그 수도사는 사람들의 경계 어린 어색한 눈길에 상관없이 그분들을 만날 때마다 웃으며 따뜻하게 대해주었습니다. 마을의 대소사에는 직접 찾아가 섬겼습니다. 매일 아침 마을 중앙의 큰길에 나가 청소했습니다. 일하러 나오는 사람들을 환한 표정으로 맞으며 그들을 축복했습니다. 시간이 흐르자 점차 마을 사람들은 마음 문을 열고 그 수도사를 마을 주민으로 받아들이게 됐습니다. 점차 헌신적이며 인정 많고 따뜻한 수도사를 사랑하며 존경하기까지 했습니다. 수도사 역시 마을 사람들을 매우 사랑했습니다. 연세 드신 분들의 말동무가 되어드리고, 어린아이들과도 같이 놀아줬습니다. 몇 명 되지 않은 마을의 젊은이들에게 하나님의 말씀을 가르치고, 넓은 세상의 이야기도 해줬습니다. 수도사 한 사람 때문에 마을 분위기가 밝아졌고, 사람들은 행복해했습니다.

그러던 어느 날, 갑자기 그 마을에 불행한 일이 발생하게 되었습니다. 젊은 처녀 한 사람이 임신을 한 것입니다. 도시와 많이 떨어져있던 그 외딴 마을에는 오래전부터 내려오던 계율이 있었습니다. 마을의 정결함과 질서를 유지하기 위해 결혼하기 전에 임신한 처녀를 돌로 치는 엄격한 규율이었습니다. 그런데 만일 임신한 처녀가 상대 남자의 정체를 폭로하면 그 남자가 대신 돌을 맞아야 했습니다. 그런 가운데 한 처녀가 임신한 것이 발각된 것입니다. 마을 어른들은 처녀를 마을 중앙으로 끌고 왔습니다. 이 소식을 듣고 마을 사람들이 몰려왔습니다. 몇몇 사람들 손에는 돌이 들려 있었습니다. 그들은 처녀에게 "너를 이렇게 만든 놈이 누구냐?"고 물었습니다. 대답하지 않는다면 금방이라도 돌로 내리칠 기세입니다. 그 처녀는 공포에 질렸습니다. 처녀는 주민들과 떨어져 먼발치에 있던 한 사람을 지목했습니다. "바로 저 사람입니다." 사람들은 고개를 돌려 처녀가 지목한 사람을 쳐다보고 깜짝 놀랐습니다. 그들이 사랑하고 존경했던 수도사였습니다. 사람들은 배신감에 치를 떨었습니다. 믿었던 사람에게 당했다는 마음에 분노가 일었습니다. 몇 사람이 뛰어가서 그 수도사를 끌고 와 처녀 옆에 앉혔습니다. 그리고 물었습니다. "당신이 정말 이 처녀를 임신시킨 사람이냐?" 수도사는 그 처녀를 잠시 보더니 고개를 푹 숙인 채 아무 말도 하지 않았습니다. 사람들은 그에게 저주를 퍼붓기 시작했습니다. 그러다 그중의 한 사람이 그의 얼굴에 돌을 던졌습니다. 돌에 맞은 젊은 수도사의 얼굴로부터 피가 튀었습니다. 그 모습에 자극 받은 사람들이 하나둘씩 돌을 던지기 시작했습니다. 수도사는 쓰러져 많은 피를 흘렸습니다. 분노에 찬 사람들은 돌로 치는 것에 만족하지 않았습니다. "다시는 우리 마을에서 이런 불행한 일이 일어나면 안 된다는 것을 본보기로 보여주자"면서 그를 옆에 있는 나무에 끌고 가 매달려고 했습니다. 사람들은 끌려가는 수도사에게 저주를 퍼붓고 계속 돌을 던졌습니다. 결국 수도사는 끌려가다 나무 근처에서 숨을 거두고 말았습니다. 분이 풀리지 않은 군중들은 마을에 확실한 교훈으로 삼아야 한다며 이미 주검이 된 수도사를 나무에 매달려고 했습니다. 그 순간, 그 수도사의 옷이 벗겨졌습니다. 옷이 벗겨졌을 때 사람들은 깜짝 놀랐습니다. 그 젊은 수도사는 남자가 아닌 여자였던 것입니다. 수도사는 남장을 한 여 수도사였습니다. 그 여 수도사는 처녀를 보호하기 위해 자신이 죽기까지 묵묵히 수치와 고난을 당한 것입니다.

이 수도사의 이야기에 어떤 제목을 달 수 있을까요? 전 '예수님의 사랑 이야기'라고 제목 짓고 싶습니다. 왜냐하면 이 이야기가 말하고 있는 것이 성경에 기록된 예수님의 사랑 이야기와 너무나 흡사하기 때문입니다.

"그는 죄를 범하지 아니하시고 그 입에 거짓도 없으시며 욕을 당하시되 맞대어 욕하지 아니하시고 고난을 당하시되 위협하지 아니하시고 오직 공의로 심판하시는 이에게 부탁하시며 친히 나무에 달려 그 몸으로 우리 죄를 담당하셨으니 이는 우리로 죄에 대하여 죽고 의에 대하여 살게 하려 하심이라. 그가 채찍에 맞음으로 너희는 나음을 얻었나니 너희가 전에는 양과 같이 길을 잃었더니 이제는 너희 영혼의 목자와 감독 되신 이에게 돌아왔느니라."(벧전 2:22~25)

베드로전서의 이 말씀은 모든 것을 실제 목격한 한 사람의 증언입니다. 그 사람은 예수님의 수제자 베드로입니다. 예수님께서 이 땅을 사시는 동안 그 옆에서 가르침을 직접 받았고 예수님의 모든 행적을 목격했던 바로 그 사람입니다. 예수님이 어떤 고난을 당하셨는지를 다 보았습니다. 베드로는 예수님은 죄가 없으시고 그 입에 거짓도 없었다고 증언합니다. 베드로에 따르면 예수님은 욕을 당하셨지만 맞대어 욕을 하지 않으셨습니다. 바리새인을 질타했지만 그들을 바리새적인 방식으로 대하지 않으셨습니다. 독선을 독선으로 응수하지 않으셨습니다. 고난 당하셨지만 고난 주는 자를 위협하지 않으셨습니다. 죄가 없으셨지만 고난당하시고, 친히 십자가에 달려서 돌아가신 것은 바로 우리 죄를 담당하기 위함이었습니다.

죄란 무엇인가?

이 말씀을 보면서 '그럼 죄란 무엇인가?'라는 질문이 생깁니다. 죄는 '하나님이 의도하신 행복한 삶에서 벗어나 있는 상태'입니다. 죄란 어떤 행동 이전에 상태입니다. 하나님은 우리 인간이 행복하고 기쁘게 하나님의 축복 가운데 살아가도록 창조하셨습니다. 우주 만물을 창조하신 하나님이 만물을 다스리고 정복할 자로 우리를 창조해 주신 것입니다. 시편 기자의 말을 인용하자면 하나님은 우리 인간을 창조하시면서 영광과 존귀의 관을 씌워주셨습니다. 우리 인간은 하나님이 주신 영광과 존귀의 관을 쓰고 가는 존귀한 존재들입니다.

하나님은 인간을 창조하시고 에덴동산에서 살게 하셨습니다. '에덴'은 기쁨이란 뜻입니다. 그 기쁨의 동산에서 하나님이 만드신 창조세계를 누리면서 그분과 교제하며 행복하게 살아가도록 인간을 창조하신 것입니다. 그러나 불행히도 인간은 하나님의 명령을 어기고 하나님의 사랑을 저버렸습니다. 하나님은 저 먼 곳에 두고 자신만을 사랑하는 이기적 존재로 전락하여 버렸습니다. 그러면 더 행복할 줄 알았지만 실상은 훨씬 더 불행하게 됐습니다. 디모데후서 3장은 이 땅의 많은 죄들을 제시하고 있습니다.

"너는 이것을 알라. 말세에 고통 하는 때가 이르러 사람들이 자기를 사랑하며 돈을 사랑하며 자랑하며 교만하며 비방하며 부모를 거역하며 감사하지 아니하며 거룩하지 아니하며 무정하며 원통함을 풀지 아니하며 모함하며 절제하지 못하며 사나우며 선한 것을 좋아하지 아니하며 배신하며 조급하며 자만하며 쾌락을 사랑하기를 하나님 사랑하는 것보다 더하며 경건의 모양은 있으나 경건의 능력은 부인하니…" (딤후 3:1~5)

디모데후서 3장에 제시된 죄악 된 인간상이 우리 인간들의 실존적 모습입니다. 타락한 인간은 자신들을 창조해주신 하나님을 사랑하기

보다는 쾌락을 더 사랑하게 됐습니다. 어두운 죄악에 빠지지 않은 사
람은 아무도 없습니다.

이 땅에 태어난 모든 사람들은 이 모양, 저 모양으로 죄에 관여되어
있습니다. 슬프게도 의인은 하나도 없습니다. 저를 포함한 모든 분들
은 죄인입니다. 대부분의 사람들은 죄를 어떤 규칙을 깨뜨린 것으로
정의합니다. 그러나 그것만이 죄가 아닙니다. 도덕적으로 흠결이 없
는 사람도 극도로 비도덕적인 사람만큼 죄인일 수 있습니다. 길을 잘
못 들었기 때문입니다. 인간이 지을 수 있는 가장 큰 죄는 자기 자신을
구원자이자 주인으로 여기며 스스로를 하나님의 위치에 두는 것입니
다. 여기에서 벗어날 사람은 없습니다. 그래서 이 땅에 의인은 없습니
다. 우리 모든 사람들은 죄인입니다. 성경은 죄의 결과는 사망이라고
분명하게 말하고 있습니다.

우리 모두는 결국 사망하게 되어 있는 죄악 된 인생들입니다. 그
런데 하나님께서는 자신이 의도하셨던 축복에서 벗어난 삶을 살아
가는 사람들을 원래 모습으로 회복시켜 주시기 위해서 그 아들 예수
그리스도를 이 땅에 보내주셨습니다. 죄로 인해 스스로 불행을 초래

한 우리들의 삶을 회복시켜주기 위해 독생자를 우리에게 보내셨습니다. 그 독생자 예수로 하여금 우리가 지은 모든 죄의 값을 대신 치르게 하셨습니다. 그럼으로 주 예수 그리스도 안에서 우리를 창조할 때 원래 의도했던 행복한 삶, 기쁨의 삶, 축복의 삶, 영원한 삶, 영생 복락의 삶을 다시 부여하시기 원하셨던 것입니다. 왜 그러셨을까요? 우리를 사랑하셨기 때문입니다. 로마서 6장 23절에는 반전이 있습니다.

"죄의 삯은 사망이요 하나님의 은사는 그리스도 예수 우리 주 안에 있는 영생이니라." (롬 6:23)

죄로 인해 우리는 영원히 죽을 운명이지만 하나님의 사랑으로 말미암아 우리에겐 예수님 안에 있는 영생이 부여됐다는 것입니다. 하나님은 우리를 지극히 사랑하시기에 우리가 불행한 자리에 머물러 있기를 원하지 않으신 것입니다. 불행한 자리에 있는 인간들을 원래 의도했던 행복한 자리로 옮길 수 있는 유일한 길은 죄 없으신 분이 그 죄 값을 담당하는 것입니다. 그래서 하나님은 실로 엄청난 결심을 하십니다. 그 아들 예수 그리스도를 이 땅에 보내기로 결심하신 것입니다.

하나님이 세상을 이처럼 사랑하사…

"하나님이 세상을 이처럼 사랑하사 독생자를 주셨으니 이는 그를 믿는 자마다 멸망하지 않고 영생을 얻게 하려 하심이라."(요 3:16)

이것이 바로 우리 모두를 향한 하나님의 사랑이십니다. 이것을 좀 더 구체적으로 풀어 이야기한 예수님의 제자가 있습니다. 요한입니다. 요한은 베드로처럼 예수님 옆에서 예수님의 행적을 지켜봤습니다. 그는 부활하신 예수님을 만났으며 제자들 가운데 가장 오래 살았습니다. 그가 이렇게 말합니다.

"하나님의 사랑이 우리에게 이렇게 나타난 바 되었으니 하나님이 자기의 독생자를 세상에 보내심은 그로 말미암아 우리를 살리려 하심이라." (요일 4:9)

사랑의 마음으로 충만한 하나님은 죄에 빠진 우리를 살리시기 원하셨습니다. 그 방법은 독생자를 이 세상에 보내시는 것이었습니다. 예수님을 이 땅에 보내신 것은 인간의 구원을 위한 '하나님의 묘수풀이'였습니다. 그 방법 외엔 없었습니다.

"사랑은 여기 있으니 우리가 하나님을 사랑한 것이 아니요 하나님이 우리를 사랑하사 우리 죄를 속하기 위하여 화목제물로 그 아들을 보내셨음이 이것이 기독교의 가장 핵심적인 진리입니다. 우리 하나님은 사랑이십니다! 하나님의 본질이 곧 사랑이라는 것입니다. 기독교는 종교가 아니지만 굳이 종교라고 할 때, 기독교는 사랑의 종교입니다. 왜냐하면 하나님의 본질이 사랑이시고, 그 하나님의 사랑이 우리를 붙잡고 있기 때문입니다. 하나님의 그 사랑으로 말미암아 우리의 모든 죄가 사해졌습니다. 하나님의 그 사랑이 우리를 축복된 삶으로, 영원한 본향으로 인도해주십니다. 기독교는 하나님이 사랑이시라는 것을 믿고 그 사랑에 반응하는 종교입니다.

예수 그리스도를 구세주와 주님으로 마음속에 영접하면 영적으로 거듭나는 은혜를 받게 됩니다. 그러면서 하나님과의 관계가 생기게 되는 것입니다. 거듭나는 은혜를 누리며 죄인에서 구원받은 하나님의 사람으로 영적인 신분이 바뀌게 됩니다.

주 예수님은 우리의 죄를 대신 지시고, 우리를 하나님의 자녀로 삼아주시는 것뿐 아니라 이 땅에서 하시는 한 가지 일이 더 있습니다.

“이는 우리로 죄에 대하여 죽고 의에 대하여 살게 하려 하심이라. 그가 채찍에 맞음으로 너희는 나음을 얻었나니…” (벧전 2:24)

예수님은 영적인 구원을 주신 것뿐 아니라 스스로 채찍에 맞음으로 우리로 하여금 나음을 입게 하셨습니다. ‘나음’이란 단어는 구체적으로 육체적인 질병에서 치유 받는 것을 말합니다. 예수님께서 채찍에 맞으신 이유가 우리의 치유 때문이라는 것입니다. 주님은 우리의 영과 육을 총체적으로 치유해주십니다. 우리를 위한 예수님의 그 희생은 하나님의 사랑에 기초하고 있습니다.

하나님이 우리를 사랑하셔서 우리의 삶과 관계, 정신세계는 물론 우리의 육체까지 치료하시기 원한다는 사실은 성경을 통해 분명히 제시되어 있습니다. 역사적 예수님의 모습을 통해서도 알 수 있습니다. 주님께서 이 땅에 계시면서 바로 그러한 일을 하셨습니다. 예수님은 하나님의 복음을 증거하시면서 영혼들을 구원의 길로 초청하셨습니다. 하나님의 말씀을 가르치심과 동시에 사람들의 잘못된 정신세계를 고쳐주셨습니다. 그들의 상처 난 마음을 치유하셨습니다. 그것뿐만이 아닙니다. 귀신에 억눌린 자들로부터 귀신을 쫓아내심으로 그 사람들의 혼과 육체를 새롭게 해 주셨습니다. 각종 질병 걸린 자들을 치료해 주셨습니다. 예수님을 만난 모두가 나음을 입었습니다. 주 예수님은 바로 하나님의 사랑에 근거해 그런 은혜를 베풀어 주신 것입니다. 중요한 점은 그런 예수님의 사랑의 역사가 지금 우리에게도 동일하게 일어나고 있다는 것입니다. 하나님의 사랑을 받고, 하나님의 사랑을 의존하며 살아가는 현대의 사람들에게도 영과 육의 총체적인 치유가 일어납니다. 하나님의 사랑은 변개치 않기 때문입니다. 하나님은 지금도 우리를 돕기 원하십니다.

크리스천들은 불가능한 것이 가능한 세계로 초청받은 사람들입니다. 우리에겐 능치 못할 일이 없습니다. 우리를 도우시는 하나님의 손길이 지금도 임하기 때문입니다. 주 예수 그리스도는 만나는 사람들의 몸과 영혼 모두를 치유하셨습니다. 폭풍우를 잠재웠고, 귀신을 쫓았으며, 심지어는 죽은 자도 살리셨습니다. 그 예수님이 지금도 우리와 함께 계십니다. 예수님께서 이 땅에서 행하신 모든 것은 지금도 우리를 통해서 하실 수 있습니다. 그 은혜로 내가 치유받고 남을 치유하는데 쓰임 받을 수 있습니다. 예수님은 우리의 완벽한 신학(神學)입니다. 우리 그리스도인들의 삶은 예수님을 모델로 삼아야 합니다. 그래서 예수님이 이 땅에서 행한 모든 것은 우리도 할 수 있습니다. 내가 치유 받고, 남을 고칠 수 있습니다.

이 세상 어떤 것도 예수님의 사랑으로부터
우리를 분리시킬 수 없다

극심한 절망감으로 생을 마감하려 하다 예수님을 만나 새로운 인생을 살게 된 사람이 있습니다. 그분은 투신자살하기 위해 빌딩 옥상에 올라갔습니다. 너무나 삶이 힘들었습니다. 더 이상 희망을 찾기 어려웠습니다. 그런데 그가 건물에 올라가 뛰어내리려고 밑을 보니 땅에는 행복하게 웃고 있는 사람들이 있었습니다. '저 사람들은 뭐가 그리 즐거운가?'라는 생각이 들었습니다. 그래서 잠시 자살을 미루고 밑으로 내려가 그 사람들에게 웃고 있는 이유를 물어 보았습니다. 그분들은 부침개를 빚어 사람들에게 선사하면서 예수님을 전하고 있었습니다. 그 자살하려던 사람은 그분들과 이야기하다 예수님을 소개받았습니다. 그 예수님을 마음으로 받아들였습니다. 그럼으로 절망감 속에서 스스로 생을 마감하지 않아도 될 이유를 발견했습니다. 자신이 이 땅에 우연히 떨어진 존재가 아니라 하나님의 특별한 계획 속에서 태어났다는 것을 깨닫게 되었습니다. 아무짝에 쓸모없어 보이는 자신의 인생에 하나님이 디자인해두신 목적이 있다는 자각이 들었습니다. 예수 그리스도를 인생의 주인으로 받아들임으로 새 출발을 하게 됐습니다. 이전과는 다른 새로운 삶이 시작됐습니다. 물론 아직 환경은 변하지 않았습니다. 그러나 그 환경을 바라보는 관점이 달라졌습니다. 새 삶을 허락해주신 하나님의 은혜가 너무나 고마웠습니다. 그래서 가만히 있을 수 없었습니다. 자기와 비슷한 입장에 처해 있는 사람들을 찾아 나섰습니다. 그들에게 자신이 처절했던 인생의 끝자락에서 만난 하나님의 사랑 이야기를 들려 줬습니다. 그때, 빌딩 밑에서 부침개를 부치며 사랑의 손길을 펼쳤던 사람들이야말로 하나님이 보내주신 천사들임을 깨닫고 그들의 부침개 사역을 열심히 후원했습니다. 그는 완전히 다른 사람이 됐습니다. 마음의 고통과 아픔을 치료해주시는 하나님의 은혜와 사랑이 그를 고쳤습니다.

그렇습니다. 주 예수님은 우리에게 말씀하십니다.

"지금 내게 오거라. 나는 너의 품질을 보지 않는단다. 오직 다함이 없는 긍휼과 무한한 인내, 감당 못할 용서와 한없는 사랑으로 너를 안

아주고 싶구나. 상한 갈대와 같고, 꺼져가는 등불과 같은 네 가련한 삶을 지금 내 사랑으로 보듬는다. 이 세상 어떤 것도 내 사랑으로부터 너를 분리시킬 수 없어. 지금 나를 받아들이라. 받아들이기만 하면 된단다.”

우리 주님의 마음은 사랑으로 가득합니다. 지금 그 사랑을 쏟아 붓길 원하십니다. 그분은 자신에게 다가오지 않고 절망 속에 살고 있는 사람들을 보고 슬퍼하십니다. 영성 작가인 리처드 포스터는 이렇게 말했습니다. “오늘 하나님의 마음은 찢겨진 사랑의 상처로 가득하다. 저만치 딴 일로 바쁜 우리 모습에 그분은 아파하신다. 그분께 다가오지 않는 우리를 보며 애통해 하신다. 그분을 잊어버린 우리로 인해 슬퍼하신다. 크고 많은 것만 쫓아다니는 우리 때문에 우신다. 그분은 우리가 곁에 있기 원하신다.”

하나님은 그저 우리 마음만 치유해주시는 분이 아닙니다. 실제로 우리 육신의 고통까지도 치료해주십니다. 가난하고 진실한 마음으로 주님께 다가가서 그분의 사랑의 광선을 쪼일 때, 우리를 괴롭히는 질병까지도 사라질 것입니다.

하나님의 나라는 의와 희락과 평강입니다. 예수 그리스도를 구세주로 영접하고 하나님의 백성으로 살아갈 때, 더 이상 ‘내가 죄인’이라는 죄책감과 죄로 인한 사망의 공포는 사라집니다. 하나님의 선택을 받은 의로운 백성으로 당당하게 살아갈 수 있는 축복이 주어집니다. 그럴 때, 세상에서 얻을 수 없는 기쁨과 평강이 마음에 찾아올 것입니다. 그 순간, 하나님의 사랑은 넓고도 깊어 이 세상 누구도 그 사랑에서 벗어날 수 없다는 사실을 깨닫게 됩니다. 그렇게 어둡게 보였던 세상이 살아볼만한 가치가 있는 곳으로 바뀝니다. 그 가치 있는 세상에서 만나는 사람들이 얼마나 사랑스럽게 보이는지 모릅니다. 이것이 신앙생활입니다. 그래서 참 신앙생활은 꿀보다 답니다.

우리는 영적인 존재로 영적 세계에서 살고 있습니다. 이 땅에는 눈에 보이지 않는 세계가 있습니다. 귀신들도 분명 존재합니다. 귀신에 씌어서 눈빛이 달라지고, 인생이 피폐해져 가는 사람들이 있습니다. 병원에서 아무리 체크해 보아도 의학적으로는 원인을 규명할 수 없는 질병들이 있습니다. 그런데 하나님께서 성령으로 역사하셔서 귀신들을 쫓아내주시면 귀신들렸던 사람들의 영혼의 눈빛이 달라집니다. 얼굴이 제대로 돌아오며 삶이 회복됩니다. 하나님께서 원래 영광스럽게 존귀의 관을 씌워주셨던 인간 본연의 모습으로 돌아오는 것입니다. 사역하면서 그런 모습들을 많이 보았습니다. 이것을 말과 글로 설명할 길이 없습니다. 영적인 사건이기 때문입니다. 그러나 분명히 말할 수 있는 것은 하나님의 사랑이 그 사람을 치유했다는 것입니다. 사랑이신 하나님이 능력을 베푸신 것입니다. 그 사랑을 도저히 갚을 수 없습니다. 그렇기에 그 하나님의 사랑 베푸심을 은혜라고 부르는 것입니다. 은혜는 거저 받는 것이기 때문입니다. 그러한 은혜가 저와 여러분들 앞에 놓여 있습니다. 하나님의 은혜를 받기 위해서는 먼저 하나님의 은혜가 필요하다는 사실을 알아야 합니다. 가난하고 겸손한 마음으로 하나님의 은혜를 구하는 사람 누구에게나 하나님의 사랑의 은혜는 임하게 되어 있습니다. 이것은 과학보다도 훨씬 더 정확한 사실입니다.

만군의 주 여호와가 우리를 사랑하십니다. 성자 하나님이신 주 예수 그리스도의 속성 또한 사랑입니다. 하나님의 사랑은 결코 계산적이지 않습니다. 우리 생각을 초월하는 사랑입니다. 미국 리디머 교회의 팀 켈러 목사님이 쓴 책에 '탕부 하나님'이 있습니다. '탕자(蕩子)의 비유'의 탕자라는 용어를 탕부(蕩父)로 바꾼 것입니다. 켈러 목사님은 탕자로 번역되는 영어 형용사 'Prodigal'(프러디걸)은 '제멋대로 군다'의 뜻 뿐 아니라 '무모할 정도로 씀씀이가 헤프다'란 뜻이 있다고 했습니다. 하나님은 '탕부 하나님(Prodigal God)'으로 자신의 백성인 우리들을 위해 무모할 정도로 씀씀이 헤프게 사랑을 주시는 분이라는 의미입니다. 하나님은 사랑을 베푸는데 절대 계산하지 않습니다. 켈러 목사님의 말대로 하나님의 무모한 사랑의 은혜야말로 우리의 가장 큰 소망이며, 삶을 변화시키는 경험입니다.

하나님은 사랑이십니다.(요일 4:16) 하나님은 그야말로 '정신 차리지 못할 정도로' 우리를 사랑하시며 우리는 그 사랑을 무조건적으로 받습니다. 그러므로 우리의 정체성은 '사랑 받는 자'입니다. 여기에는 예외가 없습니다. 하나님은 지금 우리 모두에게 "너는 내 사랑하는 자"라고 말하십니다. 이 음성을 들어야 합니다. 이 음성을 들을 때, 절망은 사라집니다. 자살의 욕구가 없어집니다. 그 하나님의 음성이 우리 마음과 삶의 모든 자락에 울려 퍼져야합니다. 가정과 교회에 그 음성이 넘쳐야 합니다. 그래서 예수 믿는 가정과 주님의 몸 된 교회에 들어오는 모든 사람들이 그 사랑에 감염될 수 있어야 합니다.

하나님이 사랑이시라는 사실을 믿어야 한다

　부디 하나님을 가까이 하십시오. 하나님과 친해지십시오. 지금 그것보다 더 중요한 일은 없습니다! 하나님이 당신을 사랑하십니다. 하나님은 당신이 행복하기를, 기쁘게 살기를 원하십니다. 마음 문을 열고 그 하나님의 사랑의 고백을 들으십시오. '하나님이 사랑'이라는 것을 알기만 해서는 안 됩니다. 믿어야 합니다. 세상을 '이처럼' 사랑하신 하나님은 독생자를 주셨습니다. 그것으로 끝이 아닙니다. 그분이 독생자를 주신 것은 그 독생자를 믿는 자마다 멸망치 않고 영생을 얻게 하려 하기 위함입니다. 믿는 것이 중요합니다. 주 예수 그리스도가 내 죄를 위해서 십자가에 못 박혀 돌아가셨다는 사실을 믿어야 합니다. 그분을 믿을 때, 죄인인 내가 의인이 된다는 기쁜 소식을 믿어야 된다는 것입니다. 믿음으로 받아들일 때 우리를 향하신 하나님의 사랑이 우리의 삶 가운데 실현됩니다. 주 예수님께서 나의 죄를 십자가에서 친히 담당하시고 돌아가셨다는 사실이야말로 기독교의 기본 진리입니다. 이 기본 진리를 붙잡아야 합니다. 이 진리를 믿고 예수님을 구주로 영접하면 내 모든 죄가 용서 받는 것입니다. 그 순간, 우리는 하나님의 자녀가 되고, 하나님이 예비하신 놀라운 축복의 삶을 살아갈 수 있습니다.

믿음이 중요합니다. 믿음이 없이는 하나님을 기쁘게 하지 못합니다. 아는 것에서 그쳐서는 안 됩니다. 아는 것이 믿는 것으로 연결되어야 합니다. '행복한 결혼 생활이 있다'라는 사실을 모든 사람들이 압니다. 그런데 누가 행복한 결혼 생활을 누리게 됩니까? 서로를 향한 사랑과 약속을 믿는 사람들이 행복한 결혼 생활을 누릴 수 있습니다. 그런데 한 쪽이 사랑 고백을 했는데 다른 한 쪽이 "저는 도저히 당신 말을 믿을 수 없어요"라고 한다면 결혼 자체가 성립될 수 없습니다. "나는 당신이 나를 사랑한다는 말을 도저히 받아들일 수 없다"고 한다면 그 사람에게는 일평생 결혼 생활 자체가 없는 것입니다. 행복한 결혼 생활이 있다는 것을 알지만 자신은 그 생활을 누려보지 못합니다. 이 얼마나 불행한 일입니까? 마찬가지로 '하나님은 사랑'이라는 사실을 알고 있음에도 그것을 믿지 못하고, 그 사랑의 하나님을 삶의 우선순위에서 제쳐둔다면 평생 하나님의 사랑을 맛보지 못하게 됩니다.

만군의 주 하나님이 사랑이시며 그분이 지극정성으로 우리에게 사랑을 주시기 원하신다면 우리가 해야 할 일은 오직 한가지뿐입니다. 그분에게 다가가고, 그분을 내 삶의 중심에 모시는 것입니다. 그분이 내 인생의 중심축이 되어야 합니다. 그분이 내 인생 밖에 머무르는 것이야말로 우리가 경험할 수 있는 최고의 비극입니다. 영성 작가인 브레넌 매닝은 말합니다. "엘리트 집단에 속하는 것이 하나님의 사랑보다 커질 때, 사랑받는 자라는 정체 이외에서 삶과 의미를 끌어낼 때, 나는 영적으로 죽은 것이다. 하나님이 하찮은 싸구려에 치여 2위로 밀려날 때 나는 값진 진주를 염색유리조각과 바꿔치기 한 것이다."

우리의 정체성은 '사랑 받는 자'입니다. 사랑이신 주 예수 그리스도의 사랑을 흠뻑 받는 자들이 바로 그리스도인인 우리들입니다. 성부 하나님과 성자 하나님, 성령 하나님은 우리를 사랑하십니다. 우리가 사랑받을 자격이 있어서가 아닙니다. 하나님은 그저 우리를 사랑하기로 작정하셨습니다. 아버지가 자녀를 그저 사랑하듯, 하늘 아버지도 우리를 그저 사랑하십니다. 사랑하는 그분의 손을 붙잡고 걸어갈 때, 우리는 한 없이 안전합니다.

"주님여, 이 손을 꼭 잡고 가소서/ 약하고 피곤한 이 몸을/ 폭풍우 흑암 속 헤치사 빛으로/ 손잡고 날 인도 하소서.// 인생이 힘들고 고난이 겹칠 때/ 주님여 날 도와 주소서/ 외치는 이 소리 귀 기울이시사/ 손잡고 날 인도 하소서."

07
그들은 예수가 누구신지 알지 못했다
:: 찬송 받으실 왕, 주 예수 그리스도

[28]예수께서 이 말씀을 하시고 예루살렘을 향하여 앞서서 가시더라 [29]감람원이라 불리는 산쪽에 있는 벳바게와 베다니에 가까이 가셨을 때에 제자 중 둘을 보내시며 [30]이르시되 너희는 맞은편 마을로 가라 그리로 들어가면 아직 아무도 타 보지 않은 나귀 새끼가 매여 있는 것을 보리니 풀어 끌고 오라 [31]만일 누가 너희에게 어찌하여 푸느냐 묻거든 말하기를 주가 쓰시겠다 하라 하시매 [32]보내심을 받은 자들이 가서 그 말씀하신 대로 만난지라 [33]나귀 새끼를 풀 때에 그 임자들이 이르되 어찌하여 나귀 새끼를 푸느냐 [34]대답하되 주께서 쓰시겠다 하고 [35]그것을 예수께로 끌고 와서 자기들의 겉옷을 나귀 새끼 위에 걸쳐 놓고 예수를 태우니 [36]가실 때에 그들이 자기의 겉옷을 길에 펴더라 [37]이미 감람 산 내리막길에 가까이 오시매 제자의 온 무리가 자기들이 본 바 모든 능한 일로 인하여 기뻐하며 큰 소리로 하나님을 찬양하여 [38]이르되 찬송하리로다 주의 이름으로 오시는 왕이여 하늘에는 평화요 가장 높은 곳에는 영광이로다 하니 [39]무리 중 어떤 바리새인들이 말하되 선생이여 당신의 제자들을 책망하소서 하거늘 [40]대답하여 이르시되 내가 너희에게 말하노니 만일 이 사람들이 침묵하면 돌들이 소리 지르리라 하시니라

누가복음 19장 28절-40절

그들은 예수님이 누구신지 알지 못했다

예수님이 이 땅에 오시기 약 520년 전에 하나님께서 이스라엘 백성들에게 선지자 스가랴를 통해서 예언의 말씀을 주셨습니다.

"시온의 딸아 크게 기뻐할지어다. 예루살렘의 딸아 즐거이 부를지어다. 보라 네 왕이 네게 임하시나니 그는 공의로우시며 구원을 베푸시며 겸손하여서 나귀를 타시나니 나귀의 작은 것 곧 나귀 새끼니라." (슥 9:9)

그 예언 후 520여 년이 지나 예수님께서 이 땅에 오셨습니다. 그리고 공생애를 시작하셨고 때가 되었을 때에 예루살렘 성에 입성하셨습니다. 예수님께서는 스가랴서에 기록된 말씀대로 작은 나귀 새끼를 타고 예루살렘 성에 들어오셨습니다.

때는 유월절이었습니다. 절기를 지키기 위해 수많은 무리들이 예루살렘에 모여 유월절 잔치를 벌이고 있었습니다. 나귀를 타고 입성하시는 예수님의 모습이 어쩌면 매우 평범하게 보였을 것입니다. 그러나 이미 예수님에 대한 소문을 들었던 많은 사람들은 큰 환호성을 지르면서 찬양하였습니다.

예루살렘에 모인 군중들은 이미 예수님께서 행하신 권능의 일들을 보았습니다. 그러기에 예수님이 예루살렘에 입성하실 때, 뭔가를 기대하며 열렬히 환영하고 있었던 것입니다. 그들은 베다니에서 있었던 일, 즉 죽은 나사로를 예수님께서 살리셨던 일에 대해 소상히 알고 있었습니다. 죽은 자가 살아났다는 엄청난 소식이 유대 각 지방에 전파되지 않을 수 없었을 것입니다. 여리고에서 소경 바디매오가 예수님께 치료 받아 눈을 뜬 사실도 전해 들었습니다. 소경이 눈을 뜬 기적을 보았던 주변 사람들이 그 사실을 전했습니다.

누구보다도 바디매오가 가만있지를 못했습니다. 그는 "전에 소경이었던 자가 아무것도 모르지만 한 가지 중요한 것은 전에는 내가 보지 못했지만 지금은 봅니다"라고 간증하며 자신의 눈이 뜨인 것을 열정적으로 사람들에게 이야기 했습니다. 그 이야기를 전해들은 사람들은 매우 놀라고 흥분했습니다. 그들은 예수님이 갈릴리에서 행한 많은 기적의 소문들도 세세하게 들었습니다. 떡 덩어리 다섯 개와 물고기 두 마리로 오천 명을 먹인 소식은 도저히 전파되지 않을 수 없었습니다. 오천 명이 넘는 그 허다한 무리들, 그 기적을 경험한 당사자들이 잠잠할 리 없었습니다. 그래서 예수님에 대한 소문은 빠르게 유대 전역에 전파되었습니다. 그렇습니다. 예루살렘에 모인 군중들은 예수님에 대한 풍성한 사전 정보를 갖고 있었습니다. 그래서 예수님에 대해 뭔가를 기대하고 있었습니다. 비록 예수님께서 매우 평범한 모습으로 예루살렘에 입성하셨지만, 조만간 깜짝 놀랄 실력을 발휘하실 것으로 기대했습니다. 오랜 기간 자신들을 로마의 압제로부터 구원해낼 정치적 메시아를 대망했던 그들은 마음속으로 예수님이 메시아임을 확신하며 열렬히 환호했습니다.

"호산나 다윗의 자손이여! 높은 곳에서 호산나!"

그렇게 찬양하며 예수님을 영접했습니다. 그들은 겉옷을 예수님을 태운 나귀의 발 앞에 깔고, 종려나무 가지를 꺾어 흔들면서 예수님을 환영했습니다. 종려나무는 평화를 상징하는 나무입니다. 또한 유대 풍습에서 왕이 입성할 때에 흔들며 환영하기 위해 사용했던 것이 종려나무 가지입니다.

예수님께 환호하던 군중들은 유대의 최대 명절인 유월절을 기념하기 위해 예루살렘에 모였습니다. 그들은 예수님을 유대 땅에 평화를 가져올 정치적 메시아로 여기며 환영했던 것입니다. 예루살렘은 2개의 히브리어로 구성되어 있습니다. '예루쉬'는 히브리어로 소유를 뜻하며 '살렘'은 평화와 평안을 의미합니다. 따라서 그들은 예루살렘을 '평화의 소유' 또는 '평화의 거주지'로 생각했습니다. 그리고 그 '평화의 도시'인 예루살렘에서 평화의 왕으로 오실 메시아를 기다렸던 것입니다.

그들은 평화를 갈구했지만 예루살렘의 역사는 평화나 평안과는 거리가 멀었습니다. BC 580년경에 예루살렘은 바벨론에 의해 완전히 유린되었습니다. BC 168년경에는 시리아에 의해 다시 한 번 그 땅이 초

토화 되었습니다. 그리고 AD 23년경에는 로마 군대에 의해 점령되었습니다. 예수님이 활동하던 시기에 예루살렘은 로마의 압제 하에 놓여 있었습니다. '눈물의 선지자' 예레미야는 예루살렘의 비극적 상황을 이렇게 묘사했습니다.

"칼에 죽은 자들이 주려 죽은 자들보다 나음은 토지 소산이 끊어지므로 그들은 찔림 받은 자들처럼 점점 쇠약하여 감이로다. 딸 내 백성이 멸망할 때에 자비로운 부녀들이 자기들의 손으로 자기들의 자녀들을 삶아 먹었도다." (애 4:9~10)

그러한 참혹한 땅에서 비극의 역사를 이어온 사람들은 '언제 메시아가 이 땅에 와서 이 비극적인 역사를 끝내고 우리들을 구원할 것인가'에 대해 늘 마음에 품고 있었습니다. 메시아 대망 사상이 그들을 감싸고 있었습니다. 예루살렘의 주권을 회복해 이름 그대로 참 평화의 기초를 놓아줄 메시아를 간절히 기다리고 있었던 것입니다. 그들 안에 팽창되어가고 있었던 메시아 대망 사상이 예수님이 예루살렘에 입성하실 때 터진 것입니다. 그래서 그들은 예수님을 향해 목 놓아 외쳤습니다. "호산나 다윗의 자손이여!"

그러나 그들은 예수님을 잘 모르고 있었습니다. 자신들이 기대하며 환영했던 예수님은 정치적인 메시아가 아니었습니다. 예수님이 선포하셨던 하나님의 나라는 그들이 기대했던 땅의 나라와는 전혀 다른 나라였습니다. 하나님 나라를 이루는 방법도 예수님과 군중들과는 너무나 달랐습니다. 그래서 그들은 크게 실망했습니다. 그 실망과 좌절감이 결국 예수님을 십자가에 못 박으라고 외치는 고함으로 변하게 된 것입니다. 환호가 분노의 고함으로 변하는데 그리 오래 걸리지 않았습니다.

예수님은 누구신가?

예루살렘에 모인 군중들은 예수님이 누구신지를 알지 못했습니다. 예수님에 관한 소식은 들었고, 실제 예수님을 환호했지만 정작 예수님이 누구신지에 대해선 오해하고 있었습니다. 예수님이 누구신지를 아는 것은 2000년 전 예루살렘에 모인 군중들뿐 아니라 오늘 우리에게도 절실하게 필요한 사항입니다. 예수님은 누구십니까?

첫째, 그분은 십자가에서 희생의 제물이 되기 위해 오신 왕입니다.

"예수께서 이 말씀을 하시고 예루살렘을 향하여 앞서서 가시더라." (눅 19:28)

'평화의 도시' 예루살렘이 자신에게 어떤 의미가 있기에 예수님은 공생애의 마지막 기간과 유월절에 예루살렘을 향하여 앞서서 걸어가셨을까요? 가만히 생각해보니 때는 유월절이었습니다. 유대인들에게 유월절은 민족 해방의 절기입니다. 애굽에서 압제를 당하던 이스라엘 백성들의 신음 소리를 들으신 하나님이 모세를 통해 그들을 해방시켜 주신 것을 기념하는 절기입니다. 당시 애굽 왕 바로의 마음이 완악해졌을 때, 하나님은 여러 재앙을 애굽 땅에 내리셨습니다. 그래도 바로가 히브리 백성들이 애굽을 떠나는 것을 허락하지 않자 하나님은 마지막으로 애굽에 살고 있는 모든 가정의 장자들을 죽이는 재앙을 내리셨습니다. 그 땅에는 많은 애굽 사람들과 더불어 하나님께서 구원하기 원하셨던 히브리 백성들도 살고 있었습니다. 하나님께서는 애굽에 살고 있는 자신의 백성들을 살리기 위해 1년 된 어린양 한 마리를 잡아 그 피를 문설주에 바르게 했습니다. 문설주에 양의 피가 묻어 있는 집의 장자는 살해당하는 심판을 면할 수 있었습니다. 히브리 백성들은 서둘러 애굽을 떠나야 했기에 하나님은 준비하는데 시간이 걸리는 발효된 빵이 아니라 발효시키지 않은 빵, 즉 무교병과 쓴 나물을 먹으라고 했습니다. 이것이 유월절의 기록입니다.

　예수님 당시에 독실한 유대인들은 유월절을 하나님의 성전이 있는 예루살렘에서 보내기 원했습니다. 그래서 유월절이 가까워지면 수많은 사람들이 예루살렘으로 떠납니다. 유대 역사가 요세푸스는 유월절이 되면 유대인 가운데 약 200만 명이 예루살렘에 모인다고 기록했습니다. 그 많은 사람들이 모이기에 유월절만 되면 예루살렘은 북새통을 이루었습니다. 그들이 그곳에 모인 이유는 양을 잡아 제사를 드리고 축제를 하기 위함이었습니다. 그 많은 사람들이 모두 양을 잡을 수 없기에 열 가정, 스무 가정이 모여 함께 양을 잡아 유월절 희생양으로 드렸습니다. 그렇게 하더라도 그 날 잡히는 양이 25만 6천 마리 이상

이 되었다고 합니다. 유월절 행사로 축제의 현장이 된 예루살렘은 말 그대로 피비린내 나는 곳이었습니다. 사람들은 유월절에 잡을 양들을 유대 달력으로 1월 10일에 예루살렘 성전으로 끌고 가 14일에 잡습니다. 예수님께서 올라가신 바로 그날이 유대력으로 1월 10일입니다. 십자가에 못 박혀 돌아가신 그 날이 유대력으로 1월 14일입니다.

예수님에게 예루살렘은 어떤 곳입니까? 십자가에 못 박혀 돌아가실 바로 그곳입니다. 마지막 유월절 어린양으로 십자가에 못 박혀 돌아가시기 위해, 이 땅의 사람들을 구원하는 희생과 대속의 양이 되기 위해 예루살렘을 향해 앞서서 가신 것입니다.

"인자가 온 것은 섬김을 받으려 함이 아니라 도리어 섬기려 하고 자기 목숨을 많은 사람의 대속물로 주려 함이니라" (마 20:28)

예수님은 십자가 희생의 어린 양으로 오신 왕이십니다. 베드로는 예수님의 대속의 죽음을 다음과 같이 말했습니다.

"친히 나무에 달려 그 몸으로 우리 죄를 담당하셨으니 이는 우리로 죄에 대하여 죽고 의에 대하여 살게 하려 하심이라 그가 채찍에 맞음으로 너희는 나음을 얻었나니" (벧전 2:24)

우리는 우리의 모든 죄 값을 대신 치루기 위해 희생 제물로 자신의 생명을 주신 십자가의 왕, 예수 그리스도를 새롭게 만나야 합니다. 주님이 친히 유월절 어린양으로 희생 제물이 된 역사가 있었기에 우리 죄가 용서 받았습니다. 우리가 찬양할 때마다 그렇게 기쁘고, 즐거운 이유는 무엇입니까? 바로 주님께서 십자가에서 우리의 죄를 친히 담당하고 죽어주셨기 때문입니다. 주님의 그 보혈의 은혜로 내 죄 값이 모두 사해졌고, 우리 가문에 흘러 내려왔던 죄의 저주가 풀리게 되었습니다. 그래서 우리는 죄에서 해방된 존재로 기쁨을 누릴 수 있는 것입니다.

나의 끝, 예수의 시작

우리는 예수 그리스도의 보혈의 은혜를 입었습니다. 주의 보혈을 찬양할 때마다 감사, 감격하며 우리 안에 기쁨이 넘칩니다. 우리는 어린양 예수님과 함께 십자가에 못 박혔습니다. 그 순간, 우리의 거짓된 자아는 사라졌습니다. 우리가 예수 그리스도의 은혜를 체험한 이후에 입술로 고백하는 말이 있습니다.

"내가 그리스도와 함께 십자가에 못 박혔나니 그런즉 이제는 내가 사는 것이 아니요 오직 내 안에 그리스도께서 사시는 것이라. 이제 내가 육체 가운데 사는 것은 나를 사랑하사 나를 위하여 자기 자신을 버리신 하나님의 아들을 믿는 믿복음의 은혜를 깨닫는 그 순간, 우리는 모두 끝났습니다. 주님 만나기 전에 추구하며 살았던 모든 삶은 끝난 것입니다. 더 이상 볼 것이 없습니다. 미국의 카일 아이들먼 목사는 '나의 끝, 예수의 시작'이란 책에서 "더 이상 갈 곳 없는 우리 인생의 벼랑 끝이 예수님의 실재를 만나는 현장이 된다"면서 "내가 죽고 끝난 그 자리에서 비로소 예수님이 생명의 일을 시작하신다"고 말했습니다. 그렇습니다. 그리스도와 함께 십자가에 못 박힌 이후 살아가는 우리의 삶은 오직 예수 그리스도를 위해서 사는 것입니다. 내가 사는 것이 아니라 유월절 어린양 예수님으로 인해 '살아지는' 것입니다. 이것이야말로 축복입니다. 내가 죽고 끝날 때 비로소 진정한 삶이 시작됩니다. 그 삶은 예수님이 시작하시는 충만하고도 복되며 온전한 삶입니다.

유월절 어린양 예수님을 생각하며 우리 스스로를 점검해 보아야 합니다. '나의 삶은 어떤 희생 제물로 드려지고 있는가? 인생의 남은 육체의 시간이 무엇을 위한 희생 제물로 준비되어지고 있는가?' 이것이 지금 우리가 정직하게 물어야 할 질문입니다.

"그가 우리를 위하여 목숨을 버리셨으니 우리가 이로써 사랑을 알고 우리도 형제들을 위하여 목숨을 버리는 것이 마땅하니라" (요일 3:16)

하나님께서 우리에게 붙여주신 많은 사람들이 있습니다. 가족, 믿음의 형제, 이 땅의 사람들을 위해 우리 삶이 희생 제물로 드려질 수 있다면…. 하나님께서 그토록 사랑하시는 주님의 몸 된 교회를 위해서 희생 제물로 드려질 수 있다면…. 선교지의 잃어버린 영혼을 위해 내 삶이 희생 제물로 드려질 수 있다면…. 동토와 같은 북한의 영혼들을 위해 드려질 수 있다면…. 주 예수님은 구세주이며 우리 인생의 롤 모델입니다. 그분이 십자가에서 우리 죄를 위한 희생 제물로 드려졌다면 우리 또한 무언가를 위해 희생 제물로 드려져야 할 것입니다. 우리가 드려지는 그 순간이 끝이 아니라 새로운 시작입니다. 그 희생의 이야기는 천국에서 영원히 빛나게 될 것입니다. 주님은 이렇게 말하셨습니다.

"무리와 제자들을 불러 이르시되 누구든지 나를 따라오려거든 자기를 부인하고 자기 십자가를 지고 나를 따를 것이니라" (막 8:34)

십자가는 곧 죽음입니다. 제자의 삶은 죽음을 짊어지고 가는 삶입니다. 기독교 2000년 역사 가운데 가장 순교자가 많이 나오는 시대에 우리가 살고 있습니다. 최근 100년이 지난 1900년 동안 보다 순교자의 숫자가 더 많습니다. 그런 시대를 우리가 살고 있습니다. 죽음을 의미하는 십자가를 기쁘게 지고 가는 삶, 그것이 바로 제자들의 삶입니다.

거창하게 선교지의 순교를 말하기 이전에 우리는 삶 가운데 끊임없이 작은 순교들을 해야 합니다. 실제 우리 삶 속에서 작은 순교들이 얼마나 많이 요구되는지 모릅니다. 개인뿐 아니라 가정과 교회에서도 작은 순교들이 요구됩니다. 언제부터인가 우리 삶에서 희생이 사라졌습니다. 작은 것도 손해 보려 하지 않습니다. 그러나 우리가 주님을 모델로 삶는 이 시대의 유월절 어린양으로 작은 것부터 희생하고, 철저한 십자가 신학으로 나가지 않는다면 주님은 그저 멀리 계신 '먼 그대'일뿐입니다. 입으로는 "주여, 주여"하면서도 우리 삶에 전혀 희생이 없다면 주님은 "주여, 주여"하는 자들을 향해서 "내가 너희를 도무지 알지 못한다"고 답하실 겁니다.

나귀 타신 겸손의 왕, 예수 그리스도

둘째, 예수님은 나귀를 타신 온유하고 겸손한 왕입니다.

"…자기들의 겉옷을 나귀 새끼 위에 걸쳐 놓고 예수를 태우니" (눅 19:35)

예수님은 예루살렘에 올라가시며 제자들에게 명령 하십니다. 건너편 마을에 가면 아직 아무도 타보지 않은 나귀 새끼가 있는데 그것을 풀어 가져오라고 합니다. 그리고 주님께선 그렇게 할 경우에 벌어질 상황을 다 아시고 말씀하십니다. 나귀 새끼 주인이 왜 가져가려 하는가라고 묻는다면 "주가 쓰시겠다"라고 말하라고 합니다. 제자들이 그

곳에 도착하니 정말 나귀가 있었습니다. 그리고 그 나귀를 풀어서 가져가려고 하니 주인이 왜 가져가는지 묻습니다. 그러자 주님이 말씀하신대로 "주께서 쓰시겠다"고 대답하고 나귀를 끌고 옵니다. 그 나귀의 주인도 참 대단한 것 같습니다. "주가 쓰시겠다"는 그 말에 자기의 나귀를 내어준 것입니다. 예수님은 그 나귀를 타고 예루살렘에 입성하십니다. 성지순례를 하면서 나귀를 타 본 적이 있습니다. 나귀를 타는 것은 지극히 평범한 일입니다. 어린 아이부터 어른에 이르기까지 누구나 나귀를 쉽게 탈 수 있습니다. 사실 예수님이 예루살렘에 입성하는 그 모습을 상상해보면 우스꽝스럽기도 합니다. 수많은 군중들이 외치며 환영하고 있는 가운데 지극히 평범한 나귀 새끼를 타고 들어가시는 예수님…. 평범하다 못해 초라하기까지 한 모습입니다. 주님께서 왜 그러셨을까요? "주가 쓰시겠다"는 말씀 안에는 주님은 모든 것의 주인이라는 의미가 내포되어 있습니다.

> "땅과 거기에 충만한 것과 세계와 그 가운데에 사는 자들은 다 여호와의 것이로다." (시 24:1)

이 구절은 영국 런던의 대영 박물관 옥상에 아주 크게 붙어있는 말씀입니다. '모든 것이 여호와의 것이다'라는 의식이 영국인들 속에 있는 것입니다. 모든 것의 주인 되신 주님께서 왜 하필 지극히 평범한 어린 나귀 새끼를 타셨을까요? 그것은 아버지의 말씀을 이루기 위해서입니다. 520여 년 전에 선지자를 통해 기록해 놓은 그 말씀에 순종하신 것입니다.

이 말씀을 이루기 위해서 나귀 새끼를 타신 것입니다. 여기서 우리는 아버지의 말씀에 철저히 순종하신 겸손하신 예수 그리스도를 만나게 됩니다. 주 예수 그리스도는 하나님이십니다. 모든 것의 주인이십니다. 그럼에도 불구하고 아버지의 뜻에 철저하게 순종해 나귀 새끼를 타신 분이 바로 우리가 섬기는 예수님이십니다.

하나님이신 주님께서 겸손하게 피조물의 낮은 모습으로 우리의 눈높이에 맞춰 오셨습니다. 그분은 인간의 옷을 입고 이 땅에 내려오셨어도 본질은 여전히 하나님이십니다. 전능자이십니다. 그럼에도 이 땅에 사시는 동안 아버지의 뜻과 말씀대로 이 땅 사람들과 더불어 겸손히 사셨습니다. 예수님께서는 자신이 마땅히 누릴 권리를 지니고 계셨습니다. 수많은 천사들이 호위하는 황금 마차를 타고 화려하게 예루살렘에 들어가실 수 있는 분이셨습니다. 그리고 그렇게 대우 받아야 마땅한 분이십니다. 그러나 그렇게 하지 않으셨습니다. 아버지의 뜻을 철저히 따랐습니다. 아버지의 뜻이 그러하다면 자신이 누릴 수 있는 모든 권한을 포기하는 분이셨습니다. 그분이 바로 우리 주 예수 그리스도이십니다. 그분을 '나의 주, 나의 하나님'으로 모시는 우리들, 내가 죽고 내 안에 그분이 사시기를 간절히 고대하는 우리들 역시 마땅히 주님처럼 낮은 자세로 겸비하며 살아야 할 것입니다. 오직 예수님처럼….

우리에게도 마땅히 주장해야 할 권리가 있습니다. 우리 한 사람, 한 사람은 존귀한 사람들로 '이만큼은 대우 받아야 한다'고 말할 권한이 모두에게 있을 것입니다. 그러나 아버지의 뜻이라면 모든 것을 내려놓을 수 있는 사람들이 예수 그리스도의 참 제자입니다.

제가 알고 있는 분들 가운데 세상적으로 잘 나가는 자리에 있었지만 주님의 부르심을 받아 '아골 골짝 빈들'에 기쁘게 내려간 사람들이 있습니다. 자신의 권한을 내려놓고 '예수 따르미'의 삶을 살고 있는 그들을 볼 때마다 얼마나 감동적인지 모릅니다.

저는 누가복음 19장 말씀을 묵상하며 나귀를 생각해 보았습니다. 거기에 등장한 나귀 새끼는 사람을 태우는 것이 무엇인지 잘 몰랐습니다. 처음 태운 사람이 예수님이었습니다. 생전 처음 사람을 태우고 갑니다. 그런데 갑자가 허다한 사람들이 나귀 새끼에 불과한 자신의 발 앞에 옷을 펼쳐 놓고 종려나무를 흔들면서 환영하고 소리칩니다. 나귀는 눈이 휘둥그레졌습니다. '도대체 이것이 무슨 일인가….' 나귀는 생각하지 않을 수 없었습니다. 그때, 나귀가 사람들의 열렬한 환영을 받으면서 기고만장하며 "아! 너무나 기쁘다"라고 했을까요? 그러지 않았을 것입니다. 만일 나귀가 으스댔다면 예수님은 땅에 떨어졌을 것입니다. 나귀는 단지 자신의 역할만 묵묵히 감당했습니다. 우리 모두는 나귀입니다. 나귀는 나귀의 자리에 있어야 합니다. 예수님으로 인해 사람들이 환대한다고 해서 그것을 자기에 대한 환호인 줄 오해해선 큰일 납니다.

오래전에 카자흐스탄에서 최초로 목사 안수식을 하는 자리에 참석했습니다. 4명의 현지 목사님들을 안수하면서 나귀를 주제로 설교했습니다. 새로 안수 받은 카자흐스탄 목사님들에게 이렇게 권면했습니다. "이제부터 여러분은 나귀입니다. 평생 나귀로 사셔야 합니다. 하나님의 은혜로 구원받고, 목사가 됨으로서 많은 사람들을 인도하는 곳에서 존경 받으며 일하게 되겠지만 한순간도 잊어서는 안 되는 사실은 바로 '나는 나귀'라는 의식입니다. 여러분의 네 발이 땅에서 떨어져 발을 드는 순간 여러분이 태운 예수님을 떨어트리게 됩니다. 여러분의 임무는 예수님을 태우고 가는 것입니다. 그분이 가자고 하는 대로 가야 합니다. 예수님을 떨어트리지 않도록 조심하십시오. 부디 이 말씀을 심비(心碑)에 새기시기 바랍니다." 몇 년이 지난 후 제가 다시 카자흐스탄에 가서 그때 안수 받은 한 목사님과 이야기 하는 가운데 그분이 당시의 설교 이야기를 꺼냈습니다. "목사님이 말씀하신대로 나귀의 심정으로 사역하고 있습니다. 그 말씀을 마음에 깊이 새겼습니다. 저는 나귀입니다. 예수님을 태우고 걸어가는 나귀 말입니다." 그렇습니다. 비단 목회자 뿐 아니라 믿는 자들 모두는 나귀입니다. 나귀는 나귀의 인생을 살아야 합니다.

호산나, 우리를 구원하실 왕 예수 그리스도

셋째, 예수님은 호산나, 우리를 구원하시는 왕입니다.

예루살렘에 모인 이스라엘 백성들이 예수님을 보고 "호산나 다윗의 자손이여"라고 외치며 찬양합니다. 그런데 어떤 바리새인들은 이들더러 조용히 하라고 합니다. 그러나 예수님께서는 그들을 말리지 않으셨습니다. 그들의 입을 막으면 돌들이 입을 열어 찬양할 것이라고 말씀하셨습니다. 왜 그러셨을까요? 그들이 알고 외쳤는지는 모르지만 그들의 찬양가운데 예수님이 어떠한 분이신지가 나타나기 때문입니다.

'호산나'의 뜻은 '이제 구원하옵소서'입니다. 우리가 섬기는 예수 그리스도는 호산나, 우리를 구원하시는 왕입니다. 우리의 모든 죄 값을 치러주심으로 우리를 멸망으로부터 구원하시는 분이 바로 예수님이십니다. 그 구원 안에는 총체적인 구원이 포함되어 있습니다. 우리 영혼의 구세주이신 예수님은 우리가 잃어버렸던 모든 것을 회복시켜 주시는 회복의 왕이십니다. 누가복음 19장 초반부의 삭개오 이야기에서 예수님이 말씀하십니다.

여기에는 '잃어버린 자'라고 번역되어 있지만 정확한 번역은 '잃어버린 것'입니다. 예수님은 우리가 잃어버린 모든 것을 찾아 구원해주시는 분이십니다. 이 죄악 가득한 세상에서 우리는 영혼 뿐 아니라 내면의 정서와 삶의 모든 부분을 총체적으로 사단에게 빼앗겼습니다. 그래서 예수님은 그 빼앗기고 잃어버린 모든 영역을 회복시키기 위해 회복의 주, 구원의 왕으로 우리에게 오신 것입니다. 예수님은 어떤 분이십니까? 우리를 구원하신 구세주입니다. 또한 거기서 끝나지 않고 우리가 사단에게 빼앗겨 잃어버린 모든 것을 찾아주실 회복의 주이십니다. 그 하나님과 깊이 교제할 때, 날마다 구원의 기쁨을 노래하며 빼앗겨 버린 것들을 다시 찾음으로 크게 즐거워할 것입니다.

우리 주님은 38년 동안 병으로 인해 육신과 영혼이 썩어 문드러진 병자에게 찾아가 그를 온전히 회복시켜 주셨습니다. 그 병자는 38년 동안이나 움직이는 물에 자신을 넣어 주는 사람을 찾지 못해 내면이 적개심과 불만, 고통으로 가득한 사람이었습니다. 그 피폐된 영혼에 찾아간 예수님은 육신 뿐 아니라 내면의 모든 쓴 뿌리까지도 회복시켜주셨습니다. 우리 주님은 모든 것을 살리는 회복의 주님이십니다. 그분이 바로 나의 주, 여러분의 주이십니다. 주님과 함께 있을 때, 회복의 역사가 일어납니다. 우리 모두 38년 된 병자와 같은 사람들입니다. 저는 요한복음 5장 1절의 "거기 서른여덟 해 된 병자가 있더라"는 구절을 묵상하면서 아련함을 느꼈습니다. 특히 "~ 있더라"가 마음에 와 닿았습니다. 거기엔 38년 된 병자 뿐 아니라 저도 있었습니다. 여러분도 있었습니다. "거기 ~정승룡도 있더라." "거기 ~아무개도 있더라." 우리 모두 육신과 영혼, 내면이 피폐된 존재들입니다. 우리 모두 그럴듯해 보이지만 무대 위에 오를 시간만을 초조하게 기다리는 가련한 삼류 배우와 같습니다. 누구도 모르는 상처를 핥으며 꺼이꺼이 울고 있는 존재들입니다. 회복이 필요합니다. 그러나 이 땅의 어떤 것들도, 아무리 탁월한 심리학도 진정한 회복을 가져다 줄 수 없습니다. 오직 회복의 주님만이 우리를 진정으로 고칠 수 있습니다. 그 회복의 주가 바로 예수님이십니다.

예수님을 만나면 누구나 고침을 받습니다! 개인과 가정, 교회, 민족, 열방이 회복됩니다. 우리가 북한 동포들에게 주님을 필사적으로 전해야 하는 이유도 주님만이 북한 땅과 주민들을 회복시킬 구세주이기 때문입니다. "호산나, 다윗의 자손이여"라며 예수 그리스도를 받아들이는 우리 모두에게 회복의 영, 구원의 영이 임하기를 기도합니다.

08

만왕의 왕 예수께서 왜 고초 당했나 …

:: 십자가에 달리신 주 예수 그리스도

¹⁶이에 예수를 십자가에 못 박도록 그들에게 넘겨 주니라 ¹⁷그들이 예수를 맡으매 예수께서 자기의 십자가를 지시고 해골(히브리 말로 골고다)이라 하는 곳에 나가시니 ¹⁸그들이 거기서 예수를 십자가에 못 박을새 다른 두 사람도 그와 함께 좌우편에 못 박으니 예수는 가운데 있더라 ¹⁹빌라도가 패를 써서 십자가 위에 붙이니 나사렛 예수 유대인의 왕이라 기록되었더라 ²⁰예수께서 못 박히신 곳이 성에서 가까운 고로 많은 유대인이 이 패를 읽는데 히브리와 로마와 헬라 말로 기록되었더라 ²¹유대인의 대제사장들이 빌라도에게 이르되 유대인의 왕이라 쓰지 말고 자칭 유대인의 왕이라 쓰라 하니 ²²빌라도가 대답하되 내가 쓸 것을 썼다 하니라 ²³군인들이 예수를 십자가에 못 박고 그의 옷을 취하여 네 깃에 나눠 각각 한 깃씩 얻고 속옷도 취하니 이 속옷은 호지 아니하고 위에서부터 통으로 짠 것이라 ²⁴군인들이 서로 말하되 이것을 찢지 말고 누가 얻나 제비 뽑자 하니 이는 성경에 그들이 내 옷을 나누고 내 옷을 제비 뽑나이다 한 것을 응하게 하려 함이러라 군인들은 이런 일을 하고 ²⁵예수의 십자가 곁에는 그 어머니와 이모와 글로바의 아내 마리아와 막달라 마리아가 섰는지라 ²⁶예수께서 자기의 어머니와 사랑하시는 제자가 곁에 서 있는 것을 보시고 자기 어머니께 말씀하시되 여자여 보소서 아들이니이다 하시고 ²⁷또 그 제자에게 이르시되 보라 네 어머니라 하신대 그 때부터 그 제자가 자기 집에 모시니라 ²⁸그 후에 예수께서 모든 일이 이미 이루어진 줄 아시고 성경을 응하게 하려 하사 이르시되 내가 목마르다 하시니 ²⁹거기 신 포도주가 가득히 담긴 그릇이 있는지라 사람들이 신 포도주를 적신 해면을 우슬초에 매어 예수의 입에 대니 ³⁰예수께서 신 포도주를 받으신 후에 이르시되 다 이루었다 하시고 머리를 숙이니 영혼이 떠나가시니라

요한복음 19:16-30

가장 강력한 설교

중세 시대에 산속에서 살고 있는 한 수도사가 도시의 큰 교회로부터 설교 부탁을 받았습니다. '하나님의 사랑'이라는 주제의 설교를 해 달라는 요청이었습니다. 수도사는 그 부탁을 받고 고민하며 기도했습니다. 그 크신 하나님의 사랑을 어떻게 표현할 수 있을까 고민하며 많은 시간을 기도했습니다. 마침내 예배의 시간이 되었습니다. 수도사는 교회에서 보낸 마차를 타고 큰 도시에 도착했습니다. 도시를 가로질러 예배당 앞에 섰습니다. 웅장한 중세 고딕양식의 예배당을 바라보면서 그는 움츠러들었습니다. 그리고 아주 웅장한 문을 열고 예배당 안으로 들어갔습니다.

예배당 내부는 화려하게 장식되었고, 벽에는 아름다운 벽화가 그려져 있었습니다. 그곳의 사제들의 의상도 화려했습니다. 이윽고 예배가 시작되었고 말씀 선포의 시간이 되었습니다. 수도사는 단위에 올라가 예배당과 사람들을 죽 둘러본 다음, 한 가지 부탁을 했습니다. "지금 예배당에 안에 있는 불을 모두 꺼주시기 바랍니다." 한 사제가 불을 껐습니다. 순간 화려함은 사라지고 모든 것이 어둠에 싸이게 되었습니다. 아무것도 보이지 않았습니다. 칠흑 같은 어둠 속에서 모든 사람이 조용히 숨을 죽이고 있었습니다. 한참이 지나도록 수도사는 아무런 말을 하지 않고 있었습니다. 시간이 점점 지나면서 예배당 여기저기에서 사람들이 웅성거리는 소리가 들려오기 시작했습니다.

조금 후에 사제는 촛불을 켰습니다. 그는 촛불을 들고 단상 뒤에 걸려 있는 십자가 앞으로 걸어갔습니다. 어둠 속에서 한 자루 촛불의 희미한 불빛이 십자가를 비추기 시작했습니다. 그 십자가에는 고난당하신 예수님의 모습이 아로새겨져 있었습니다. 수도사는 그 앞에 멈춰 서서 아무 말 하지 않고 촛불을 십자가에 비추고 서 있었습니다.

이윽고 수도사의 눈에 눈물이 맺히기 시작했습니다. 십자가에서 고난당하신 예수님의 모습이 어둠 가운데 비춰지고 있었기 때문입니다. 성도들도 숨죽인 채 그 모습을 한참 동안 바라보고 있었습니다. 조금 시간이 지나자 예배당 여기저기에서 흐느껴 우는 소리가 들렸습니다. 그날 수도사는 설교단에서 한마디의 말도 하지 않았습니다. 예배당 안의 누구도 말하지 않았습니다. 단지 십자가에 새겨진 고난당하신 예수님의 모습만을 바라보았습니다. 그 모습을 바라보면서 사람들은 마음속으로 독생자를 아낌없이 주신 하나님의 은혜를 생각했습니다. 그렇게 그날 예배는 끝이 났습니다. 사람들은 예배당을 나서면서 "내 생애 가장 감동적인 예배를 드렸다"고 고백했습니다. 십자가에서 고난당하신 예수님의 모습보다 더 강력한 설교는 없었습니다.

만왕의 왕 예수께서 왜 고초 당했나…

우리 주 예수 그리스도의 고난은 십자가에서 절정을 맞았습니다. 하나님의 사랑도 십자가 사건에서 절정에 도달했습니다. 십자가는 성부 하나님과 성자 예수님의 사랑과 고난의 상징입니다. 그래서 십자가를 생각할 때마다 우리 마음은 그 사랑으로 인해 절절해집니다. 예수 그리스도의 십자가는 바로 저와 여러분이 지어야 할 십자가였습니다. 예수 그리스도가 십자가에서 저주스러운 죽음을 당하신 것은 율법의 저주로부터 우리를 해방시키기 위함이었습니다(갈 3:13). 예수님을 십자가에 못 박은 자는 로마 군사나 군중이 아니라 우리였습니다. 우리의 죄악이 예수님을 십자가에 못 박히시게 까지 했습니다.

'만왕의 왕 내 주께서 왜 고초 당했나. 이 벌레 같은 날 위해 그 보혈 흘렸네. 십자가 십자가 내가 처음 볼 때에 나의 맘에 큰 고통 사라져, 오늘 믿고서 내 눈 밝았네, 참 내 기쁨 영원하도다.'

이 찬송가 가사처럼 만왕의 왕 주님께서 한낱 벌레 같은 우리를 위해 그 보배로운 보혈을 흘리셨습니다. 참으로 그가 찔림은 우리의 죄악을 인함입니다. 예수님이 십자가에서 모든 수치와 고통을 당함으로써 죄악으로 인한 우리의 고통이 사라졌습니다.

크리스천들은 매 주일마다 주님께 예배를 드리면서 십자가를 보게 됩니다. 크리스천들은 가정에 십자가를 걸어놓기도 하고, 십자가 목걸이나 십자가 반지를 하기도 합니다. 그 십자가는 지금 나와 어떤 관계가 있을까요? 그 십자가의 의미가 절절하게 다가옵니까? 역사적인 예수님의 십자가 사건이 나의 사건으로 받아들여집니까? 자, 예수님 십자가 사건 당시로 들어가 보겠습니다.

대제사장들과 서기관들의 사주를 받은 성난 군중들이 예수를 향해서 외쳐댑니다. "그를 십자가에 못 박으라! 십자가에 못 박으라!" 성난 군중들의 고함소리를 들으며 빌라도 총독은 군중들과 법정 사이를 4번이나 오가면서 안절부절못합니다. 예수님을 십자가에 못 박을만한 정확한 죄목을 찾지 못했기 때문입니다.

빌라도는 밖으로 나가 군중들에게 "너희가 무슨 일로 이 사람을 고발하느냐"고 묻습니다. 그러자 군중들은 예수님이 '행악자'라고 외칩니다. 그들은 "이 사람이 행악자가 아니었더라면 우리가 당신에게 넘기지 않았을 것"이라고 말합니다. 행악자(行惡者)는 문자 그대로 악을 행하는 자입니다. 당시에 이 용어는 실수로 악을 행한 것이 아니라 습관적으로 죄를 범하는 흉악범에게 쓰였습니다. 빌라도는 상식적으로 이해가 되지 않았습니다. 여기 끌려와 있는 예수는 그가 생각하기에 행악자가 아니었기 때문입니다. 그래서 놓아주려고 애썼지만 성난 군중들은 더욱더 소리 높여 외쳐댑니다. "십자가에 못 박으라! 십자가에 못 박으라!" 마침내 대제사장들이 빌라도를 향해서 외칩니다. "스스로 왕이라고 칭하는 자를 처벌하지 않으면 당신은 가이사의 충신이 아니올시다." 그러면서 그들이 외쳐댑니다. "케이자르 큐리아스." 시저가 주님이라는 말입니다. 여호와 하나님을 섬긴다고 하는 대제사장들이 예수님을 십자가에 못 박기 위해 로마의 황제 시저를 자신들의 왕이라고 말한 것입니다. 아무튼 이 말에 빌라도는 기가 질렸습니다. 더 이상 발을 뺄 수 없었습니다. 결국 그는 십자가형을 언도하고 예수님을 그들에게 넘겨주고 맙니다.

십자가형(刑), 가장 잔인한 처형

역사적으로 사람들을 처형하는 다양한 방법들이 있어 왔습니다. 문화인류학을 연구해보면 각 문화마다 사람들을 처형하는 방법들이 다양하다는 사실을 알 수 있습니다. 죄의 경중에 따라 처형 방법이 다릅니다. 교수형이나 단두대형이 일반적입니다. 성경에는 "작은 자들 중 하나라도 실족하게 하면 차라리 연자 맷돌이 그 목에 매여 바다에 던져지는 것이 나으리라"는 구절이 나오는데 연자 맷돌을 목에 매여 물 속에 던지는 처형 방법도 실제 실행되었다고 합니다. 시신을 물속에

잠기게 함으로써 장례를 치르지 못하게 하는 수장형(水葬刑)의 일종입니다.

미국 로스앤젤레스 인근에 과거 스페인에서 개신교 신자들이 천주교도들에 의해 처형당할 때 사용되었던 기구들을 전시해 놓은 곳이 있습니다. 그 기구들은 모조품이 아니라 실제 처형에 사용되었던 것들입니다. 그곳에 가면 당시 사람들이 얼마나 끔찍하게 처형되었는지를 볼 수 있습니다. 일례로 사람을 거꾸로 매달아 놓고 몸통과 손, 발을 톱으로 켜서 죽일 때 사용된 진품 톱이 여러 개 전시되어 있습니다. 그것뿐 아니라 관람객들은 말로 형용 할 수 없을 정도로 잔인하게 사람을 죽이는데 사용된 기구들을 볼 수 있습니다. 꽤 오래전에 로마 교황이 종교의 이름으로 무죄한 신앙인들을 잔인하게 죽였던 것을 역사와 인류 앞에 사죄하기도 했습니다.

그 모든 잔혹한 처형 방법 중에서도 가장 잔인하고 극악무도한 것이 십자가에 매달아 죽이는 것입니다. 십자가는 라틴어로 '크룩스(crux)'이며 여기서 영어의 '크로스(cross)'가 나왔습니다. 우리에게 십자가는 상당히 낭만적으로 다가옵니다. 여성들은 십자가 목걸이나 귀걸이를 합니다. 집집마다 십자가로 장식을 해 놓습니다. 십자가의 죽음이 무엇인지를 제대로 몰랐기 때문에 그런 십자가의 모형을 많이 이용합니다. 그러나 그 당시에 십자가에서의 죽음을 한 번이라도 본 사람은 십자가의 공포와 그 저주스러운 모습 때문에 평생 괴로움을 당한다고 합니다. 로마시대에는 주인이 식사를 할 때, 시종을 드는 종이 십자가라는 말을 하기만 해도 그 종을 처형해버렸습니다. 주인이 식사하는데 그런 처참한 십자가형의 장면을 떠오르게 해서 밥맛을 달아나게 했다는 이유입니다.

십자가 처형은 본래 페르시아에서 넘어온 사형방법입니다. 이 십자가형은 인간으로서는 도저히 할 수 없는 극악한 죄를 지은 자만이 받을 수 있는 형벌입니다. 당시 사람들은 땅을 신성시 했습니다. 그래서 죄악이 하늘에 닿은 사람들은 땅에서 죽여 땅을 더럽힐 수 없다고 여겼습니다. 땅에서 죽일 수 없는 죄인을 나무 위에서 죽게 하는 방법이 십자가형입니다. 십자가형을 당하는 사람은 빨리 죽을 수도 없습니다. 육신이 감당할 모든 고통을 겪어야 합니다. 피를 다 쏟고 숨이 끊어질 때까지 고통을 느껴야 합니다. 사람들이 보는 앞에서 발가벗겨지는 치욕을 당하기도 합니다. 십자가 사건을 묘사한 성화에는 십자가상의 예수님에게 뭔가가 걸쳐 있는 것으로 그려져 있지만 실제로는 실오라기 하나 걸쳐져 있지 않았습니다. 벌거벗은 그대로 십자가에 달리셨습니다. 십가가형을 받은 죄인이 죽은 다음에도 시체는 그대로 매달려 있습니다. 죽은 사람의 피가 나무를 타고 흘러내리면 들개들이 와서 그 피를 핥습니다. 새들은 죽은 사람의 시체를 쪼아 먹습니다. 정말 악랄하기 그지없는 참혹한 처형 방법이 바로 십자가형입니다. 주님께서 그러한 잔혹한 십자가형을 받아 수치와 고통 가운데 돌아가신 것입니다.

로마 제국 당시에는 십자가형이 법률상으로 존재했습니다. 적법한 사형 방법 가운데 하나였습니다. 그러나 로마 제국의 통치 기간 동안 로마 시민권을 지닌 사람 가운데 십자가형으로 처형된 사람은 한 명도 없었습니다. 사도 바울은 로마의 시민권을 갖고 있었기에 로마에서 십자가형 대신에 머리가 잘려 처형당했습니다. 오직 극악무도한 죄를 지은 종이나 식민지의 정치반역자들에게만 십자가형이 실시되었습니다. 그만큼 잔인했기 때문입니다. 로마의 정치가이자 철학자인 키케로가 "가장 잔인하고 무서운 죽음은 십자가에서의 죽음"이라고 연설했던 내용이 기록에 남아 있습니다. 죄 없으신 우리 주님께서 그런 십자가형을 받으신 것입니다.

십자가형을 받으시기 전에는 채찍에 맞으셨습니다. 십자가형을 받으실 예수님의 혼을 다 빼놓게 하고 죽음을 준비시키기 위해 로마 병정들이 채찍을 내리쳤습니다. 로마의 채찍은 우리가 생각하는 일반적인 채찍이 아닙니다. 로마의 채찍은 긴 가죽에 끝이 날카로운 쇠구슬을 달아 놓은 것이 일반적입니다. 한 번 맞으면 그냥 살점이 패어 나갑니다. 로마의 채찍을 한 번만 맞아도 장정이 정신을 잃을 정도라고 합니다. 멜 깁슨이 주연한 영화 '패션 오브 크라이스트(Passion of Christ)'에 잘 묘사되어 있습니다. 우리 주님이 그런 채찍에 맞으셨습니다. 채찍에 맞으신 주님의 몸이 마치 밭고랑처럼 패이기 시작했습니다. 살점은 뜯겨 튀겨나갔습니다. 가시 면류관을 쓰신 머리에서도 피가 철철 흐릅니다. 주님의 얼굴은 병정들에 의해서 주먹질 당했습니다. 침뱉음도 당했습니다. 무거운 십자가를 지고 가면서 쓰러지고 넘어질 때마다 팔과 다리의 관절이 망가졌습니다. 십자가에 누워 손과 발에 못이 박힐 때, 얼마나 많은 피가 흘렀겠습니까? 십자가가 세워질 때 주님의 옷이 다 벗겨졌습니다. 그 처참한 광경을 똑바로 쳐다보기조차 어려울 정도였습니다. 이사야의 예언처럼 우리 주님은 '얼굴을 가리우고, 보지 않음을 당한 자처럼' 멸시를 당하셨습니다. "우리도 그를 귀히 여기지 않았다"는 말씀처럼 얼굴을 가리고 도저히 볼 수 없는 처참한 모습으로 십자가에 달리셨습니다. 예수님은 죄인이었기 때문에 십자가에 달리신 것이 아닙니다. 그분은 온 인류의 죄를 그 어깨에 메고 계셨습니다.

그가 찔림은 우리의 허물 때문이요…

"그가 찔림은 우리의 허물 때문이요 그가 상함은 우리의 죄악 때문이라. 그가 징계를 받으므로 우리는 평화를 누리고 그가 채찍에 맞으므로 우리는 나음을 받았도다." (사 53:5)

참으로 주 예수님은 우리의 죄악과 허물 때문에 돌아가셨습니다. 주님이 채찍에 맞으셨기에 우리가 나음을 입었습니다. 로마 병정들은 예수님의 옆구리를 창으로 찔렀습니다. 그것은 자선의 행위입니다. 십자가에서 당하는 고통을 빨리 없애고 죽도록 하기 위해 옆구리에 창을 찌릅니다. 예수님의 내장이 찢겼고 육신의 모든 피와 물이 쏟아져 나왔습니다. 사람이 감당할 수 없는 가장 고통스러운 고통을 우리 주님이 감당하고 계셨습니다. 그 고통 가운데 주님께서 말씀하십니다. "내가 목마르다." 이 얼마나 참혹하고 불쌍한 모습입니까? 주님의 이 상태를 성령의 영감 가운데 미리 알았던 시편 기자는 이와 같이 말했습니다.

예수님은 육체적인 고통뿐만이 아니라 정서적인 고통도 당하셔야 했습니다. 배신감도 느끼셨을 것입니다. 예수님께서 예루살렘에 입성할 때 군중들이 자신들의 겉옷을 벗어서 예수님을 태운 나귀가 지나가는 앞에 깔아 놓고, 종려나무 가지를 흔들면서 "호산나 다윗의 자손이여! 호산나 만세"라며 예수님을 열렬히 환호했습니다. 그런데 채 일주일도 되기 전에 정치가와 종교지도자들의 속임수에 넘어간 군중들은 자신을 향해 "예수를 죽여라. 그를 십자가에 못 박으라"고 외칩니다. 얼굴에 침도 뱉습니다. 아마도 그 성난 군중 가운데는 예수님의 기적을 체험한 사람도 있었을 것입니다. 어쩌면 예수님의 권능으로 병이 나은 사람이나 가족이 있을지도 모르겠습니다. 그러나 그 모든 사람들이 동일하게 외칩니다. "예수를 십자가에 못 박아라!" 3년간 모든 것을 쏟아 부어 가르쳤던 제자들도 자신을 버리고 도망했습니다.

이런 상황 속에서 예수님은 극심한 정서적 고통에 시달렸을 것이 분명합니다. 십자가 처형의 순간, 성자 예수님은 성부 하나님과도 격리

되셨습니다. 그분은 절규하셨습니다. "엘리 엘리 라마 사박다니(내 아버지여 내 아버지여 어찌하여 나를 버리셨나이까?)" 영적인 심각한 단절을 경험한 순간, 이런 고백을 할 수밖에 없으셨습니다. 실제적으로는 하나님과 분리되지 않았지만 십자가상의 예수님은 고통 가운데 그렇게 느꼈습니다.

우리 주님께서 왜 이런 치욕스럽고 저주스러운 십자가형을 받으셔야 했습니까. 예수님은 '하나님이 너무하신다'는 생각이 들 정도로 처참한 죽임을 당하셨습니다. 하나님께서는 처절하게 죽임 당하는 아들의 모습을 차마 볼 수 없어서 예수님의 생명이 끊어지는 순간, 이 땅에 흑암이 깔리게 하셨습니다. 주님께서 이러한 저주스런 죽임을 당할 수밖에 없었던 이유가 성경에 나와 있습니다.

"그리스도께서 우리를 위하여 저주를 받은 바 되사 율법의 저주에서 우리를 속량하셨으니 기록된 바 나무에 달린 자마다 저주 아래에 있는 자라 하였음이라."(갈 3:13)

여기서 "저주를 받았다"는 말에 주목해야 합니다. 주님께서 '저주를 받으신 것'입니다.

"사람이 만일 죽을 죄를 범하므로 네가 그를 죽여 나무 위에 달거든 그 시체를 나무 위에 밤새도록 두지 말고 그 날에 장사하여 네 하나님 여호와께서 네게 기업으로 주시는 땅을 더럽히지 말라. 나무에 달린 자는 하나님께 저주를 받았음

　예수님은 저주 받은 자로서 나무에 달려 죽으셨습니다. 주님은 율법의 저주를 받아 죽임을 당하셨습니다. 율법 아래 있는 자들은 도저히 율법을 다 지킬 수 없기에 누구나 저주 아래 놓이게 되었습니다. 그 저주를 풀기 위해 하나님께서는 예수 그리스도를 우리에게 보내셨습니다. 인간을 감싸고 있는 율법의 저주를 예수 그리스도에게 전가(轉嫁), 그분으로 하여금 십자가 형벌을 받게 하신 것입니다. 십자가상에서 예수님은 인류가 마땅히 받아야 할 모든 지옥형벌을 다 감당하신 것입니다. 예수님은 우리의 과거와 현재, 미래의 죄를 친히 감당하셨습니다. 우리가 직접 받아야 할 죄악의 저주를 예수님께서 대신 십자가에서 받으신 것입니다. 그것이 바로 십자가의 의미입니다. 이 의미를 인식 할 때, 어찌 우리가 십자가를 맹숭맹숭하게 쳐다만 볼 수 있겠습니까? 그 십자가로 인해 우리의 죄가 씻기게 되었습니다. 예수님을 믿는 누구든지 죄악의 사슬에서 풀려나게 된 것입니다.

십자가 사건 현장의 그들이 바로 나였다!

　예수님의 십자가 사건에 등장한 몇몇 사람들을 통해 우리의 죄 된

자화상을 볼 수 있습니다. 먼저 종교 지도자들입니다. 당시에 종교 지도자들은 사람들에게 종교를 가르치는 사람들이었습니다. 사람들로부터 존경을 받는 위치에 있었습니다. 그러나 그들의 신앙은 율법적이고 형식적이었습니다. 하나님의 뜻과 사랑에는 관심이 없었습니다. 그들은 오직 종교적인 편견과 오만, 아집에 사로잡혀 살았습니다. 종교적 편견에 사로잡힌 그들은 도저히 예수님을 이해할 수 없었습니다. 종교적 편견에다 당시로서는 급진적인 종교지도자로 비친 예수님으로 인해 자신들이 누리고 있는 사회적·종교적 지위를 잃어버릴까봐 예수님을 제거하려고 한 것입니다. 그들은 무지한 군중들을 선동했습니다. 올바른 분별력 없이 그저 형식적 종교생활을 했던 군중들은 이리 휩쓸리고, 저리 휩쓸리다 결국 구원의 주님을 외면하게 되었습니다. 우리 안에도 이런 오만과 편견에 사로잡힌 종교 지도자들의 모습이 있습니다. 형식적 신앙생활에 만족해 기독교를 단지 라이프 스타일(life style) 정도로 여기는 모습이 우리 안에도 있습니다.

예수님 당시의 종교 지도자들을 통해 우리가 볼 수 있는 죄악은 형식적인 신앙이라는 죄악입니다. 하나님과의 깊은 관계없이 습관적이며 형식적으로 틀에 박힌 신앙을 유지하는 것 자체가 죄입니다. 우리는 단지 몇 가지 정도의 명령을 지키는 것이 종교생활이라고 착각하고 있습니다. 그러면서 기독교는 그럴듯한 삶의 형태가 되었습니다. 그러나 분명히 말씀드리는 것은 기독교는 종교가 아닙니다! 라이프 스타일이 아니라고요. 기독교는 살아계신 하나님과의 만남입니다. 우리를 구원으로 이끌 생명의 주 예수 그리스도를 마음 가운데 모시는 것입니다. 예수님 당시 종교 지도자들은 자신들이 말씀과 하나님의 뜻대로 모든 일을 처리했다고 확신했겠지만 결국 형식적 신앙에 머물렀던 그들은 메시아를 십자가에 못 박히게 한 장본인 가운데 한 부류가 되어버렸습니다. 그 종교 지도자들을 우리의 반면교사로 삼아야 합니다. 종교적 오만과 편견에 빠지지 않고 늘 살아계신 주님을 만나기 위해 겸손히 무릎 꿇어야 할 것입니다.

빌라도를 보겠습니다. 전 빌라도야말로 가련한 자라고 생각합니다. 그는 인류 역사상 가장 위대한 일을 행할 수 있는 기회를 놓쳤습니다. 구원의 주 예수 그리스도를 살릴 수 있는 기회 말입니다. 물론 이 모든 것은 하나님의 섭리 하에 이뤄진 것이겠지만 빌라도와 그의 가문의 입장에선 기회를 놓쳤습니다.

그는 정치적 권력을 유지하기 위해 불의와 타협했습니다. 그는 재판장으로서 예수님의 죄를 찾지 못했습니다. 그럼에도 예수님에게 십자가형을 언도했습니다. 빌라도의 법정은 역사상 가장 불의한 법정의 대명사가 되었습니다. 빌라도 역시 눈에 보이는 이익을 위해서 불의와 타협하는 사람들의 전형이 되었습니다. 우리 속에 그런 모습은 없습니까? 우리가 현재 누리는 조그만 것 때문에 불의와 슬그머니 타협하지는 않습니까? 빌라도의 모습을 통해 우리를 살펴보아야 합니다.

군병들은 어떠합니까? 지금 예수님은 십자가에서 못 박히신지 얼마 되지 않았습니다. 예수님께서 그 고통을 당하고 계신데도 그들은 서로 옷을 차지하겠다고 아귀다툼을 벌이고 있습니다. 이 군병들의 무서울 정도로 냉정한 무관심을 생각해보십시오. 영적인 것에는 조금도 관심 없이 바로 눈앞에 보이는 조그마한 유익에 눈이 멀어 있는 사람들이 바로 군병들입니다. 그 군병들 모습 속엔 우리의 모습이 들어 있습니다.

우리 역시 영적인 것에는 무관심한 채 조그마한 세상적 유익에 눈이 멀어 있지 않은가요? 날마다 십자가를 바라본다고 하지만 그 십자가를 통해서 부어주시는 하나님의 은혜와 사랑에 집중하기보다는 세상 가치관 속에서 함몰되어 살아가면서 그저 습관적으로 십자가를 바라보고 있지는 않은지요? 그렇다면 우리는 참으로 가련한 존재들일 수밖에 없습니다. 예수 그리스도를 십자가에 달려 돌아가시게 한 주체는 바로 나의 죄악임을 늘 생각하며 우리 눈을 그분께만 집중해야 할 것입니다.

제자들의 모습에서 우리의 비겁한 모습을 볼 수 있습니다. 예수님이 가장 필요로 하는 그 시간에 그들은 자신들의 안전을 위해 도망갔습니다. 비겁한 사람들입니다. 백번을 양보해서 예수님께서 십자가형을 받을 때엔 무서워 도망할 수 있다고 칩시다. 그들 역시 연약한 인간에 불과하기 때문입니다. 그러나 형이 다 집행되었고 모든 것이 끝났다고 여겨졌을 때에도 그들은 십자가 처형의 현장에 나타나지 않았습니다. 여전히 비겁하게 숨어 있었고, 두려워 떨고 있었습니다. 그것이 목숨 걸고 예수님을 따르겠다던 제자들의 실체였습니다.

이 제자들의 모습에서 비겁한 우리들의 모습을 볼 수 있습니다. 나에게 조금만 해가 돌아올 것 같으면 크리스천의 정체성을 드러내지 않는 비겁한 모습이 있지 않은가요? 이런 연약하고 비겁한 사람들을 위해 우리 주님께서 고통 받으시고 십자가에 달려 돌아가셨습니다.
여기서 끝나버린다면 우리의 신앙은 너무나 비극적입니다.

테 텔레스타이(Te Telestai · 다 이루었다)

그러나 주님께서는 마지막 순간에 이렇게 고백하셨습니다. "테 텔
레스타이(Te Telestai · 다 이루었다)" 놀라운 선포입니다. 하늘 아버지
의 보냄 받은 자로서의 사명을 모두 이뤘다는 말씀입니다. 십자가의
고난을 통해 우리의 모든 죄악의 삯을 대신 다 치르셨다는 것입니다.
승리의 선언입니다.

"테 텔레스타이"라는 놀라운 주님의 선포가 있기 때문에 우리에겐
소망이 있는 것입니다. 우리가 아무리 죄악 많고, 비루하게 살고 있다
할지라도 우리에게 여전히 희망이 있는 것은 주님께서 십자가상에서
다 이루셨기 때문입니다. 누구든지 십자가 앞에 가서 죄를 고백하고
주님의 은혜 속에 잠길 때, 우리의 죄는 영향력을 상실하게 되는 것입
니다. 사망을 이기신 예수 권세가 그 모든 죄악의 권세보다 훨씬 더 크
기 때문입니다. 십자가 앞에서 진정한 고백을 할 때마다 우리를 묶은
지긋지긋한 죄악의 저주가 풀리게 되는 것입니다. 흑암의 권세로부터
자유롭게 되는 것입니다. 그래서 우린 어떤 환경 속에서도 십자가의

권세, 십자가의 은혜를 선포할 수 있습니다. 이것이야말로 복음 중의
복음입니다.

이것이 우리의 고백이고, 우리의 간증이며, 우리의 자랑입니다.

인도에서 선교사로 활동했던 바우만 박사의 이야기입니다. 어느 날,
그가 전도했던 한 인도 노인이 옛 친구와 대화하는 내용을 듣게 되었
습니다. 힌두교를 믿는 옛 친구는 노인에게 빈정거리며 말합니다. "이
보게, 자네는 우리가 믿는 힌두교의 그 많은 남신과 여신들로도 만족
할 수 없었나?" 그러자 노인이 옛 친구에게 다음과 같이 대답했습니
다. "그 많은 남신과 여신들 가운데 자네와 나를 위해서 죽은 신은 아
무도 없다네."

그렇습니다. 우리 기독교의 핵심은 십자가와 부활입니다. 우리는
그 놀라운 은혜를 받았습니다. 성자 하나님께서 우리를 위해 인간의
몸을 입고 이 땅에 오셨습니다. 그리고 우리를 위해 죽으셨습니다. 그
럼으로 우리는 살게 되었습니다. 우리 주님은 풀어주고, 열어주고, 살
려주시는 참 좋으신 하나님이십니다. 십자가의 주님을 만나는 사람마
다 풀리고, 열리며, 살리는 위대한 삶을 살 수 있습니다. 이것이 우리
의 소망이요, 우리의 간증이며, 우리의 자랑입니다. 이 세상에서 나를

위해 죽어 주실 수 있는 분은 단 한 분밖에 없습니다. 그분이 바로 우리 주 예수 그리스도이십니다. 기독교는 종교도, 라이프 스타일도 아닙니다. 기독교는 나를 위해 죽어주신 주 예수 그리스도 안에서 내가 사는 것입니다.

09

사셨네, 사셨네, 예수 다시 사셨네

:: 부활 하신 주 예수 그리스도

¹⁹이 날 곧 안식 후 첫날 저녁 때에 제자들이 유대인들을 두려워하여 모인 곳의 문들을 닫았더니 예수께서 오사 가운데 서서 이르시되 너희에게 평강이 있을지어다 ²⁰이 말씀을 하시고 손과 옆구리를 보이시니 제자들이 주를 보고 기뻐하더라 ²¹예수께서 또 이르시되 너희에게 평강이 있을지어다 아버지께서 나를 보내신 것 같이 나도 너희를 보내노라 ²²이 말씀을 하시고 그들을 향하사 숨을 내쉬며 이르시되 성령을 받으라 ²³너희가 누구의 죄든지 사하면 사하여질 것이요 누구의 죄든지 그대로 두면 그대로 있으리라 하시니라

요한복음 20장 19절-23절

나는 부활이요, 생명이니…

인도의 성자로 널리 알려진 썬다 싱이 영국을 방문한 적이 있습니다. 그때 어떤 사람이 썬다 싱에게 질문했습니다. "당신이 인도의 오랜 전통 종교인 힌두교를 떠나 기독교인이 된 이유가 무엇입니까?" 질문을 받은 썬다 싱이 주저하지 않고 다음과 같이 답했습니다. "죽었던 예수 그리스도가 다시 살아나셨기 때문입니다. 예수님이 부활하셨고, 그 부활하신 예수님이 지금도 우리와 함께 하시기 때문입니다." 그렇습니다. 예수님은 부활하셨습니다. 기독교는 '예수 부활'이라는 역사적 사실 위에 세워졌습니다. 그리고 2000년이 지난 지금까지 이 부활신앙을 지닌 주님의 제자들이 구속의 역사를 이어오고 있습니다.

"나는 부활이요 생명이니 나를 믿는 자는 죽어도 살겠고 무릇 살아서 나를 믿는 자는 영원히 죽지 아니하리니."(요 11:25~26)

주님이 부활하셨다는 사실을 믿는 자들은 '부활하신 주님'을 생명의 구주로 믿을 수 있습니다. 그 믿음을 지닌 사람들은 죽어도 삽니다. 크리스천들은 부활의 신앙 가운데 일상에서 부활을 사는 사람들입니다.

그래서 옛날 동방교회 성도들은 서로 만날 때마다 "예수님이 부활하셨습니다"라고 인사했습니다. 이 인사를 나누면서 그들의 신앙이 부활하신 예수 그리스도를 믿는 믿음 위에 서있다는 것을 늘 확인했습니다. 우리 주 예수님이 죽으심으로 모든 것이 끝난 것이 아닙니다. 그분은 사망 권세 이기시고 부활하셨습니다. 그 부활하신 주님이 우리와 함께 계십니다. 부활하신 주님과 함께 우리는 이 땅의 삶을 살아가고 있는 것입니다.

기독교는 예수 그리스도의 부활이라는 역사적 사실 위에 존재 합니다. 예수님의 부활이 없었다면 기독교는 없었을 것입니다. 예수님께서 부활하셨다는 사실을 역사적으로 경험한 제자들이 부활 신앙을 갖고 변화된 삶을 살며 복음을 전했기 때문에 하나님 나라가 확장되었고 지금 우리에게까지 임하게 되었습니다.

주님은 부활하신 저녁에 제자들에게 나타나 그들을 만나 주셨습니다. 이 부활하신 주님과의 만남 사건은 이후로 모든 그리스도의 제자들에게 아주 중요한 원형적 사건이 됩니다. 제자들에게 나타나신 부활의 주님이 우리에게도 나타나십니다. 그래서 우리는 부활하신 주님과 늘 함께 살아가게 됩니다. 우리가 부활하신 주님을 어떻게 느끼고, 그 주님과 어떻게 함께 살아가겠습니까? 요점은 그분의 말씀입니다. 부활의 주님은 말씀으로 임하십니다. 우리는 그 말씀을 통해 주님과 만납니다. 그 말씀을 붙잡고 주님과 동행하며 부활을 살게 되는 것입니다.

평강이 너희에게 있을지어다

부활하신 주님께서 제자들에게 처음 나타나셔서 다음과 같이 말씀하셨습니다.

부활하신 주님을 만날 즈음의 제자들은 매우 두려운 마음 상태를 지녔습니다. 유대인들의 시각에 그들은 십자가에 달려 죽임 당한 죄인을 따랐던 공범자들이었습니다. 요한복음 20장 19절에 보면 "안식 후 첫날 저녁 때에 제자들이 유대인들을 두려워하여 모인 곳의 문을 닫았더니"라고 나와 있습니다. 그들은 지금 심한 두려움 가운데 있습니다. 그래서 그들은 아무도 발견하지 못할 다락방에 모여 있었습니다. 그들은 주님이 십자가에 달려 돌아가신 것을 목격한 사람들이었습니다. '다음 차례는 우리일지 모른다'며 죽음의 공포에 떨고 있었을 것입니다. 공포와 함께 그들은 심한 절망감에 빠져 있었습니다. 그들은 생업도 버리며 예수님을 좇았습니다. 모든 것 버려두었습니다. 심지어 사랑하는 가족들마저 뒤로하고 주님을 따라 다녔습니다. 그런데 그들이 따랐던 주님께서 십자가에서 참으로 허망하고 비참하게 돌아가신 것입니다. 그들이 보기에 모든 것이 끝났습니다. 절망하지 않을 수 없었습니다. 그들은 주님과 함께 새로운 미래를 꿈꿨습니다. 그러나 그 꿈은 한순간에 허공 속에 날아갔습니다. 더 나가서 그들은 심한 죄책감에 시달리고 있었습니다. 스승이신 예수 그리스도를 배반했다는 죄책감 말입니다. 예수님을 따를 때엔 결코 '배반'이란 단어를 생각지도 못했습니다. 베드로는 심지어 "다른 사람들이 다 주를 떠날지라도, 내가 죽을 지라도 반드시 주님을 따르겠습니다"라고 호언장담했었습니다. 그러나 그 역시도 주님을 버리고 떠났습니다. 주님을 저주하기까지 했습니다. 주님을 배반하고 도망갔던 그들이 한자리에 모였습니다. 서로 쳐다보기 민망했을 것입니다. 그들은 공포와 절망감, 죄책감이 버무려진 극심한 스트레스 가운데 있었습니다. 앞으로 어떻게 살아가야 할지 막막했습니다.

또 한 가지 그들의 마음을 혼란스럽게 만든 것은 그 날 아침에 마리아와 여인들이 주님께서 묻혀있던 무덤을 찾아갔다 무덤이 비었음을 발견했다는 소식입니다. 그들이 보기에 예수님의 시체가 도난당한 것입니다. 도대체 뭐가 어떻게 돌아가고 있는지 혼란스럽기만 합니다. 지금이야 우리는 '빈 무덤'을 이야기 할 때, "주님이 부활하셨다"고 기쁘게 말할 수 있지만 그 당시의 제자들은 그 사실을 알 턱이 없었습니다. 그저 누군가가 시체를 훔쳐갔을 것이라고만 생각했습니다. 베드로와 요한은 무덤에 가서 그 사실을 확인해 보았습니다. 무덤은 비어 있었습니다. 그런 두려움과 절망, 죄책감, 당혹감에 사로잡힌 그들에게 주님께서 나타나셨습니다. 제자들을 보면서 "샬롬, 평강이 너희에게 있을지어다"라고 말씀하셨습니다. 사실 주님은 이미 제자들에게 평안에 대해서 말씀하셨습니다.

"평안을 너희에게 끼치노니 곧 나의 평안을 너희에게 주노라. 내가 너희에게 주는 것은 세상이 주는 것과 같지 아니하니라. 너희는 마음에 근심하지도 말고 두려워하지도 말라." (요 14:27)

제자들이 이미 오래전에 평안에 대해 메시지를 들었습니다. 그러나 그날 다락방에서 만난 부활의 주님께서 말씀하신 "샬롬"은 달랐습니다. 그들은 정말로 주님이 돌아가셨다고 생각했습니다. '이제 끝났다'고 판단한 그때, 두려움과 절망, 죄책감에 시달리던 그때에 주님께서 나타나셔서 "샬롬"이라고 하신 것입니다. 주님께서 "샬롬"하신 그 순간, 그들의 죽음에 대한 공포와 절망감, 죄책감은 사라졌습니다. 절망이 변해 환희가 되었습니다. 주님께서 살아 계신 것입니다. 그들은 주님께서 나타나셔서 "샬롬"이라고 하신 순간, 이전에 주님께서 하신 말씀을 떠올리지 않을 수 없었습니다.

"나는 부활이요 생명이니 나를 믿는 자는 죽어도 살겠고 무릇 살아서 나를 믿는 자는 영원히 죽지 아니하리니." (요 11:25~26)

주님이 "내가 예루살렘에 올라가서 십자가에 못 박혀 죽고 삼일 만에 다시 살아나리라"고 하신 말씀도 생각났을 것입니다. 당시에는 알쏭달쏭해서 이해하기 힘든 말이었는데 주님의 나타나심을 보고 그 말씀이 사실이라는 것을 알게 되었습니다. "부활이요, 생명이신 주님을 믿는 자는 죽어도 살 것이다"는 말을 떠올리자 그들을 짓눌렀던 무서운 죽음의 공포가 사라졌습니다. 해방의 순간이었습니다.

구원과 부활의 세상은 크다

　또한 부활하신 주님은 너무나 인자한 모습으로 "샬롬"하셨습니다. 그 순간, 그들은 자신들의 모든 허물과 죄악을 용서해주시는 주님의 자비를 경험했습니다. 그들은 감격하지 않을 수 없었습니다. '주께서 나를 용서하셨다! 나의 배신과 비겁함을 용서하셨다! 나의 자책감과 죄책감을 다 사해 주셨다!'라는 생각에 크게 기뻐했을 것입니다.

　주님이 십자가에서 돌아가셨을 때, 제자들의 미래의 소망 또한 사라졌습니다. 앞으로 어떻게 살아야 할지 막막했던 그들에게 주님의 '샬롬'은 그들의 새 소망이 되었습니다. '주님께서 정말로 부활하셨구나! 무덤에서 주님의 시체가 없어졌는데 주님께서 정말로 몸으로 부활하셨구나.' 이 생각을 하며 그들은 주님의 못 박힌 손과 창에 찔린 옆구리를 보았습니다. 주님이셨습니다. 바로 십자가에서 돌아가셨던 주님께서 다시 사신 것입니다. 절망은 순식간에 기쁨으로 변했습니다. 요한은 예수님의 손과 옆구리를 본 그들이 기뻐했다고 증언합니다. 주님의 "샬롬" 속에서 그들의 절망감이 치유된 것입니다.

주님께서 부활하셔서 처음 제자들에게 하신 말씀인 샬롬에는 주님의 크신 뜻이 있습니다. 평안이 사라진 제자들에게 꼭 필요한 메시지가 바로 샬롬이었습니다. 그로부터 2000년이 지난 지금 이 시대를 살아가는 우리에게도 주님의 샬롬이 필요합니다. 우리 역시 주님 앞에서 수많은 고백과 다짐을 했습니다. "주님은 나의 주, 나의 하나님이십니다. 주님을 따르겠습니다. 내가 그리스도와 함께 십자가에 못 박혔습니다. 이제 나의 삶은 온전히 주님의 것입니다." 이런 고백을 얼마나 많이 했습니까? 그러나 그 고백대로 살았습니까? 입으론 주님을 따르겠다고 그렇게 고백했지만 정작 주님의 길을 벗어나 내 길만을 고집해 걸어가는 경우가 얼마나 많았습니까? 아니, 주님과 전혀 관계없는 사람처럼 살아가지 않았습니까? 그럼으로써 우리 역시 죄책감과 절망감, 막연한 공포감 속에서 살고 있습니다. 그런 우리에게도 부활의 주님이 나타나셔서 "샬롬, 평강이 있을지어다"라고 말씀하십니다. 그 순간, 부활하신 주님을 만난 제자들처럼 우리에게도 평강과 기쁨이 임할 것입니다.

지금 시대는 죽음을 부르는 시대입니다. 특별히 한국 사회에 죽음의 그림자가 매우 짙게 드리워져 있습니다. 수많은 사람들이 죽음의 공포로 괴로워하고 있습니다. 인류가 시작된 이후부터 지금까지 사망은 모든 사람들 위에서 왕 노릇 해왔습니다. '전능한 사망'이 인류를 이끌어 왔습니다. 그러나 우리 주 예수 그리스도께서 사망 권세 이기시고 부활하신 순간, 사망은 더 이상 왕 노릇 할 수 없게 됐습니다. 인간의 과학과 의술로는 도저히 부활을 설명해 낼 수 없습니다. 이 모든 것을 하나님이 하셨기 때문입니다. 주님은 우리에게 "내가 사망 권세를 이겼다. 내가 부활의 첫 열매이다. 나로 인해 너희도 부활에 동참할 것이다"라고 말씀하셨습니다.

나의 의지로는 도저히 부활의 증인으로 살아갈 수 없습니다. 부활의 증인으로 사는 것은 우리가 계획하고 상상하는 것보다 훨씬 더 큰 세계에서 사는 것입니다. 영성 작가인 유진 피터슨은 '부활을 살라'에서 이렇게 말했습니다.

"부활을 사는 것은 우리가 직접 수행하는 프로젝트가 아니다. 부활은 하나님의 프로젝트이고 하나님은 전적으로 그 일을 하신다. 이제 우리는 협소한 생각에서, 자기 인생을 너무 작게 보는 관점에서 벗어날 수 있다. 구원과 부활의 세상은 크다."

그렇습니다. 부활은 전적으로 주님의 역사이십니다. 우리 주님은 사망 권세를 이기시고 부활하신 분입니다. 그 부활의 주님을 믿고 받아들이는 순간, 우리 역시 죽어도 부활할 것입니다. 사는 동안 주님이 재림하시면 죽음을 맛보지 않고 그대로 천국에 갈 것입니다. 부활의 주님과 함께 사는 세계는 너무나 크고 찬란합니다. 협소한 우리 인생의 관점에선 도저히 상상조차 할 수 없는 위대한 세계를 살게 되는 것입니다. 이것이 우리 믿는 자들의 소망입니다. 그래서 우리는 모든 역경과 고난 속에서도 평안을 누릴 수 있는 것입니다. 주님이 우리에게 슬며시 다가오셔서 말씀하십니다. "샬롬~"

이런 놀라운 평강을 맛본 사람 가운데 사도 바울이 있습니다. 사도 바울은 예수 그리스도를 믿는 자들을 핍박했던 사람입니다. 스데반을 죽도록 만든 사람입니다. 그런데 그가 부활하신 주님을 만났습니다. 그 순간, 그의 운명이 변화됐습니다. 복음 전도자로 새로운 삶을 살게 된 그가 빌립보교회 성도들에게 이렇게 말했습니다.

"모든 지각에 뛰어난 하나님의 평강이 그리스도 예수 안에서 너희 마음과 생각을 지키시리라." (빌 4:7)

이것은 바울 자신의 고백입니다. 모든 지각에 뛰어나신 하나님, 바울의 허물과 죄악, 어리석음을 이미 다 아시는 하나님께서 평강으로 그 마음과 생각을 지켜 주신다는 말씀입니다. 바울은 그 평강을 경험했습니다. 바울을 지켜주신 하나님의 평강이 이 시대를 사는 우리의 마음과 생각도 지켜주실 것입니다. 그래서 우리는 어떤 경우에도 아무것도 염려하지 않고, 모든 일에 기도와 간구로 우리 구할 것을 감사함으로 아뢰면 됩니다. 이것이 바로 부활을 사는 그리스도인들의 삶입니다. 그러므로 그리스도인들에게 걱정과 근심이 있을 수 없습니다. 사실 크리스천들이 근심과 걱정 속에 사는 것은 주님을 모독하는 행위입니다. 만군의 주, 부활의 주님이 함께 계시는데 어찌 근심할 수 있겠습니까? 부활의 주님이야말로 우리와 우리 자녀들의 미래입니다. 평생 사는 날 동안 주님의 샬롬을 듣는 삶을 사는 사람들이야말로 복되고 복된 인생입니다.

1883년 3월 14일, 공산주의를 기초한 독일의 칼 마르크스가 죽음을 맞이하게 됩니다. 임종 직전에 하녀가 그에게 묻습니다. "마지막 말을 남기시면 제가 기록해 두겠습니다." 이 말을 듣자 마르크스는 소리를 지르며 "시끄럽다, 나가라"고 했습니다. 이것이 마르크스가 남긴 마지막 말입니다. 프랑스의 나폴레옹 황제도 죽을 때 이렇게 말했습니다. "내 인생은 불행했다." 나폴레옹은 한 시대를 풍미한 위대한 황제였습니다. 한 때, 전 유럽을 지배했던 나폴레옹은 "내 인생은 불행했다"는 유언 아닌 유언을 남기면서 사라졌습니다. 프랑스의 지성이었던 사르트르는 말년에 죽음의 불안과 공포로 정신병자처럼 지냈습니다. 사람들에게 너무 소리를 질러 아무도 그의 곁을 지키지 않은 채 쓸쓸히 이 땅을 떠났습니다. 이들 모두는 믿음을 갖지 못한 사람들입니다. 물론 부활의 주님도 만나지 못했습니다. 평생 '샬롬'이 없는 인생을 살다 갔습니다.

반면에 믿음의 사람은 어떠합니까? 감리교를 창시한 존 웨슬리는 88세까지 살다 주님의 부름을 받았습니다. 주님의 품에 안기기 전에 이렇게 말했습니다. "모든 것 중에 가장 좋은 것은 하나님이 우리와 함께 하신다는 사실이다." 그는 감사하며 이 땅을 떠났습니다. 위대한 전도자였던 D.L. 무디는 "나는 죽는 것이 아니라 더 높은 곳으로 옮겨가는 것이다"라는 마지막 말을 남겼습니다. 존 칼빈은 "주님, 나는 더 할 수 없이 만족합니다"라는 말을 하고 떠났습니다. 김활란 전 이대 총장은 마지막 유언으로 "내가 죽었다고 장송곡을 부르지 말고 승리의 행진곡을 불러 달라"고 했습니다. 이들 모두 부활의 주님을 만난 분들입니다. 부활의 주님의 "평강이 너희에게 있을지어다"란 말씀으로 인해 평강의 삶을 살았던 사람들입니다. 사람들은 살아온 방식대로 죽습니다. 부활의 주님과 더불어 평강의 삶을 살았던 사람들은 평화롭게 이 땅에서 저곳으로 옮겨갑니다.

부활의 주님을 만나면 새 소명이 생긴다

두 번째로 부활하신 주님께서 제자들에게 하신 말씀의 중심 단어는 '보냄'이었습니다.

"예수께서 또 이르시되 너희에게 평강이 있을지어다. 아버지께서 나를 보내신 것 같이 나도 너희를 보내노라." (요 20:21)

주님은 이렇게 제자들에게 사명의 말씀을 하십니다. 이 말을 들은 제자들은 아주 감격하고 흥분했을 것입니다. 왜냐하면 그들은 한번 주님의 파송을 받아본 사람들이었기 때문입니다. 주님께서는 십자가에 달리시기 전까지 그들을 양육하시면서 사명을 부여하셨습니다. 어느 날, 제자들을 둘씩 묶어 귀신을 제어하고 병을 고치는 권세를 부여해 세상으로 그들을 보내셨습니다. 그들은 주님의 보냄을 받아 세상에 나가 사람들을 만났습니다. 그들이 만난 사람들 가운데 여러 근심 걱정과 질병에 눌려 있는 영혼들이 있었습니다. 그들은 주님께서 주신 권세로 귀신들을 쫓아내고 질병을 치유했습니다. 그들은 기적과도 같은 놀라운 체험을 했습니다. 제자들은 돌아와서 주님께 자랑스럽게 사역 보고를 합니다. "주님의 이름으로 저희가 귀신을 쫓아냈습니다. 주님의 이름으로 질병을 고쳤습니다. 주님의 이름으로 이러저러한 일들이 많이 일어났습니다." 그들은 주님께 파송 받아 권능을 행했던 자들이었습니다.

그런데 지금 이들의 모습은 어떠합니까? 주님이 그들을 필요로 했던 결정적인 순간에 주님으로부터 도망친 비겁한 자들입니다. 삶의 의미도 상실했습니다. 물불을 가리지 않고 주님을 따랐던 추억과 과거의 화려했던 사역은 희미한 옛사랑의 그림자처럼 희미해졌습니다. 앞으로 무엇을 해야 할지도 몰랐습니다. 다시 갈릴리 바다로 돌아가야 할지, 다시 세리장이로 돌아가야 할지 혼동하고 있을 때입니다. 그들은 사명을 상실한 자들이었습니다. 그때 주님께서 그들에게 나타나셔서 "아버지께서 나를 보내신 것 같이 나도 너희를 보내노라"고 말씀해 주신 것입니다. 이 말은 "아직까지도 너희들에게 기대하는 바가 있다"는 의미입니다. 제자들은 자신들의 모습을 보면서 심히 절망했을 것입니다. 자신들이 더 이상 쓸모없는 무용지물과 같다고도 여겼을지 모릅니다. 그러나 부활하신 주님은 그들의 현재 모습이 아니라 그들 속에 있는 잠재력을 보셨습니다. 이들이 부활한 자신을 만나고 성령 충만을 받으면 어떻게 쓰임 받을지 이미 알고 계셨습니다. 그것은 사실입니다. 부활 이전의 제자들의 모습과 부활 이후의 제자들의 모습은 너무도 다릅니다. 도저히 같은 사람들이라고 볼 수 없을 정도로 변했습니다. 부활하신 주님을 만난 이후 그들은 초대 교회의 반석이 되었습니다. 그들은 끝까지 부활의 증인이 되었고 장렬히 순교했습니다. 그 순교의 토양 위에 주님의 교회가 자라났습니다.

주님의 부르심에는 결코 후회하심이 없습니다! 비록 제자들이 부족해서 넘어지고 쓰러졌어도, 주님을 크게 실망시켰어도, 결국은 하나님 나라의 완성을 위해 쓰임 받았습니다. 하나님의 부르심에는 후회함이 없습니다. 하나님께서는 쓰러지고 넘어진 사람들에게 새로운 사명을 주십니다. 주님은 "내가 천국으로부터 땅으로 파송 받은 하늘의 대사(ambassador)인 것 같이 너희도 이제부터는 복음을 위해 보냄 받은 대사들이다"라면서 그들에게 소명을 확인시켜 주셨습니다. 부활하신 주님은 패잔병과 같았던 그들에게 다시금 소명을 불어 넣어주신 것입니다.

부활의 주님을 만나면 새로운 소명이 생깁니다. 제자들에게 새 소명을 부여하신 주님은 지금 우리에게도 인생을 걸고 매진할 소명을 주십니다. 우리가 그저 태어난 것이 아니라 소명을 위해 태어났음을 알려주십니다. 그래서 우리 인생 여정 동안 목적이 있는 삶을 살 수 있도록 우리를 격려하십니다.

인생이란 의미를 찾는 여정입니다. 그 여정에서 인생의 참 의미를 발견하지 못하는 것처럼 불행한 것은 없습니다. 자신의 존재 의미를 찾지 못한 채 그저 열심히 살아가는 사람들은 목적지 없이 뛰어가는 사람들과 같습니다. 사람들이 보기엔 뭔가 이뤘다고 하는 사람들이 스스로 목숨을 끊는 이유가 무엇일까요? 인생의 의미를 발견하지 못했거나, 인생의 의미가 사라졌기 때문입니다. 우리나라의 10대에서 30대까지의 사망 원인 가운데 1위가 고의적 자해, 즉 자살입니다. 젊은이들이 스스로 삶을 마감하는 이유도 인생의 의미, 인생의 길을 찾지 못해서입니다.

주님은 "내가 곧 길이요 진리요 생명이다"라고 말씀하셨습니다. 길과 진리, 생명 되시는 주님을 분명히 만난 사람들은 인생의 참 의미를 붙잡고 살게 됩니다. 그런 사람들은 자신들이 하나님 나라를 위해 이 땅에 파송된 대사라는 사실을 실감하고 살아갑니다. 확고한 인생의 의미를 지니고 있습니다. 비록 과거엔 무의미한 인생을 살았더라도 부활의 주님을 만나기만 하면 새로운 소명을 발견합니다. 그래서 좌로나, 우로나 치우치지 않고 평생 한 길 가는 주님의 사명자로 살게 됩니다.

우리는 모두 "아버지께서 나를 세상에 보내신 것같이 나도 너희를 보내노라"는 부활하신 주님의 음성을 들어야 합니다. 그래서 우리의 정체성이 '보냄 받은 자'라는 사실을 기억해야 합니다. 개인 뿐 아니라 교회도 하나님이 부여하신 사명을 이루기 위해 이 땅에 파송되었습니다. 우리 모두는 세상에 나가 "주님이 부활하셨다"라고 외쳐야 할 사람들입니다. 지금 보이는 나라와는 전혀 다른 성격의 나라가 존재한다는 사실을 사람들에게 알려줘야 할 책임이 있습니다. 미국의 신학자 스탠리 하우어워스는 그리스도인들은 이 땅에서 주님의 몸 된 교회로 살아야 하는 '하나님의 나그네 된 백성'이라고 강조합니다. 하나님의 나그네 된 백성들은 이 땅에 거하고 있지만 이 땅에 정착해 안주하지 않으며, 이 땅의 현실에 영향을 받고 있으나 이 현실과 비판적 거리를 유지하고, 이 땅의 타락에 저항하지만 하늘의 진리로 혁명을 꿈꾸는 하나님의 백성으로 살아야 한다는 것입니다. 참으로 그렇습니다. 우리는 잠시 이 땅으로 보냄 받은 하나님의 대사들입니다. 우리는 이 땅에서 영원히 사는 것이 아닙니다. 스탠리 하우어워스의 말대로 이 땅을 '하늘나라의 식민지'로 여기며 우리를 그 땅으로 보내시는 부활의 주님의 초청에 "예"라고 응답해야 합니다. 유진 피터슨은 "교회는 하늘나라의 식민지로 부름 받은 동료 여행자들의 모임"이라고 했습니다. 이 땅의 교회가 보냄 받은 자로서의 존재 의미를 자각해 부활의 증인으로서의 삶을 다하길 소망합니다. 우리 모두에게는 목적이 있습니다. 그 목적을 위해 하나님이 부르셨습니다. 하나님은 부르시고, 우리는 행합니다. 이 사명의 대열에 결코 낙오되는 일이 없어야 할 것입니다.

성령을 받으라!

세 번째로 부활하신 주님께서는 사랑하는 제자들에게 이런 말씀을

하셨습니다.

> "이 말씀을 하시고 그들을 향하사 숨을 내쉬며 이르시되 성령을 받으라." (요 20:22)

부활하신 예수님께서는 제자들의 아픈 상처를 치료해 주셨습니다. 그들에게 새 사명을 주셨습니다. 그러면서 그들에게 "성령을 받으라"고 말씀하십니다. 성령은 임마누엘 하나님의 연장된 축복입니다. 예수 그리스도가 이 땅에 태어나셨을 때, 하나님이 우리와 함께 하신 것입니다 (God with us). 육의 몸을 입으신 예수 그리스도는 이 땅에 계시다가 승천하십니다. 승천하시기 전에 이미 제자들에게 성령님에 대해 말씀하셨습니다.

> "내가 아버지께 구하겠으니 그가 또 다른 보혜사를 너희에게 주사 영원토록 너희와 함께 있게 하리니…" (요 14:16)

자신이 승천하실 것을 아신 주님은 하나님께서 영원히 우리와 함께 할 보혜사 성령님을 주실 것이라고 제자들에게 말씀하셨습니다. 성령님은 또 다른 임마누엘입니다. 하나님께서 우리 가운데 내주(內住)하시는 것이야말로 성령님께서 우리와 함께 하시는 놀라운 축복입니다. 하나님께서 우리와 함께 하신다면 못할 일이 아무것도 없습니다. 하나님은 위대하신 분이십니다. 하나님이 함께 하시면 우리도 위대해질 수 있습니다. 우리가 삶의 자리에서 비루하며 시시하게 사는 것은 위대하신 하나님을 우리 수준으로 제한하기 때문입니다. 위대하신 하나님을 우리 수준으로 내리는 것이 아니라, 우리가 하나님의 수준으로 올라가야 합니다. 그때, 평범을 넘어 비범한 인생을 살 수 있습니다. 주님의 지상명령은 보혜사 성령님과 연관되어 있습니다.

주님은 지금 막 승천하시려 합니다. 그 승천의 찰나에 "내가 세상 끝날까지 너희와 함께 하시겠다"고 말씀하셨습니다. 그것은 바로 주님께서 보내실 보혜사 성령님께서 함께 하실 것이라는 약속의 말씀입니다. 임마누엘 하나님의 연장이라고 할 수 있는 성령님은 우리에게 하나님이 부여하신 사명을 감당할 수 있는 영적 권세를 주십니다. 그래서 우리가 성령 안에 있으면 주님께서 허락하시는 능력의 삶을 살 수 있습니다. 그동안 우리는 얼마나 많이 우리 힘과 지혜와 모략으로 뭔가를 해보려고 노력했습니까? 그럴 때마다 성령님께서는 가만히 계셨습니다. 우리의 노력으로 뭔가를 할 때는 될 듯 될 듯 하다가 결국은 되지 않는 아쉬운 인생을 살았습니다. 그러나 우리가 우리의 힘을 빼고 성령님을 온전히 의지하는 순간, 그때부터 성령님께서 일하기 시작하십니다.

주의 성령이 임하시면 '플러스 알파'의 인생을 살 수 있습니다. 에스겔 골짜기의 마른 뼈들이 서로 연결되어 살이 붙고, 생기가 돌아 주님의 놀라운 군대를 이루는 것처럼 주님의 성령이 임하시면 능력의 새 역사를 이루게 됩니다. 주님은 말세에 남종과 여종에게 성령을 물 붓듯 부어주시겠다고 약속하셨습니다. 모두가 지금 시대를 말세라고 합니다. 그러면 지금 시대는 성령이 물 붓듯 부어지는 성령의 시대입니다. 성령이 임하시면 믿을 수 없는 꿈만 같은 일이 우리 목전에서 이뤄집니다. 성령이 임할 때, 우리는 비로소 부활의 증인된 삶을 살 수 있습니다.

사셨네, 사셨네, 예수 다시 사셨네

미국 필라델피아에서 태어난 로버트 로우리(Robert Lowry · 1826~1899)는 17살에 예수님을 구세주와 주님으로 믿고 침례를 받게 됩니다. 버크넬 대학을 졸업한 그는 침례교회에서 목사 안수를 받았습니다. 그리고 뉴욕 브루클린에서 한 교회를 섬겼습니다. 그가 목회하는 동안 남북전쟁이 발발해 수많은 사상자가 나왔습니다. 그는 죽은 자들의 장례를 치르기 위해 전쟁터로 달려 나갔습니다. 들판에 널려 있는 수많은 사상자들을 보고 그는 깜짝 놀랐습니다. 쌓여 있는 시체들 사이에서 극심한 고통을 호소하며 구원을 요청하는 부상자들이 너무나 많았던 것입니다. 그는 죽은 자들을 장례하는 일도 중요하지만 살아 있는 자들을 구원하는 일이 더 중요하다고 생각하며 "주여 이들의 생명을 구원하소서"라고 기도하면서 그들을 돕기 시작했습니다. 수많은 시체들 사이에서 부상자들을 한 명 한 명 구해냈습니다. 그들을 한쪽으로 모이게 해서 응급처치를 해줬습니다. 계속 시체더미 가운데 부상자들을 옮기며 응급처치를 하다가 그 역시 지쳐서 쓰러지게 되었습니다. 시체더미 가운데 자신도 기력을 잃어버리고 그들 사이에 눕게 되었습니다. 점점 그의 몸에서 힘과 생기가 빠져나가 거의 죽음의 문턱까지 가게 되었습니다.

그런 가운데서도 로우리 목사는 기도했습니다. "하나님, 저의 생명을 건져주십시오. 제가 도와야 할 이 많은 생명들을 건져주시길 기도합니다." 생명의 기운이 빠져 나가는 그 현장에서 기도 할 때, 하나님께서 그에게 환상을 보여주셨습니다. "로우리 목사야, 내가 살아 있느니라. 내가 어둠을 이기고 살아났느니라. 내가 지금 네 속에 살아 있느니라." 부활하신 주님께서 그에게 나타나서서 말씀하신 것입니다. 바로 그때, 그에게 놀라운 일이 일어나기 시작했습니다. 그를 감쌌던 죽음의 기운이 물러나고 부활하신 주님의 생명의 기운이 그의 육체 가운데 임하기 시작했습니다. 정신이 돌아오고 몸에 다시 힘이 나기 시작했습니다. 로우리 목사는 그 자리에서 일어나 부활하신 주님을 만난 감흥이 사라지기 전에 펜을 들어 시를 쓰기 시작했습니다. 그리고 그 시에 곡을 붙였습니다. 그 곡이 찬송가 156장 '무덤에 머물러(Low in the Grave He Lay)'입니다.

"무덤에 머물러 예수 내 구주/ 새벽 기다렸네 예수 내 주/ 원수를 다 이기고/ 무덤에서 살아나셨네/ 어두움을 이기시고 나와서/ 성도 함께 길이 다스리시네/ 사셨네 사셨네 예수 다시 사셨네."

어둠은 빛을 이길 수 없습니다. 부활의 주님은 그 찬란한 부활의 빛으로 어둠을 이기셨습니다. 그래서 부활의 주님을 만난 사람들 누구나 살아나는 놀라운 역사를 경험합니다. 그 부활의 주님이 지금 우리와 함께 계십니다. 우리 모두는 부활의 증인들입니다. 빛으로 세상의 어둠을 이길 권세 있는 자들입니다.

우리 주님은 부활의 주님이십니다! 주님이 부활하셨습니다.

10
나에게 예수님은 누구인가?

¹부형들아 내가 지금 여러분 앞에서 변명하는 말을 들으라 ²그들이 그가 히브리 말로 말함을 듣고 더욱 조용한지라 이어 이르되 ³나는 유대인으로 길리기아 다소에서 났고 이 성에서 자라 가말리엘의 문하에서 우리 조상들의 율법의 엄한 교훈을 받았고 오늘 너희 모든 사람처럼 하나님께 대하여 열심이 있는 자라 ⁴내가 이 도를 박해하여 사람을 죽이기까지 하고 남녀를 결박하여 옥에 넘겼노니 ⁵이에 대제사장과 모든 장로들이 내 증인이라 또 내가 그들에게서 다메섹 형제들에게 가는 공문을 받아 가지고 거기 있는 자들도 결박하여 예루살렘으로 끌어다가 형벌 받게 하려고 가더니 ⁶가는 중 다메섹에 가까이 갔을 때에 오정쯤 되어 홀연히 하늘로부터 큰 빛이 나를 둘러 비치매 ⁷내가 땅에 엎드러져 들으니 소리 있어 이르되 사울아 사울아 네가 왜 나를 박해하느냐 하시거늘 ⁸내가 대답하되 주님 누구시니이까 하니 이르시되 나는 네가 박해하는 나사렛 예수라 하시더라 ⁹나와 함께 있는 사람들이 빛은 보면서도 나에게 말씀하시는 이의 소리는 듣지 못하더라 ¹⁰내가 이르되 주님 무엇을 하리이까 주께서 이르시되 일어나 다메섹으로 들어가라 네가 해야 할 모든 것을 거기서 누가 이르리라 하시거늘 ¹¹나는 그 빛의 광채로 말미암아 볼 수 없게 되었으므로 나와 함께 있는 사람들의 손에 끌려 다메섹에 들어갔노라

사도행전 22:1~11

어떻게 사울은 바울이 되었나?

사도행전은 예루살렘에서 시작된 예수 그리스도의 복음이 어떻게 땅 끝까지 확장되어 나가는지를 다룬 역사적인 이야기입니다. 사도행전에서는 마치 드라마와 같이 생생하게 예수 복음이 확장되는 이야기들이 전개되고 있습니다.

사도행전 22장 1~11절은 사도 바울이 예루살렘에서 천부장의 허락을 받아 자신을 죽이려는 유대인들 앞에서 자기의 삶이 변화된 과정을 간증하며 설교하는 내용입니다. 훗날 사도 바울이 된 사울은 유대 사회에서 매우 전도유망한 청년이었습니다. 히브리인 중의 히브리인으로 출신성분이 아주 좋았습니다. 바리새인 중의 바리새인으로 율법에도 능했고 종교적인 열심이 뛰어났습니다. 또 당대 최고의 석학인 가말리엘의 문하생으로 탁월한 지성의 소유자였습니다. 열렬한 유대교 신봉자인 그는 예수 그리스도를 믿는 사람들을 증오했습니다. 유대교를 배반해 예수를 믿는 자들을 잡아 죽이는데 앞장섰습니다.

사울은 대제사장으로부터 예수 믿는 자들을 잡아오라는 공문을 얻어 다메섹으로 갔습니다. 사울을 아는 유대 사람들은 그에 대해 여기까지 알고 있었습니다. 그런데 시간이 흐른 후에 사울이 다메섹으로부터 돌아왔는데 너무나 변한 그의 모습에 모두가 놀랐습니다. 촉망 받는 유대교 신봉자였던 사울이 '예수와 예수의 복음'을 증거 하는 것이 아니겠습니까? 유대사회에 일대 소동이 일어났습니다. '아니, 어떻게 저런 일이…. 사울은 예수 믿는 자들을 원수처럼 미워하고 그들을 잡아 죽이는데 헌신한 사람이 아닌가?' 그런데 그런 사울이 "너희가 죽인 예수가 하나님의 아들이다. 예수는 구약에서 예언된 메시아, 곧 그리스도다"라고 말하는 것이었습니다. 거기서 그치는 것이 아니라 "너희도 회개하고 예수를 믿어 구원을 받으라"고 외치는 것이 아닙니까? 성경에는 그 말을 들은 유대인들이 당혹했다고 기록되어 있습니다. 그들은 미래 유대 사회의 큰 지도자감으로 여겼던 사울의 변신에 당혹하지 않을 수 없었을 것입니다. 위대한 율법학자가 되어야 할 사울이 '예수교'를 전파하는 것을 어떻게 받아들여야 할지 몰랐을 것입니다. 처음에는 당혹했지만 그 당혹함이 불타는 증오로 바뀌는 데는 그리 오래 걸리지 않았습니다. 예수 그리스도를 죽이는데 앞장 선 유대인들이 이제 바울로 새롭게 이름이 바뀐 사울을 잡아 죽이려고 합니다. 바울은 그런 것에 개의치 않고 이후로 변함없이 예수 복음을 전했습니다. 그러자 유대인들은 평생 바울을 쫓아다니면서 암살 시도를 했습니다. 예루살렘에서는 '바울을 죽이기 전까지는 먹지도, 마시지도 않겠다'고 다짐한 40명의 결사단이 있었습니다. 그들은 그럴 정도로 바울을 미워하며 죽이려고 했던 것입니다.

　그런 가운데 성령께서 바울에게 감동을 주셨습니다. 바울 뿐 아니라 또 다른 제자들에게 동일한 감동을 주셨습니다. 그것은 '예루살렘에 올라가면 큰 핍박이 있을 것'이라는 내용이었습니다. 바울을 아껴 온 사람들과 제자들은 "성령께서 예루살렘에 올라가면 큰 핍박이 있을 것"이라는 감동을 주셨다며 바울더러 예루살렘에 가지 말라고 권합니다. 단순히 권유한 것이 아니라 눈물로 호소합니다. 그만큼 그들은 바울을 사랑했던 것입니다. 그런데 바울의 해석은 달랐습니다. 그는 "예루살렘에 올라가면 큰 핍박이 있을 것이다"라는 성령의 감동을 '가지 말라'고 해석한 것이 아니라 '그럼에도 불구하고 가라'는 것으로 해석했습니다. 성령님께서 그런 감동을 주신 것은 닥쳐올 어려움에 미리 대비하라는 뜻이며, 바울 자신이 담대한 마음을 갖도록 하기 위함이라고 풀이했습니다. 결과적으로 바울의 해석이 맞았습니다. 결국 바울은 생명을 걸고 예루살렘에 올라갔습니다.

바울은 마게도냐 교회로부터 받은 사랑의 헌금을 예루살렘 교회에 전합니다. 그럼으로써 복음의 모교회인 예루살렘 교회와 바울에 의해 개척된 마게도냐의 많은 교회가 그리스도 안에서 하나라는 유대감을 강화시켰습니다.

과연 성령께서 미리 가르쳐 주신대로 예루살렘에서 큰 소동이 일어나 바울을 죽이려는 음모가 펼쳐지기 시작합니다. 그러한 가운데 암살 음모가 알려지게 되었고, 로마의 천부장이 바울을 보호하게 됩니다. 결국 바울은 생명을 잃을 수 있는 큰 어려움을 당했지만 로마 천부장의 보호아래 예루살렘에서 자신의 신앙을 변증하는 기회를 얻게 됩니다.

사울이 바울로 극적인 변신을 하는 것은 전적으로 하나님의 은혜입니다. 그는 이같이 고백했습니다.

"그러나 내가 나 된 것은 하나님의 은혜로 된 것이니 내게 주신 그의 은혜가 헛되지 아니하여 내가 모든 사도보다 더 많이 수고하였으나 내가 한 것이 아니요 오직 나와 함께 하신 하나님의 은혜로라." (고전 15:10)

기독교는 주 예수 그리스도를 대면하는 것이다

바울은 '모든 것이 하나님의 은혜에서 비롯된 것'이라는 확고한 믿음을 갖고 있었습니다. 예루살렘에서 복음을 변증하는 바울의 모습을 보면 그는 수십 년 전에 다메섹 도상에서 부활하신 주님과 만났던 그 사건을 평생 마음에 간직했으며 기회 될 때마다 부활의 주님을 사람들에게 전했다는 사실을 알 수 있습니다. 한 번의 결정적 만남이 인생을 바꿉니다. 바울로서는 다메섹에서의 만남이 자신의 존재 의미를 확실하게 인식했던 결정적 사건이었습니다. 그 강력한 만남이 있었기에 그는 평생 '한 길 가는 제자'의 삶을 살 수 있었던 것입니다. 결국 중요한 것은 우리가 만났는가, 만나지 못했는가의 여부입니다. 주님을 제대로 만난 사람은 도저히 이전과 같은 삶을 살 수 없습니다. 자신이 쌓아 둔 모든 것 내려두고, 가던 길 멈추고, 진리이신 주님의 길을 걸어갑니다. 그러나 제대로 만나지 못한 사람은 늘 갈 바를 알지 못하고 방황합니다. 우물쭈물하다가 그저 인생을 보내고 맙니다.

독일의 행동하는 신학자였던 디트리히 본회퍼 목사님은 생전에 "예수님은 십자가에서 세 가지를 하나님께 위탁했다"면서 "나도 정말 그러고 싶다"고 말했습니다. 그 세 가지는 생명과 업적, 명예였습니다. 예수님은 인간이 가장 중시하는 이 세 가지를 내려놓았습니다. 그리스도의 제자로서 우리 역시 이 세 가지를 내려놓아야 합니다. 본회퍼 목사님은 기독교는 결코 종교가 아니며 예수 그리스도를 진심으로 받아들이는 것이라고 강조했습니다. 그는 이렇게 말했습니다. "기독교의 본질은 종교와 관계가 있는 것이 아니라 그리스도라는 인물과 관계가 있다. 종교는 죽은 것, 인간이 만든 것에 불과하다. 기독교의 핵심에는 전혀 다른 것, 바로 하나님 자신이 생생히 자리하고 있다. 기독교는 그분을 대면하는 것이다."

기독교는 부활하신 주님과 대면하는 것입니다. 신앙생활은 신 앞에 선 단독자로서 그분이 가리켜 주신 길로 가는 것입니다. 이런 자아 포기와 전적 순종의 믿음 생활은 인간의 의지와 노력으로는 할 수 없습니다. 만남이 필요합니다. 바울의 다메섹 도상의 경험과 같은 그 절대적 만남 없이는 결코 생명과 업적, 명예를 포기할 수 없습니다. 반면 하나님을 진정 만난 사람들에게 그 포기는 마치 발을 떼서 한 발자국 움직이는 것처럼 너무나 쉽습니다. 그들은 더 소중한 것을 발견했기 때문입니다.

그래서 우리는 반드시 주님을 만나야 합니다. 우리의 삶의 자리가 부활하신 주님을 만나는 영적 다메섹 도상이 되어야 합니다. 바울은 다메섹 도상에서 부활의 주님을 만난 뒤, 주님께 두 가지 질문을 했습니다. "주님, 누구시니이까?"와 "주님, 무엇을 하리이까?"입니다. 인생에서 가장 중요한 두 가지 질문입니다. 전 이것을 '위대한 질문'이라 부르고 싶습니다.

사실 바울은 앞서 살핀 대로 아주 좋은 출신 성분의 소유자이며 구약에 능통한 학자에다 종교적인 열정도 매우 뛰어났던 인물입니다. 그는 부활하신 예수 그리스도를 만나기 전까지는 하나님 백성들을 박해하고 잡아 죽이는데 앞장 선, 하나님 나라에 거침돌이 되는 인생을 살았던 사람입니다. 그런데 그가 부활하신 주님을 만나고, 또 두 가지의 위대한 질문을 한 이후에 놀랍게 바뀌었습니다. 그가 바뀌게 된 것은 그의 열심과 헌신이 아니었습니다. 만남이었습니다. 주님과의 대면이 그의 존재의 원형질까지도 바뀌게 했습니다.

한국 기독교의 역사가 진행되다 보니 우리 가운데는 3대, 4대, 5대, 심지어는 6대까지 믿음의 가문인 경우가 있습니다. 좋은 믿음의 가문에서 태어났다는 것은 분명히 축복입니다. 그러나 그 '믿음의 위대한 가문'이란 명패가 좋은 신앙인을 담보해 주는 것은 결코 아닙니다. 아무리 뛰어난 믿음의 가문 태생이더라도 개인적으로 부활하신 주님을 만나기 전까지는 참된 복음 증거자의 삶을 살지 못합니다. 잠시는 개인의 의지로 가능할지 몰라도 결코 믿음의 삶을 지속적으로 살 수는 없습니다. 아무리 열심히 성경을 공부하고, 교회 봉사에 헌신적이더라도 살아계신 주님을 만나지 못했다면 그 열심은 의미 없는 열심이 되고 맙니다. 그 열심 속에 부활하신 예수 그리스도와의 만남이 없다면 그 열심은 우리 스스로를 속이는 열심이 될 수 있으며 개인은 물론 공동체에 독이 될 수도 있습니다. 무서운 사실입니다.

우리는 스스로에게 정직하게 물어 보아야 합니다. '나는 정말로 부활하신 예수 그리스도를 실존적이며 인격적으로 만났는가?' 예수님에 대해 배우고 공부한 것이 아니라 지식을 초월한 살아계신 주님의 임재를 체험했느냐의 질문입니다. 예수님에 대해서 설명을 많이 하는 것보다는 '내가 만난 바로 그 예수님'에 대해서 말할 수 있어야 합니다. 정말 내가 주님을 만났는지를 자문해야 합니다. 주님은 이렇게 말씀해주셨습니다.

"두세 사람이 내 이름으로 모인 곳에는 나도 그들 중에 있느니라." (마 18:20)

우리는 수없이 많은 예배에 참석합니다. 주님을 예배하는 그 자리에 분명 주님이 계십니다. 그 수많은 예배 때마다 우리 눈에는 보이지 않지만 부활하신 예수 그리스도가 임재 하신다는 사실을 과연 믿고 있는가요? 수천 명, 수만 명이 모인 예배에 참석했다고 해서 꼭 주님을 만나는 것은 아닙니다. 단독자로서 주님을 대면하지 못한다면 아무리 화려한 예배당에서 수만 명과 함께 열정적인 예배를 드린다 하더라도 의미가 없습니다. 그래서 매번 예배를 드릴 때마다 우리는 겸손하게 무릎 꿇고 '내가 부활하신 주 예수 그리스도를 만났는가?'를 질문해야 합니다. 하나님께서는 "너희가 나를 찾고 찾으면 나를 만나리라"고 약속해 주셨습니다. 우리가 주님을 찾고, 그분 만나기를 간절히 소원할 때, 하나님은 반드시 우리를 만나 주십니다.

말씀을 통해서 매일 얼굴과 얼굴을 맞대듯 주님을 만날 수 있다

목회자로서 저에게 기쁘고 즐거운 날들만 있는 것이 아닙니다. 힘들고, 어렵고, 포기하고 싶은 시간들도 많았습니다. 그러나 제가 이 삶을 포기하지 않을 수 있었던 것은 주님을 인격적으로 만난 절절한 경험이 있었기 때문입니다. 신학교에서 예수님에 대한 공부를 많이 해서가 아닙니다. 저는 고등학교 3학년 때 주님을 만나 그분을 제 인생의 주인으로 영접했습니다. 교회에서 지휘를 하게 됐습니다. 대입 시험을 보기 직전 주일이었습니다. 지휘를 하는데 지난 일 년 동안 고생했던 것들이 머릿속에 지나가면서 왈칵 눈물이 쏟아졌습니다. 그 눈물 너머로 교회 흰 벽에 부활하신 주님이 보였습니다. 흰 옷자락의 주님은 저를 향해 손을 뻗고 계셨습니다. 마치 주님께서 저에게 손짓 하시면서 "승룡아, 이제 함께 가자"고 말씀하시는 것 같았습니다. 저로서는 어찌 말로 표현할 수 없는 신비적인 경험이었습니다. 그때는 환상에 대해서 잘 몰랐습니다. 나중에 신학을 공부하면서 그때, 주님께서 성령님을 통해 환상으로 제게 나타나셨다는 것을 알게 되었습니다. 살아 계신 주님의 현현(顯現)을 처음이자 마지막으로 경험한 것이었습니다.

그 이후론 살아있는 말씀을 통해서 부활하신 주님을 더욱 깊이 만나게 되었습니다. 바울이 다메섹 도상에서 주님을 만난 것처럼 특별한 계시적 방법으로 부활의 주님을 만날 수 있습니다. 그러나 지금은 그런 신비적 방법으로 주님을 대면하는 경우는 그다지 많지 않습니다. 왜냐하면 가장 확실하고 안전하게 주님을 만날 수 있는 성경이 우리에게 주어졌기 때문입니다. 주님은 말씀으로 우리 가운데 오셨습니다. 또한 우리를 위해 말씀을 남겨놓고 가셨습니다. 우리는 그 말씀을 통해서 주님을 매일 만날 수 있습니다.

그럼 말씀을 통해서 부활하신 예수 그리스도를 어떻게 만날 수 있을까요? 말씀을 묵상하는 가운데 '예수 그리스도께서 하나님의 아들이시고 나를 위해 십자가에서 죽으셨다. 그분은 또한 나를 위해 십자가에서 부활하신 하나님의 아들이시다'라는 사실이 진심으로 믿어지고 깨달아질 때, 부활하신 주님을 말씀을 통해 만나게 되는 것입니다. 십자가의 죽으심과 부활하신 사건이 다름 아닌 나를 위한 사건이었다는 것이 믿어지는 순간, 예수님과 대면하는 것입니다 그것이야말로 은혜입니다. 말씀을 통해 '믿어지는 것'은 지고의 축복이란 말입니다.

주님, 누구시니이까?

부활하신 예수 그리스도를 만나는 장면에서 바울은 "주님, 누구시니이까?"라고 물어봅니다. 바울이 다메섹 도상을 갈 때 갑자기 하늘로부터 홀연히 큰 빛이 자신을 둘러 비취는 경험을 하게 됩니다. 보통 사람들은 '홀연히 하늘로부터 큰 빛이 둘러 비췄다'라는 의미를 잘 파악하기 힘듭니다. 그러나 바울은 당대의 누구보다도 구약에 능통했던 학자입니다. 그는 구약시대에 갑자기 하늘로부터 큰 빛이 둘러 비취는 장면이 언제 나타나는지를 잘 알고 있습니다. 바로 그런 장면은 하나님께서 보내신 천사가 임했거나, 하나님 자신이 임하실 때 나타나는 모습이란 사실을 말입니다.

그래서 그는 하늘로부터 홀연히 큰 빛이 자신에게 둘러 비취는 모습을 보면서 땅바닥에 엎드러졌습니다. 그가 생각하기에 그것은 천사나 하나님의 현현이기에 감히 얼굴을 들 수 없었던 것입니다. 그러면서 "주님!"이라는 말을 외치게 되었습니다. 그리고 "누구십니까?"라고 묻습니다. 그가 묻는 그 순간, 바울은 주 하나님의 방문을 받게 됩니다. 주님께서 바울에게 말씀하십니다. "나는 네가 박해하는 나사렛 예수다." 분명히 지금 하나님의 방문을 받았다고 바울이 확신하고 있는 가운데 그분이 말하기를 자신이 나사렛 예수라고 하시는 것입니다. 아니, 예수가 누구입니까? 그가 그토록 미워했던 인물이 아닙니까? 그

때, 바울은 자신이 씨를 말리려 할 정도로 증오했던 종파의 우두머리인 나사렛 예수가 바로 하나님이라는 사실을 깨달은 것입니다. 자신이 적대시했던 그분이 곧 하나님의 아들이라는 것을 그 자리에서 깨닫게 됩니다. 그런데 그가 알기로 나사렛 예수는 십자가에서 죽었습니다. 그것은 유대인이라면 누구나 아는 확실한 사건입니다. 죽은 나사렛 예수가 다메섹 도상에 나타나서 자신을 밝힙니다. 그 현장에서 바울은 나사렛 예수가 부활하셨다는 사실을 알게 됩니다. 바로 그 찰나와 같은 짧은 순간에 바울의 인생은 180도 뒤집어졌습니다. 기존의 가치체계가 완벽히 무너지고 새로운 관점을 갖게 됐습니다. 바로 자신이 박해했던 예수가 하나님이라는 알게 된 것입니다.

바울은 '주님 누구시니이까?'라는 질문을 통해 부활하신 예수님을 만났고, 확고부동한 부활 신앙을 갖게 됐습니다. 부활의 주님을 만나 부활 신앙을 갖게 되면서 그는 지금까지 자신이 연구했던 구약을 재해석하게 됐습니다. 구약의 모든 구절들이 오실 메시아에 대한 예언으로, 그 예언이 주 예수 그리스도의 오심과 부활로 성취됐음을 깨달았습니다. 그런 재해석한 구약을 바탕으로 그는 신약의 거의 대부분을 쓰는 역사상 최고의 신학자로 쓰임 받게 된 것입니다. 그런 그가 고린도교회를 향해 이렇게 고백합니다.

"내가 받은 것을 먼저 너희에게 전하였노니 이는 성경대로 그리스도께서 우리 죄를 위하여 죽으시고 장사 지낸 바 되셨다가 성경대로 사흘 만에 다시 살아나사 게바에게 보이시고 후에 열두 제자에게와 그 후에 오백여 형제에게 일시에 부활하신 주님께서는 성경대로 부활하셔서 베드로를 비롯한 제자들은 물론, 스스로 표현하기를 '만삭되지 못한 자'같은 바울에게까지도 나타내 보이셨습니다. 바로 다메섹 도상에서 부활하신 주님이 바울을 만나주신 것입니다. 그럼으로써 바울에게 나사렛 예수는 부활하신 하나님의 아들이신 주 예수 그리스도가 되셨습니다. 확고한 부활 신앙을 간직하게 된 바울은 담대하고 거침없이 부활의 주님을 전하는 부활의 증인이 되었습니다. 그는 이렇게 확신 있게 말합니다.

주는 그리스도시요 살아 계신 하나님의 아들이시다

부활하신 주님을 만나는 사람은 누구나 부활의 신앙을 갖게 됩니다. 여러분에게 예수님은 누구십니까? 다른 사람에게 그분을 어떻게 소개합니까? 여러분은 인자(人子)를 누구라 말하십니까? 예수님께서 가이사랴 빌립보에서 제자들에게 묻습니다. "사람들이 인자를 누구라 하느냐?"(마 16:13) 제자들이 답합니다. "더러는 침례 요한, 더러는 엘리야, 어떤 이는 예레미야나 선지자 중의 하나라 하나이다." 그들이 그렇게 말하는 것에는 다 이유가 있습니다. 그 당시 유대에서 가장 영향력 있는 설교자는 침례 요한이었습니다. 그의 설교를 듣고 수많은 사람들이 회개하며 요단 강에서 침례를 받았습니다. 사람들에게 침례 요한은 위대한 랍비며 선지자와 같았습니다.

사람들은 예수님에게서도 동일한 느낌을 가졌습니다. 예수님의 말씀을 들은 그들은 자신들이 이전까지 들어보지 못한 권세 있는 새로운 가르침이라며 놀라워했습니다. 자연스레 그런 놀라운 가르침을 주시는 분은 침례 요한과 같은 위대한 랍비거나 선지자일 것으로 생각했습니다. 심지어 더러는 구약시대의 능력 있는 하나님의 종이었던 엘리야의 환생 정도로 예수님을 생각했습니다. 엘리야는 기도할 때 하늘에서 불이 떨어지고 혼자서 850명의 이방 사제들을 한꺼번에 몰살시키는 능력의 종이었습니다. 사람들은 예수님이 기도할 때, 눈먼 자가 눈을 뜨고 앉은뱅이가 일어나며 귀신이 쫓겨나가는 놀라운 사건들을 바라보면서 예수님과 엘리야를 연결시켰습니다. 사람들이 회개의 복음을 증거하며 눈물 흘리시는 예수님을 통해 눈물의 선지자 예레미야를 연상한 것은 너무나도 당연한 일입니다. 제자들은 그렇게 답하면서 예수님의 사역의 중요한 부분들을 말한 것입니다. 맞는 대답이었습니다. 그러나 예수님은 그들의 답에 만족하시지 않았습니다.

그들의 대답을 통해선 자신이 누구인지를 정확하게 알기 힘들었습니다. 그들의 대답은 본질이 결여된 곁가지와 같은 것이었습니다. 그래서 예수님은 "그럼 너희는 나를 누구라 하느냐?"고 다시 묻습니다. 수제자 베드로가 답합니다.

베드로는 참으로 위대한 고백을 했습니다. 베드로는 그리스도이시며 하나님의 아들이신 예수님의 정체성을 정확하게 꿰뚫고 있었던 것입니다. 그 대답에 주님은 크게 기뻐하며 이렇게 말씀하십니다.

주님은 베드로가 계시의 은혜를 받은 것을 말해 주셨습니다. 그 중요한 사실을 알게 된 것은 혈육의 힘이 아니라 바로 하늘에 계신 하나님 아버지 때문이라는 것을 알려주신 것입니다. 그러시면서 그 위대한 고백을 한 베드로를 반석삼아 그 위에 이 땅의 어떤 권세도 흔들지 못할 자신의 교회를 세우시겠다는 놀라운 선포를 하십니다.

여러분에게 예수님은 누구십니까? 여러분은 예수님을 누구라고 고백하십니까? 혹시라도 예수님을 여러분의 삶에 중요한 가르침을 주는 위대한 스승이라고 생각하고 있지 않습니까? 혹은 삶의 필요에 응답할 수 있는 모든 능력을 지닌 분, 내 삶의 필요를 완벽히 채워주시는 능력자로서의 예수님을 생각하고 있지 않으십니까? 또는 나의 회개와 결단을 눈물로 호소하는 선지자 정도로 생각하지는 않는지요? 가이사랴 빌립보의 사람들처럼 말입니다. 어떤 면에서는 모두 일리가 있다고 할 수 있지만 가장 중요한 것을 먼저 붙잡아야 합니다. 예수님이 누구신가에 대해 말할 때, 베드로와 같이 나를 위해 죽으시고 부활하신 살아계신 하나님의 아들로 먼저 고백할 수 있기를 바랍니다. 그 은혜가 우리에게 있어야 합니다.

때로는 나의 필요가 채워지지 않을지라도 예수님은 여전히 나를 위해서 죽으시고, 부활하신 나의 주님이시자 살아계신 하나님의 아들입니다. 그 사실을 늘 기억하며 고백해야 합니다. 이런 고백이 분명하지 않으면 예수님을 크게 오해할 수 있습니다. 주님의 제자로서의 사명을 감당할 수 있는 근원적 힘은 주님이 바로 그리스도시며 하나님의 아들이라는 고백에서 나옵니다. 그 기본적 사실에 대한 확고한 믿음이 있는 사람들은 어떤 고난과 역경이 닥치더라도 결코 주님을 배반하지 않습니다. 오직 그런 사람만이 끝까지 한 길을 갈 수 있습니다.

주님, 제가 무엇을 해야 합니까?

　주님이 그리스도시며 살아계신 하나님의 아들이심을 인정한 다음에 자연스럽게 나오는 것은 바로 "주님, 제가 무엇을 해야 합니까?"라는 질문입니다. 이 질문은 "주님이 필요하신 일이 무엇입니까?"라는 의미입니다.

　주님이 나를 위해 죽으시고, 부활하신 하나님의 아들이시며 나의 주인이라는 분명한 고백이 없을 때엔 내 필요가 다른 무엇보다 훨씬 더 중요하게 느껴집니다. 내 소망과 계획, 필요를 우선시 하는 것은 모든 인간의 자연스런 욕구입니다. 모든 사람에게 있는 한 가지의 욕구는 자기를 사랑하는 자기애(自己愛)의 욕구입니다. 교회에 나오는 사람들일지라도 그 자기애의 욕구에서 벗어나기 힘듭니다. 하나님 필요보다는 내 필요가 더 크게 느껴집니다. 그렇기에 우리는 주님께 "이제 제가 무엇을 해야 합니까?"라고 묻지 않습니다. 그러나 주님이 그리스도시며 하나님의 아들이시고, 내 삶의 주인이시라면 우선순위가 달라집니다. 나의 시야에 보이는 것이 아니라 주인이 관심을 두는 것, 주인의 시선이 머무는 곳을 먼저 찾으려 합니다. 오직 주인의 마음을 얻기 위해 온 힘과 정성을 쏟습니다. 먼저 그의 나라와 그의 의를 구하게 되어 있습니다. 결국 문제는 '누가 내 인생의 주인인가?'에 달려 있습니다. 내 인생의 주인, 내 삶의 선장이 나라고 생각한다면 진정한 주인이신 주님을 기쁘게 할 수 없습니다. 그런 사람들은 신앙을 교묘히 자기 합리화의 수단으로 사용합니다. 믿음마저 목적이 되는 것입니다. 그러나 내 삶의 선장이 분명히 계신다고 생각하는 사람은 그 선장에게 인생의 키를 맡깁니다. 그 선장이 가자는 대로 갑니다. 그것이 사는 길이라는 것을 알았기 때문입니다. 주님을 주인으로, 인생의 선장으로 모시는 것이야말로 우리가 누릴 수 있는 최고의 특권이요, 기쁨이라는 사실을 알아야 합니다.

'주님 무엇을 하리이까?'라는 질문을 받은 주님께서 바울에게 말씀하십니다.

전 여기서 '일어나'라는 동사가 마음에 와 닿습니다. 이 땅의 수많은 넘어진 사람들, 실패자라고 여기며 바짝 엎드린 사람들에게 부활의 주님은 말씀하십니다. "일어나라!" 주님이 "일어나라"고 말씀하실 때엔 다 생각이 있으신 것입니다. 우리를 위해 뭔가를 예비해 두셨기에 "거기 엎어져 있지 말고 일어나라"고 하십니다. 요즘 너무나 힘든 사람들이 많습니다. 삶의 짐이 너무 무거워 도저히 일어나기 힘든 사람들이 있습니다. 스스로는 일어나기 힘듭니다. 그러나 "일어나라"고 말하시는 주님의 도우심이 있다면 일어날 수 있습니다. 주님이 새 일과 새 삶을 주실 것입니다. 이것을 믿어야 합니다.

바울은 "일어나라"는 주님의 말씀에 순종했습니다. 그리고 새롭게 인생의 주인과 선장되신 그분을 전적으로 신뢰하며 그 말씀대로 준행했습니다. 강렬한 빛으로 인해 눈이 어두워졌지만 사람들의 도움을 받아 다메섹으로 들어갔습니다. 다메섹에 들어가니 하나님께서 예비해두신 아나니아가 있었습니다. 모든 유대인들에게 칭찬을 들었던 아나니아는 바울의 말도 듣지 않고 이렇게 말합니다.

여기에 나오는 의인은 바로 주 예수 그리스도입니다. 아나니아는 바울이 의인이신 주님을 보고, 음성을 들은 이유는 앞으로 모든 사람 앞에서 보고 들은 것을 증언하라는 뜻이라고 말해줍니다. 아나니아는 지금 바울에게 평생 해야 할 사명을 가르쳐주고 있는 것입니다. 그 사명은 바울이 주 예수 그리스도와 복음의 증인이 되는 것입니다. 우리 주님은 참으로 세심한 분입니다. 우리의 작은 신음까지도 응답해 주시는 분입니다. "주님, 이제 제가 무엇을 해야 합니까?"라는 바울의 질문에 아나니아를 통로 삼아 답해주신 것입니다. 이로써 바울은 평생 붙잡고 나아갈 하늘의 소명을 받게 되었습니다. 바울은 이 사명을 자신의 생명보다 더 귀하게 여겼습니다. 그가 예루살렘에 오기 직전에 사람들 앞에서 고백한 말이 있습니다.

이 고백은 바울이 아나니아로부터 하늘의 소명을 들은 지 이십여 년이 지났을 때 한 것입니다. 이 고백을 통해 바울이 얼마나 그 소명을 귀하고 중차대하게 받아들였는지를 알 수 있습니다. 그는 생명을 걸고 그 소명을 완수하려 했습니다. 마지막 순간까지 그 소명을 붙들었습니다. 그 소명을 이루기 위해선 자신의 목숨까지라도 초개와 같이 던질 수 있다는 굳은 의지가 있었습니다. 그래서 그는 주변의 만류를 무릅쓰고 위험하다는 예루살렘으로 올라간 것입니다.

기독교 변증가인 오스 기니스는 '소명(The Call)'이란 책에서 소명을 이렇게 정의합니다. "소명이란, 하나님이 우리를 너무나 결정적으로 부르셨기에, 그분의 소환과 은혜에 응답하여 우리의 모든 존재, 우리의 모든 행위, 우리의 모든 소유가 헌신적이고 역동적으로 그분을 섬기는 데 투자된다는 진리다."

그러면서 오스 기니스는 "인생의 목적은 우리가 창조된 구체적인 목적, 곧 우리가 부름 받은 목적을 발견할 때에만 비로소 찾을 수 있다"면서 "창조주의 부르심에 응답하는 것이 삶의 '궁극적인 존재 이유'이며 인간의 존재 목적의 가장 고상한 근원"이라고 말했습니다.

그렇습니다. 인간은 자신에게 부여된, 자신이 하지 않으면 안 되는 소명을 발견하기 전까지는 결코 만족하지 못합니다. 인생의 목적을 발견하지 못한 사람은 아무리 부와 명예를 일궜어도 그 마음 한 구석의 채우지 못한 빈 공간으로 인해 괴로워합니다.

그 공간은 바로 소명의 공간입니다. 인생의 목적을 발견하는 일은 결코 다른 사람이 대신해줄 수 없습니다. 오직 인생의 주인 되시는 주님과 단독으로 만나 그 주님의 지시를 받을 때, 소명의 길을 비로소 걸어갈 수 있습니다. 소명(召命)이란 단어가 성립되기 위해선 반드시 부르는 사람이 있어야 합니다. 누군가 부르는 자가 없다면 소명은 공허한 일이 될 뿐입니다. 오스 기니스는 "그리스도를 따르는 자들에게 소명의 진리는 '모든 사람이, 모든 곳에서, 모든 것에서' 삶 전체를 하나님의 부르심에 대한 반응으로 사는 것을 의미한다"고 했습니다.

우리 모두는 주님으로부터 부름 받은 사람들입니다. 주 예수 그리스도를 따르는 자로서 우리는 우리의 삶 전체를 그분께 올려 드려야 합니다. 하나님의 부르심을 받았다면 정치인과 교사, 목사, 비즈니스맨, 부모 등 모든 사람들은 삶의 현장에서 소명을 완수해야 하는 책임을 지고 있습니다. 자신의 소명을 인식하며 매일 주어진 일을 주께 하듯 하는 청소부는 '세상을 닦는 성자'가 될 수 있습니다.

내 인생 여정 끝내어, 강 건너 언덕 이를 때…

지금, 고요한 가운데 정직하게 주님께 여쭤보기 바랍니다. "오 주님, 제가 지금 주님께서 저에게 하라고 하신 '바로 그 일'을 하고 있습니까?" 그리고 자신에게 물어 보십시오. "지금 나는 오직 내가 원하는 일만을 하고 있는가?" 소명을 발견하고 붙잡기 위해 먼저 부르시는 분을 만나야 합니다. 자신이 아직 소명의 삶을 살고 있지 못하다고 판단되는 분들은 어떤 일을 하기 보다는 우선적으로 살아계신 하나님의 아들이신 주 예수 그리스도를 만나야 합니다.

그래서 '주는 나에게 누구인가?'라는 물음과 '내가 어떤 일을 해야 하는가'는 동전의 양면과 같습니다. 주님의 정체성을 확고하게 인식하고 믿는 사람들, 부르신 분을 만난 사람들은 그분이 부르신 곳에서 그분이 지시하신 일을 합니다. 부르신 분이 존재하지 않는다고 여기면서 소명에 의미를 부여하는 것보다 더 어리석은 일은 없습니다. 우리 모두가 "나를 따르라"고 우리를 부르신 주님을 만나, 그 부르심에 합당한 삶을 살기 바랍니다.

우리 모두는 길고 긴 인생길을 걸어갑니다. 길을 가다 보면 희로애락이 점철됩니다. 인생에는 기쁨만, 혹은 슬픔만 있지 않습니다. 모든 사람들이 희로애락의 길을 걸어갑니다. 그렇게 가다가 또한 모든 사람들이 걸어갔던 죽음의 길에 도달합니다. 결국 인생은 종착역을 향해 걸어가는 여정입니다. 그리 끝나는 것이라면 인생은 너무나 비극적이며 허탈합니다. 그러나 우리 인생은 죽음으로 끝나는 것이 아닙니다. 모든 것은 예고편에 불과합니다. 아직 본영화가 시작되지 않았습니다. 인생의 진정한 승부는 본영화가 시작될 때 결정 납니다. 부활하신 주님을 만나 그분께 "오 주여, 당신은 그리스도시며 살아계신 하나님의 아들입니다"라는 고백을 한 사람들은 평생 부르신 분인 주님이 부르신 곳에서 소명의 삶을 살다 갑니다. 그리고 '달려갈 길을 다달린 후'엔 부르신 분이 계시는 영원한 집으로 건너갑니다. 거기엔 우리를 부르시는 아버지가 계십니다. 영원한 집, 본향으로 돌아가는 것이야말로 우리의 지상 목표입니다. 우리 공동체가 한 명의 낙오도 없이 모두 그 집으로 돌아가게 하는 것이 목회자인 저의 소명입니다. 부족하지만 저는 이 소명을 위해 사도 바울처럼 생명을 걸었습니다. 저의 인간적인 열심으론 이 소명의 삶을 살 수 없다는 것을 잘 알고 있습니다. 오직 주님의 은혜만이 저로 하여금 소명의 삶을 살게 해줄 것입니다. 그래서 매일 주의 은혜를 구하지 않을 수 없습니다. 우리 모두 함께 영원한 집을 향한 소명의 여정을 시작합시다. 주님과 함께!

"내 인생 여정 끝내어/ 강 건너 언덕 이를 때/ 하늘 문 향해 말하리/ 예수 인도하셨네."

이것이 우리의 유일한 소망이요, 간증되기를…

11
우리의 소망, 하나님 나라

³¹그러므로 염려하여 이르기를 무엇을 먹을까 무엇을 마실까 무엇을 입을까 하지 말라 ³²이는 다 이방인들이 구하는 것이라 너희 하늘 아버지께서 이 모든 것이 너희에게 있어야 할 줄을 아시느니라 ³³그런즉 너희는 먼저 그의 나라와 그의 의를 구하라 그리하면 이 모든 것을 너희에게 더하시리라 ³⁴그러므로 내일 일을 위하여 염려하지 말라 내일 일은 내일이 염려할 것이요 한 날의 괴로움은 그 날로 족하니라

마태복음 6:31~34

견본(見本)을 보지 말고, 원본(原本)에 집중하라

한 대장장이가 있었습니다. 그에게 어떤 사람이 와서 말발굽 편자 백 개를 만들어 달라고 주문했습니다. 그래서 대장장이는 원본을 갖고 그와 똑같은 말발굽 편자를 만들기 위해 제작을 막 시작하려 하는데, 갑자기 여행을 떠나야 하는 상황이 벌어졌습니다. 그래서 제자에게 "내가 없는 동안 이 원본과 똑같은 말발굽 편자 백 개를 만들어 놓으라"고 부탁을 하고 여행을 떠났습니다. 여행을 마치고 돌아오는 길에 멀리서 보니 대장간 마당에 말발굽 편자 백 개 정도가 수북이 쌓여 있는 모습을 보았습니다. 대장장이는 매우 흡족한 마음으로 납품을 위해 원본을 갖고 각 편자들을 점검했습니다. 점검하다 보니 문제가 발생했습니다. 어떤 것은 납품이 가능한 완성품이었지만 또 다른 것들은 도저히 납품이 힘든 불량품들이었습니다. 모양은 다 비슷한 말발굽 편자였으나 원본과 조금씩 맞지 않은 것들이 다량 발견됐습니다. 대장장이는 난감해 하면서 어떻게 그런 불량품이 나왔을까를 조사했습니다. 이유는 단순했습니다. 제자가 나름 원본을 아낀답시고 원본으로 한 개를 만든 다음, 그 원본은 놔두고 새로 만든 것을 견본 삼아 다음 편자를 제작한 것입니다. 그렇게 만든 다음에는 방금 전에 만든 편자를 견본 삼아 그다음 편자를 만들었습니다. 그렇게 계속 하다 보니 미세하지만 조금씩 차이가 났습니다. 아주 조금씩 편자가 벌어졌는데 정작 만든 사람은 그 미세한 차이를 파악하지 못했습니다. 그것이 열 개, 스무 개, 오십 개, 칠십 개 가는 동안에 조금씩 벌어져 팔십 개, 구십 개, 백 개를 만들었을 때에는 원본과는 심하게 차이 나는 말발굽 편자가 제작된 것입니다.

저는 이 이야기를 들으면서 아주 큰 깨달음을 얻었습니다. 저로 하여금 삶과 사역을 바라보는 관점을 대전환 할 수 있도록 해준 아주 고마운 예화입니다. 저는 이 이야기를 목회를 시작하고 얼마 되지 않았을 때 어떤 예화집에서 보게 되었습니다. 선교사를 준비하던 저는 33세에 갑자기 미국 유학생 교회의 담임 목사가 되었습니다. 이른 나이에 제대로 준비되지 않은 채로 담임 목회를 하다 보니 한 주 한 주가 너무나 빨리 지나갔습니다. 설교 끝나면 곧 다음 설교를 준비해야 했습니다. 그것이 굉장한 스트레스로 다가왔습니다.

그래서 일급비밀이지만 설교 잘하시는 목사님의 설교집을 읽고 그 내용의 일부를 베껴 사용하기도 했습니다. 그때 제일 많이 사용한 것이 지구촌교회 원로이신 이동원 목사님의 설교집이었습니다. 저는 지금도 이동원 목사님을 마음 깊이 사모합니다. 그런데 그분의 설교를 들을 때마다 은혜도 받지만 한편으로는 열등감도 느꼈습니다. '아니, 어떻게 이동원 목사님은 저 본문에서 저런 메시지를 뽑아내실까? 또 순간순간 어떻게 저리 적용을 잘 하실까? 어떻게 사람의 마음을 움직이는 적절한 예화를 쓰실 수 있을까? 정말 언어의 마술사 같으시다.'

이런 생각을 하면서 은혜는 받으면서도 열등감을 느꼈던 거예요. '왜 나는 저렇게 안 되지?' 저도 목사로 설교를 하는 입장에서 열등감을 느끼며 고통스러운 시간들도 보냈습니다.

설교 뿐 아니라 교회를 어떻게 일궈나가야 할지에 대해서도 고민이 많았습니다. 그래서 당시 미국 시카고의 윌로우크릭교회의 리더십 서밋과 LA 인근 새들백교회의 목회자 세미나 등 다양한 모임에 참석했습니다. 그 세미나에 직접 참석하거나 위성으로 중계되는 것을 보면서 '아, 우리도 저렇게 됐으면 좋겠다'라고 생각을 했습니다. 그래서 그 교회들의 프로그램을 모방하려고도 했습니다. 그러나 이론은 배울 수 있었지만 현실에 적용하기는 어려웠습니다. 이론을 터득한다고 해서 교인 수 2,30명의 유학생 교회가 수만 명이 출석하는 교회가 되기는 불가능했습니다. 그런 세미나에 참석하고 돌아오면 부러움과 열등감에 기분마저 우울하게 되는 경우가 많았습니다.

그런 과정에서 제가 위의 예화를 접한 것입니다. 하나님께서는 그 예화를 통해 제게 큰 깨달음을 주셨습니다. 하나님이 이렇게 말씀하시는 것 같았습니다.

"정 목사야, 너는 지금 내가 너에게 준 원본은 제쳐놓고 견본에만 집중하고 있구나. 이런저런 견본만 보면서 시간 낭비하고 있구나."

그때, 정신이 번쩍 들었습니다. 당시 젊었던 저는 원석같이 투박했고 아직 다듬어지지 않았습니다. 온전한 그리스도인으로, 버젓한 목회자로 저 자신을 다듬어 가야 했는데 원본이라고 할 수 있는 주 예수 그리스도 대신 역사 가운데 훌륭한 믿음의 사람이나 탁월한 목회자를 견본 삼아 뚝딱뚝딱 속성으로 저를 만들어가고 있더라고요. 그럴 때 그 예화를 통해 '견본을 보지 말고 원본에 집중하라'는 교훈을 얻었습니다.

우리의 원본, 주 예수 그리스도

우리 그리스도인들에게 원본은 무엇입니까? 바로 주 예수 그리스도십니다. 주 예수님의 삶과 믿음, 사역이 우리의 원본입니다. 그때, 이런 깨달음이 왔습니다. '목회자로서 나는 성도들이 오직 예수 그리스도만을 바라볼 수 있게 그들을 인도해야 한다. 내가 뭐 대단한 사람인 것처럼 꾸며서도, 사람들로 하여금 내 삶을 따르도록 해서도 안 된다. 오직 주 예수님만을 모방할 수 있도록 해야 한다.'

설교와 관련해서도 깨달음이 왔습니다. 저는 신학교에서 설교학을 전공하면서 교회사 속의 명설교자들을 연구하기도 하고, 동시대의 훌륭한 설교자들의 설교 방법론 등도 배웠습니다. 물론 그분들이 훌륭한 설교자들이긴 해도 제가 따르고 모방할 저의 원본은 아니라는 사실을 그 예화를 읽으면서 깨달았습니다. 그분들의 좋은 점을 배워서 일부 적용할 수는 있지만 제가 그 사람들처럼 될 필요는 없었습니다. 제가 이동원 목사님을 존경하고 사모한다고 해서 꼭 이동원 목사님처럼 될 필요는 없습니다. '설교자 이동원'을 복제할 필요가 없다는 것이

지요. 그분은 그분이고, 정승룡은 정승룡이었습니다. 그분의 좋은 점이 있다면 그 점을 배우면 되지 꼭 그분처럼 될 이유는 없었습니다. 하나님이 "너, 꼭 이동원 목사처럼 되라"고 말하시지 않았습니다. 예화를 통해 그런 교훈을 얻은 뒤에는 제 마음에 열등감이 사라지고 자유가 찾아왔습니다. 설교 잘하시는 분의 설교를 들으면서 은혜를 받고 그분에게 진심으로 박수를 쳐드렸습니다. 또 부흥하는 교회를 볼 때는 하나님의 역사를 찬양하면서 그 교회를 위해 축복기도를 드렸습니다. 그 가운데 우리 교회에 적용할 부분은 적용했습니다. 그러나 '우리 교회가 꼭 저 교회처럼 되어야겠다'면서 무작정 복제하지는 않았습니다. 하나님은 이미 성경을 통해 우리가 본받아야 할 초대교회의 모습을 보여주셨습니다. 그 교회들을 통해 주시는 하나님의 감동을 받아 우리 교회에 적용하면 충분했습니다. 우리 교회를 바라보며 원하시는 하나님의 뜻대로 나가면 됐습니다. 다른 교회를 부러워할 필요도, 다른 교회 앞에서 우쭐댈 필요도 없었습니다. 그 예화 하나가 저에게 준 큰 가르침이었습니다.

예수님의 설교에 흐르는 하나의 맥, 하나님의 나라

저는 사도행전 2장의 초대교회 모습을 묵상하면서 제가 목회하는

늘사랑교회가 꿈꾸는 공동체의 비전을 받았습니다. 저희는 그 비전을 '늘사랑의 꿈(Everlove Dream)'이라고 부릅니다. 바로 '예배공동체', '훈련공동체', '성령공동체', '나눔공동체'를 이루는 것입니다. 그래서 '건강한 교회, 영향력 있는 교회'란 늘사랑 표어(Everlove Motto)를 정하게 되었습니다.

내적으로 건강하고, 외적으론 영향력 있는 교회를 지향하는 것을 사역의 두 방향으로 삼았습니다. 이것도 책에서 배운 것이 아닙니다. 데살로니가전서 1장을 묵상하는 가운데 성령님께서 지혜와 감동을 주셨습니다.

데살로니가교회는 비록 개척된 지 얼마 안 된 교회였지만 믿음, 소망, 사랑의 균형이 있는 건강한 교회였습니다. 건강한 교회이다 보니 주변 사람들에게 믿음의 본이 되었고 자연스레 좋은 소문이 아가야 일대에 퍼지게 되었습니다. 가만히 보니까 데살로니가교회는 건강한 교회이면서 선한 영향력을 끼치는 교회였습니다. 데살로니가교회를 묵상하는 동안 주님께서 늘사랑교회도 그런 교회가 되기를 원하신다는 성령의 감동을 받아 교회 표어를 정하게 된 것입니다.

제가 공부한 미국의 신학교는 신학 석사과정(Th.M.)을 할 때, 꼭 두 개의 전공을 하도록 합니다. 학문적인(Academic) 곳에서 한 부분, 실제적인(Practical) 부분에서 한 부분을 해야 합니다. 저는 학문적인 부분에서는 신약을 전공했습니다. 예수님의 가르침과 설교를 깊이 공부하기 위해 신약, 특히 공관복음(마태·마가·누가복음)에 집중했습니다. 그리고 박사과정에서는 설교학을 전공했습니다. 박사 과정은 그다지 어렵지 않았습니다. 예수님의 가르침과 설교 내용을 계속 연구했고, 그것이 발전 되어 제 박사학위 논문이 되었습니다. 저의 학위 논문 주제가 '예수님의 설교 연구와 한국 강단의 적용'입니다. 예수님의 설교에 나타난 특징들을 통해 한국 교회 강단의 여러 문제점들을 극복하려는 시도였습니다. 아무튼 그렇게 공부를 할 수 있었습니다. 그런 과정에서 제가 깨달은 사실이 있었습니다. 예수님의 설교에는 하나의 맥이 있다는 것입니다. 예수님은 설교를 하실 때, 우왕좌왕 하지 않으셨습니다. 특정한 맥을 잡고 일관되게 그 맥을 중심으로 이야기를 전개해 가셨습니다. 예수님의 설교 전체에서 일관되게 흐르는 하나의 맥이 있습니다. 바로 하나님의 나라입니다. 예수님이 이 땅에서 메시아로서 사역을 시작하시면서 하신 첫 번째 선포는 바로 이것입니다.

"때가 찼고 하나님 나라가 가까이 왔으니 회개하고 복음을 믿으라." (막 1:15)

예수님이 사역을 시작하시면서 가장 먼저 말씀 하신 것이 하나님의 나라였습니다. "이제 때가 되었다. 그리고 하나님의 나라가 임했다"라는 말씀입니다. 이제 하나님의 나라가 임했기에 회개하고 복음을 믿어야 한다고 선포하심으로 예수님의 설교 사역이 시작되었습니다. 그런 다음에 제자들을 부르시고, 그들을 데리고 다니시면서 사역을 펼치십니다. 그 사역에 대해 누가는 이렇게 기록합니다.

표현만 조금 다를 뿐, 첫 번째 설교와 똑같은 내용입니다. 예수님께서 제자들을 부르시고, 그들과 여기저기 다니며 하나님 나라를 선포하신 것입니다. "이제 때가 되었다. 하나님의 나라가 임했다." 이것이 예수님 설교의 주된 레퍼토리입니다. 예수님이 전한 복음은 바로 하나님 나라의 복음입니다. 하나님 나라의 복음은 십자가의 복음과 부활의 복음을 다 포함합니다.

먼저 그의 나라와 그의 의를 구하라

제자들은 주님이 처음 부르셨을 때, 생업 수단은 물론 가족들도 모두 뒤로 한 채 주님을 따랐습니다. 한참을 따라가고 있는데 이런저런 염려가 드는 것입니다. '이렇게 주님을 따라만 다니다가는 큰일 나는 것 아니야? 배도 다 버렸는데…. 이러다간 밥도 굶는 것 아닌가? 무엇을 먹을까, 무엇을 입을까에 대한 염려가 찾아온 것입니다. 원어적으로 염려란 단어에는 '마음이 갈라지다'는 뜻이 있습니다. 예수님은 마음이 갈라져 불안해하는 제자들의 관심을 하나님의 나라에 모이게 합니다. 그것이 바로 다음과 같은 유명한 구절입니다.

"너희는 먼저 그의 나라와 그의 의를 구하라 그리하면 이 모든 것을 너희에게 더하시리라." (마 6:33)

이 구절은 이렇게 풀어 볼 수 있습니다.

"너희에게 필요가 있다는 것을 하나님께서 더 잘 아신다. 자기의 필요를 구하며 사는 것은 이방인들도 하는 일이다. 그러나 너희는 그렇게 삶을 살아서는 안 된다. 오히려 자기의 필요보다는 먼저 하나님의 나라와 그의 의를 구해야 한다. 그러할 때 우리의 모든 필요를 아시는 하나님께서 우리의 필요보다도 훨씬 더하여 주실 것이다."

우리 하나님은 우리의 머리카락까지도 세시는 분이십니다. 그러므로 우리의 모든 필요쯤은 이미 알고 계십니다. 굳이 그 필요를 간구하지 않아도 하나님은 그 모든 필요보다 더 주실 작정을 하고 계십니다. "더하시리라"는 얼마나 흥분된 구절입니까? 하나님은 플러스알파의 하나님이십니다. 그런데 이 모든 것의 전제는 먼저 하나님의 나라와 그분의 의를 구하는 것입니다. 순서가 중요합니다. 마태복음에서는 하나님의 나라와 하나님의 의가 따로 말씀되지만, 누가복음에서는 이 하나님 나라와 의가 하나의 개념으로 묶어집니다.

"다만 너희는 그의 나라를 구하라 그리하면 이런 것들을 너희에게 더하시리라." (눅 12:31)

결국은 하나님의 나라를 구하라는 것입니다. 그리하면 이 모든 것을 우리에게 더해주시겠다는 것이 주님의 약속입니다. 예수님은 제자들의 마음이 흐트러져 있을 때 하나님의 나라란 개념으로 그들의 마음을 불러 모으셨습니다. 마찬가지로 주님은 지금도 우리의 마음이 흐트러져 있을 때엔 하나님의 나라로 우리의 마음을 불러 모으십니다. 어느 날, 한 제자가 열심히 기도를 마치고 일어나시는 예수님께 자신들에게도 기도를 가르쳐달라고 청합니다.

"예수께서 한 곳에서 기도하시고 마치시매 제자 중 하나가 여짜오되 주여 요한이 자기 제자들에게 기도를 가르친 것과 같이 우리에게도 가르쳐 주옵소서."(눅 11:1)

"기도를 가르쳐 달라"는 부탁을 받은 예수님은 기도할 때 가장 중요한 3가지를 한꺼번에 가르쳐주십니다. 첫 번째가 '무엇을 기도할 것인가(What to pray)'입니다. 기도의 내용으로 구체적으론 주기도문을 가르쳐주십니다. 주기도문은 가장 모범적인 기도문입니다. 우리 누구나 주기도문으로 기도할 수 있습니다. 두 번째로는 '어떻게 기도할 것인가(How to pray)'에 대해 말씀해주십니다. 주님은 먹을 것을 달라고 강청하는 친구의 비유를 통해 기도의 방법을 가르쳐주셨습니다. 간절함으로 기도하라는 것입니다. 마지막으로는 우리가 기도할 때 구해야 할 가장 좋은 것이 무엇인지를 가르쳐주셨습니다. 기도를 통해 우리가 구해야 할 가장 좋은 것은 성령님입니다. 기도할 때 우리는 성령을 받을 수 있습니다. 그러면 그 성령님이 우리의 모든 것을 해결해 주십니다. 주님이 제자들에게 가르쳐주신 세 가지 기도의 핵심은 하나님 나라를 구하라는 것입니다. 주님은 "너희는 이렇게 기도하라"면서 하나님 나라를 구해야 함을 강조하십니다.

그런 다음에 '일용할 양식' 등 우리의 모든 필요에 대한 기도가 나옵니다. 주기도문의 핵심은 하나님의 나라가 이 땅에 이루어지도록 기도하라는 것입니다. 하늘의 뜻이 땅에 이루어지는 것이 바로 하나님의 나라입니다. 예수님의 사역은 하나님 나라를 전파하는 것이었습니다. 제자들과 무리에게 하나님 나라를 선포하시고, 하나님 나라의 복음을 가르쳐주시고, 기도 가운데 하나님 나라를 구하라고 말씀하셨습니다. 제자들의 마음이 흐트러졌을 때, 하나님 나라로 그들의 마음을 모아주셨습니다. 이렇듯 주님은 입만 여시면 하나님 나라에 대해서 말씀해주셨습니다. 그만큼 하나님 나라가 중요한 것입니다.

주님은 부활하신 이후 40일 동안 제자들과 함께 계셨습니다. 40일이란 짧은 시간 동안 주님은 제자들에게 정말 중요한 사항들을 알려주셨겠지요. 아마 3년간의 가르침을 압축, 요약한 내용을 가르쳐주셨을 것입니다. 그 내용을 누가가 한 문장으로 요약했습니다.

부활하시고 이제 승천하시려는 주님께서 마지막으로 제자들에게 강조한 것이 하나님 나라에 관한 것이었습니다. 결국 예수님 메시지의 핵심은 하나님 나라입니다. 주님과 함께 있으면서 제자들은 하나님 나라의 중요성을 분명히 깨달았습니다. 그래서 그들도 초대교회가 형성되어갈 때, 하나님 나라를 전파하고 하나님 나라를 강론하는 일을 최우선적으로 했습니다. 하나님 나라의 복음을 가장 중요한 메시지로 전했습니다. 사도 바울은 예루살렘 교회에서 하나님 나라의 모든 관점에 대해 말했지만 교회 내 사람들은 그 말을 다 이해하지 못했습니다. 그래서 여러 어려움이 생긴 끝에 복음이 흩어지게 됩니다. 사마리아와 에베소, 로마 등지로 복음의 거점들이 옮겨집니다. 성경은 그 복음의 거점들에서 메시지를 전하는 제자들의 모습을 언급하면서 "하나님의 나라를 전파했다"는 말을 의도적으로 계속 사용하고 있습니다.

사도행전 8장을 보면 빌립이 사마리아에서 복음을 전하는 장면이 나옵니다.

빌립은 사마리아에서 전도할 때, 하나님 나라를 강론하면서 복음을 전했습니다. 스승이신 예수님이 하신 것과 똑같습니다. "때가 찼고 하나님 나라가 임했으니 회개하고 복음을 믿으라." 이 전형적인 예수님 방식의 메시지를 빌립이 사마리아에서 전했던 것입니다. 바울이 에베소에 머물면서 복음을 전하는 장면은 성경에 이렇게 묘사됩니다.

"바울이 회당에 들어가 석 달 동안 담대히 하나님 나라에 관하여 강론하며 권면하되…." (행 19:8)

이 구절에서 바울 대신 예수님을 넣어도 전혀 뜻이 왜곡되지 않습니다. 예수님께서 처음 설교하신 내용과 같습니다. 바울 역시 예수님 방식과 비슷하게 전한 것입니다. 그 역시 회당에서, 하나님 나라를 강론하고, 권면했습니다. 무엇을 권면했을까요? 예수님처럼 사람들에게 "회개하고 복음을 믿으라"고 권했겠지요. 빌립과 바울은 자신들의 방식이 아니라 오직 예수님의 방식대로 예수님처럼 전한 것입니다. 다른 제자들도 마찬가지였습니다. 제자들과 바울은 예수님과 일직선상으로 정렬되어 있었습니다. 예수 그리스도라는 원본에 완벽히 충실했던 것이지요. 바울은 로마에서 가택연금 상태에 있으면서도 하나님 나라를 전합니다.

"그들이 날짜를 정하고 그가 유숙하는 집에 많이 오니 바울이 아침부터 저녁까지 강론하여 하나님의 나라를 증언하고 모세의 율법과 선지자의 말을 가지고 이 역시 예수님의 처음 설교 내용과 같습니다. 바울이 하나님 나라를 강론한 뒤 예수님에 대해 무엇을 권했을까요? "회개하고 복음을 믿으라"라고 권했을 것입니다. 바울의 모든 세포 속에는 주 예수 그리스도가 새겨 있기에 어떤 일을 하더라도 예수님처럼 하게 된 것입니다.

오직 예수님께만 집중하자

저는 미국에서 유학생 교회의 담임 목회자가 되어 어느 정도 시간이 지났을 때부터 예수님께만 집중하기로 결심했습니다. 설교도 예수님처럼 하기로 했습니다. 신학을 공부하고 논문을 쓰면서 예수님 메시지의 핵심 중의 핵심이 하나님의 나라라는 사실을 깨달았습니다. 또한 자세히 살펴보니 초대교회에서 전해진 메시지도 하나님 나라에서 시작해서 하나님 나라로 끝났습니다. 제자들과 바울이 사람들에게 전한 것도 하나님 나라라는 큰 관점에서 회개하고 복음을 믿으라는 내용이었습니다. 더 나아가 예수님이 "하나님 나라를 구하라"고 말하셨을 때, 전혀 믿지 않는 사람들을 대상으로 그 말씀을 하신 것이 아니었습니다. 믿는 사람들에게 지속적으로 하나님의 나라를 구하라고 강조하셨습니다.

그런 깨달음이 왔을 때, 저는 한 가지 결심을 했습니다. '앞으로 설교자로서 수없이 많은 설교를 하게 될 텐데 다른 내용이 아니라 제자들과 바울처럼 예수님과 일직선상에 서서 하나님 나라를 전해야 겠다'는 결심입니다. 설교자로서 저는 정승룡이란 자연인이 아니라 예수 그리스도의 말씀을 전하는 대언자로 강단에 서게 되는 것입니다. 그렇다면 저의 어떠함에 의한 설교가 아니라 주님께서 말씀하신 그 맥을 그대로 이어야 합니다. 그렇게 결심하고 나니 성경도 그런 관점으로 보게 됐습니다. 또 '설교를 시작하고 마무리 할 때에도 반드시 하나님 나라에 대한 메시지를 전하리라'고 작정했습니다. 저는 유학생 목회를 하는 동안 이런 다짐을 하게 됐습니다.

그러다 1999년 8월에 늘사랑교회에 오게 됐습니다. 다짐한 그대로 첫 번째 설교로 마태복음 6장 31~33절을 본문 삼아 하나님 나라를 전했습니다. 제목도 '우리의 소망, 하나님 나라'였습니다. 하나님 나라를 구하는 삶이 구체적으로 어떠한지를 세 가지 관점에서 말씀드렸습니다. 그러면서 여러 교우님들에게 "앞으로 저와 함께 주님이 제자들에게 명한 하나님 나라를 구하면서 살아가자"고 부탁드렸습니다. 저로서는 늘사랑교회에 하나님 나라를 전파하면서 사역을 시작한 셈입니다. 그렇게 교우님들과 하나님 나라를 구하는 공동체를 일구며 7년을 사역했습니다. 첫 번째 안식년을 떠나게 됐을 때, 처음 부임했을 때와 같은 본문, 같은 제목으로 같은 설교를 했습니다. 하나님 나라를 위해서 살자고 그렇게 다짐하면서 7년을 보냈는데 그 기간 동안 우리 삶과 교회 공동체에 얼마나 많은 변화가 있었는지를 점검하고 싶었습니다.

설교의 목적은 또 다른 정보를 주는 것이 아닙니다. 물론 설교에는 정보가 포함되어 있기는 합니다. 그러나 정보보다 더 중요한 것은 변화입니다. 주님께서는 우리가 많이 알고 있는 것에 대해서 칭찬하실 것입니다. 그러나 그분은 많은 것을 알지 못하더라도, 알고 있는 것만큼 변화된 사람을 더 귀하게 생각하실 것이 분명합니다. 그래서 새로운 정보를 습득하는 것보다는 우리가 이미 알고 있는 하나님 나라가 얼마만큼 우리 삶에 자리 잡고 있는가가 중요했습니다. 목회자로서 그것을 체크해 보고 싶었던 것입니다. 그렇게 해서 첫 번째 안식년을 보내고 돌아와 다시 10년을 더 사역하다 2016년 6월에 두 번째 안식년을 떠나게 됐습니다. 부임 첫해로부터는 17년의 세월이 지났습니다. 두 번째 안식년을 떠나기 전 주일 설교에서도 부임 때와 동일한 본문과 제목, 내용으로 설교했습니다. 돌이켜보니 17년 동안 늘사랑교회 교우님들과 하나님 나라를 이 땅에 구현하기 위해 진력했습니다. 그 17년간 우리 교회 공동체의 삶이 얼마나 더 하나님 나라에 걸맞게 변화되었는지를 확인해 보고 싶었습니다.

제가 첫 번째 안식년을 보내는 동안 늘사랑교회는 창립 20주년을 맞게 되었습니다. 그때 기도하며 말씀을 묵상하는 가운데 하나님으로부터 안디옥 비전을 받았습니다. 성경 속 안디옥교회에 대해 묵상하면서 가슴이 뜨거워지며 '아, 바로 이거다!'란 마음의 감동이 왔습니다. 하나님께서 교회에 주신 뜻이라고 받았습니다. 그래서 안디옥 비전을 선포하고, 그 비전을 향해 나아갔습니다.

제가 두 번째 안식년을 보내는 동안 늘사랑교회는 창립 30주년을 맞았습니다. 시간이 지나갈수록 하나님을 더욱더 기대하게 됩니다. 가장 적절한 것, 더 좋은 것으로 우리를 채우시는 하나님이 30살의 어엿한 청년이 된 늘사랑교회에 주시는 무언가가 있을 것임을 기대합니다. 사실 우리는 믿음 생활을 해 나가면서 끊임없이 중간 점검을 해 봐야 합니다. 가던 길 멈추고 지나온 길을 돌아보며 앞으로 나아갈 길을 준비해야 합니다. 중간 점검의 준거 틀은 하나님 나라입니다. 예수님이 제자들에게 당부하셨고, 제자들이 그 당부 그대로 전한 하나님의 나라가 지금도 일직선상으로 우리 교회와 가정, 내 삶에 이어지고 있는지를 점검해야 합니다.

하나님의 주권적 통치가 이뤄지는 나라가 하나님 나라다

그렇다면 '하나님 나라를 구하라'라는 말에 담긴 구체적인 의미가 무엇입니까? 우리가 하나님 나라를 구하는 삶을 제대로 살고 있는지, 그 하나님의 나라가 얼마만큼 이뤄지고 있는지를 무엇으로 평가하겠습니까? 마태복음 6장 말씀에서 예수님이 "먼저 하나님 나라를 구하라"고 촉구했던 대상은 생판 믿음이 없는 사람들이 아니라 이미 모든 것을 다 버려두고 주님을 따르고 있는 제자들입니다. 그런 맥락에서 이 말씀은 믿는 자들이 삶의 모든 영역에서 하나님의 주권을 인정하고 하나님의 통치를 받으라는 것입니다. 하나님 나라에 들어 있는 핵심 개념이 통치입니다. 하나님의 주권적 통치가 이뤄지는 나라가 하나님 나라입니다. 이를 구체적으로 제시해주는 구절이 있습니다.

성경을 해석할 때에 사용되는 방법으로 평행법이란 것이 있습니다. 중심 구절이나 단어에서 반복되는 부분을 생략하는 문장기법입니다. 이 평행법은 시편이나 예언서에 자주 나타나는데 위에 언급된 시편 145편 13절이 전형적인 예입니다. "주의 나라는 영원하다. 그리고 주의 통치는 대대에 이를 것이다." 여기서 '영원한 나라'와 '대대에 이르리로다'가 같은 개념입니다. A=B, $A^1=B^1$라고 할 때 B와 B^1의 의미가 통하게 됩니다. 그렇다면 A와 A^1의 의미도 같은 개념이 됩니다. 따라서 평행법을 사용하면 시편 145편 13절에서 주의 나라와 주의 통치는 같은 개념이라는 것을 알 수 있습니다. 이 구절에서 유추해볼 때, 하나님의 나라는 하나님의 축복의 통치가 이루어지고 있는 곳입니다. 그래서 "하나님의 나라를 구하라"고 했을 때 다음과 같은 것들을 점검해 보아야 합니다. '내 삶의 모든 영역에 하나님의 축복의 통치가 이뤄지고 있는가? 나는 하나님의 축복의 통치 아래 내 삶의 모든 영역을 드리고 있는가? 주님의 뜻 가운데 내 삶의 모든 영역을 주의 통치에 맡기고 있는가? 내 삶은 하나님 나라의 원칙대로 운영되고 있는가?

구원 받는 순간에 우리의 신분이 바뀝니다. 죄의 종노릇 하던 자에서 주님의 자녀가 되는 것입니다. 그러나 우리의 신분이 바뀔 뿐이지 우리의 속사람, 우리 자신의 내면적 품질이 다 바뀐 것은 아닙니다. 이 세상에서 우린 여전히 죄인의 성품을 갖고 살아갑니다. 주님의 크신 은혜로 신분이 바뀌었지만 여전이 자신이 왕 노릇하고 있을 수 있습니다. 우리가 지속적으로 하나님 나라에 대한 메시지를 듣고, 그것을 삶에 적용해야 하는 이유가 바로 여기에 있습니다.

인간의 비극이 어디서부터 시작됐습니까? 선악과를 따먹는 것에서부터 시작되었습니다. 하나님께서 굳이 선악과를 동산 중앙에 두신 이유가 있습니다. 하나님은 선악과를 통해서 자신과 인간 사이의 경계를 그으신 것입니다. 하나님은 하나님이고 인간은 인간입니다. 또한 선악과(善惡果)라는 이름 속에도 특별한 뜻이 있습니다. 바로 하나님께서 "선과 악을 정하는 것은 나의 영역이다"라고 분명히 경계를 두신 것입니다. 그런데 하나님의 메시지를 왜곡시킨 사단은 아담과 하와를 미혹해 선악과를 따먹도록 합니다. 그럼으로써 하나님과 인간의 경계를 인위적으로 무시하도록 했습니다. 그것은 하나님의 축복의 통치를 거부하는 행위였습니다. 감히 "내가 하나님이다"라고 선언한 것과 같습니다. 내가 내 인생의 하나님이 되고, 선과 악도 내가 정하겠다는 것입니다. 이것이 바로 이 시대에 도도히 흐르고 있는 인본주의적인 사고입니다. 내가, 혹은 인간들끼리 합의해서 선과 악을 결정하겠다는 것입니다. 참으로 그럴듯해 보이지만 그렇게 된다면 하나님은 나와 우리 인생에 없는 분이 되십니다. 그렇다면 우리가 매 주일 경배하는 하나님은 누구시며, 매일 묵상하는 성경은 우리 인생에 어떤 효용이 있단 말입니까? 지금 시대에 사람들은 "도대체 왜 하나님이 필요한가?"라며 도전하고 있습니다. 사람들이 합리적으로 결정해서 선과 악을 정하면 된다고 합니다. 그러나 죄에 빠진, 제한적 존재인 인간이 과연 어떤 일을 합리적으로 결정할 수 있겠습니까? 지금 세상이 그렇게 합리적으로 움직여지고 있던가요? 우리 안에 인본주의가 뿌리 깊게 박혀있습니다. 우리는 이것을 통탄하며 회개해야 합니다.

자, 선악과를 따먹음으로써 아담과 하와는 더 행복해졌나요? 자기 결정권을 지님으로써 더 복된 삶을 누리게 됐습니까? 아닙니다! 그들은 멸망당했습니다. "정녕 죽으리라"고 하신 하나님의 말씀대로 영적으로 죽어버렸습니다. 그럼으로써 이 땅에 괴로움과 고통이 들어왔습니다. 하나님이 창조해 주신 우리의 세상은 정말 아름다운 세상이었습니다. 그렇게 아름다운 세상에서 우리는 아름답게 살 수 있었습니다. 그러나 우리 조상 아담과 하와를 통해 죄악이 들어옴으로 말미암아 이 땅은 부조리와 고통이 만연한 불완전한 세상이 되어버렸습니다.

이 같은 비극적 프로세스는 지금 우리 삶에도 그대로 적용되고 있습니다. 지금 시대의 인간들도 끊임없이 창조주 하나님을 거부하고 스스로 왕 노릇하려 하고 있습니다. 그러할 때, 우리의 삶에는 창세기의 모형과 동일한 패턴이 반복될 수밖에 없습니다. 결과는 그때와 동일하게 멸망당하는 것입니다. 우리 역시 '정녕 죽을 것'입니다. 개인의 인생은 망가지게 됩니다. 가정은 파괴되고, 교회는 분열되며,

민족은 망하게 됩니다. 결국 이 땅은 최후의 심판을 향해 치닫게 되는 것입니다. 인본주의적인 사고를 기본으로 모든 것이 행해질 때, 당장은 잘되는 것처럼 보입니다. 그럴듯합니다. 그러나 결국은 망가지게 되어 있습니다. 어쩔 수 없습니다. 아무리 용을 써도 별수 없습니다. 지금 이 땅에는 끝없는 진보에 대한 낙관론이 팽배해 있습니다. 인간 이성의 승리를 구가하고 있습니다. 그럼에도 삶은 늘 부족합니다. 허전합니다. 행복하지 않습니다. 도대체 이 부조리가 어디서부터 시작되었을까요? 하나님의 나라를 망각하고 자신이 왕 노릇하려는 데서부터입니다.

지금은 우리 삶을 점검해야 할 때다

우리가 기억해야 할 것은 주 예수 그리스도는 내 인생의 구주이자, 왕 중의 왕이시며, 우리를 통치하시는 분이라는 사실입니다. 지금 우리가 신자된 것은 하나님 나라가 이 땅에 회복되도록 하는데 쓰임받기 위함이라는 사실도 기억해야 합니다. 지금은 우리의 삶을 점검해야 할 때입니다. 우리 삶에서 하나님 나라의 통치가 이전보다 더 확장되었는지를 솔직하게 따져보아야 합니다. 내 삶에서 하나님 나라가 더 커졌습니까, 아니면 더 쪼그라들었습니까?

우리의 삶에는 시간과 물질, 재능 등 여러 가지 영역들이 있습니다. 각 영역에서 하나님의 주권적 나라가 제대로 가동되고 있습니까? 하나님의 나라는 하나님의 통치가 이뤄지는 곳입니다. 내 삶의 영역에 하나님의 통치가 이뤄지고 있는가요? 내 물질과 재능의 주인은 누구입니까? 그 물질과 재능이 나의 통치를 받습니까, 아니면 하나님의 통치를 받습니까?

어떤 사람들은 대부분의 영역에는 하나님의 통치를 인정하면서 특정한 영역은 절대로 인정하지 않기도 합니다. 특별히 전문인 가운데 그런 사람들이 많습니다. 이렇게 말하는 사람도 있습니다. "하나님, 알겠어요. 모든 것 인정합니다. 당신 뜻대로 하세요. 그러나 제 시간만큼은 터치하지 말아주세요. 시간은 제가 알아서 쓰겠습니다." 이 사람이 아무리 하나님께 헌신하는 인생을 살고 있을지라도 시간의 영역에 있어서는 자신이 왕입니다. 하나님도 그 시간을 어떻게 할 수 없습니다. 어떤 이들은 이렇게도 말합니다. "하나님, 됐어요. 다 하겠습니다. 그러나 제 지갑에는 절대 손대지 마세요. 돈 문제는 제가 알아서 합니다. 하나님이 필요하실 것 같으면 제가 알아서 드릴게요. 그러니 돈 문제로 저와 따지지는 마세요." 이 사람들이 아무리 신실한 크리스천이어도 재정의 영역에선 하나님의 통치가 이뤄지지 않고 있는 것입니다. 그럼 다른 부분에서 신실하게 하나님의 통치가 임해 있기에 한두 부분 부족해도 넘어갈 수 있을까요? 절대 그렇지 않습니다.

최소량의 법칙(Law of Minimum)이란 것이 있습니다. 생물체의 생장은 필요로 하는 성분 중 최소량으로 공급되는 양분에 의존한다는 법칙입니다. 다른 것이 아무리 풍부해도 필요로 하는 최소량이 없으면 생물체는 죽을 수 있다는 것입니다. 영적 세계에서도 마찬가지로 최소량의 법칙이 적용됩니다. 하나님의 통치를 받아들이지 않는 그 한 영역, 영적으로 말하자면 죽어 있는 그 영역으로 인해 전체가 망하게 될 수 있는 것입니다. 다른 많은 부분에서 하나님의 통치를 인정한다고 할지라도 말입니다. 참으로 두려운 일이 아닐 수 없습니다. 하나님의 말씀은 추상과 같습니다. 절대 변개치 않습니다. "따 먹으면 정녕 죽으리라"고 말하셨을 때엔 반드시 그렇게 적용하십니다. 누군가 "다른 것은 괜찮은데 시간과 물질만은 내 마음대로 하겠다"고 했을 때, 그 사람은 하나님의 통치를 받는 시간과 물질을 '따 먹는 것'입니다. 그렇게 되면 그 시간과 물질의 영역은 하나님과 분리되어 죽게 됩니다. 그 영역만 죽게 되는 것이 아니라 최소량의 법칙이 적용되어, 빈틈을 보인 그 영역으로 인해 결국 자신이 죽게 되는 것입니다. 하나님과 분리되면 피조물은 죽게 되어 있습니다!

영적 개혁의 역사가 일어나면…

　느헤미야서를 보면 예루살렘으로 돌아온 이스라엘 백성들이 성벽을 재건하며 성문을 다시 다는 등 외적인 보수를 모두 한 이후에 정

말 주님께서 원하셨던 영적 부흥이 그들 가운데 일어나게 됩니다. 이스라엘 백성들이 말씀 앞에 철저히 회개함으로서 다시 부흥의 역사, 영적 개혁의 역사가 일어나게 됩니다. 영적 부흥이 일어나고 말씀을 통한 개혁이 일어나는 것은 하나님의 주권적 통치가 임함으로 하나님 나라가 회복되는 과정입니다. 느헤미야 10장에는 영적 개혁의 역사가 일어날 때 나타나는 세 가지 회복의 현상이 기록되어 있습니다.

첫 번째는 이방인들과 절교합니다. 이는 이방인들과의 통혼(通婚)을 금지하는 것입니다. 그것은 어떤 의미가 있습니까? 세상과 구별된 거룩함을 회복하는 것입니다.

두 번째는 안식일을 지키게 됩니다. 물론 모든 날이 하나님의 날임을 믿음으로 인정하지만 특별히 한 날을 거룩하게 구별해서 하나님 앞에 드리는 것입니다. 그리고 그 날에 모든 시간의 주인 되신 하나님 앞에 나아와 경배를 드리는 것입니다.

이는 "모든 시간의 주인이 하나님이시다"라고 고백하는 것입니다. 시간은 우리의 인생을 의미합니다. 우리 인생의 주인이 하나님이심을 안식일을 통해서 확인하는 것입니다. 요즘 시대에 적용해 말하자면 "내가 아무리 바쁘더라도 주일에 하나님께 예배드리는 이 시간만큼은 절대로 타협할 수 없다"라며 주 앞에 그 시간을 귀하게 드리는 것입니다.

그래서 내 모든 시간의 주인이 주님이심을 믿음으로 고백하는 것입니다. 주님께서 우리의 시간을 축복으로 다스려주셔야 우리 삶이 복될 수 있는 것입니다. 마치 자신이 천 년, 만 년 살 것처럼 자기 시간을 철저히 관리한다고 결코 인생이 잘되지 않습니다. 성경의 비유에도 나옵니다. 부자가 쓸 것을 창고에 가득 쌓아놓고 "내가 이제 평생 먹을 걱정 없이 즐기자"라고 했을 때 하나님께서 "이 어리석은 자야, 오늘 밤에 내가 네 영혼을 도로 찾으리니 네가 예비한 것이 누구의 것이 되겠느냐"라고 말하십니다. 이 비유는 우리의 시간이 주님의 것이라는 사실을 알려주고 있습니다. 우리 자녀들에게도 시간의 주인이 하나님이신 것을 잘 가르쳐야 합니다. 자녀들로 하여금 하나님께 예배드리는 시간을 가장 귀하게 여길 수 있도록 가르쳐주어야 합니다. 그렇게 하나님이 시간의 주인임을 인정할 때, 하나님께서 자녀들의 인생을 축복으로 책임져 주실 것입니다.

세 번째가 성전세와 십일조를 내게 됩니다. 성전세를 냄으로써 성전을 유지하며 하나님 전에 필요한 자금을 조달토록 했습니다. 십일조를 통해서 성전에서 일하는 레위인들과 수많은 제사장들의 생계를 책임져 줬습니다.

영적 개혁의 시기에 이러한 회복의 역사들이 일어났습니다. 이런 회복의 역사를 한마디로 말하면 각 영역에서 하나님의 주권을 인정하는 것입니다. 이스라엘 백성들은 영적 개혁이 일어나자 시간의 주권과 물질의 주권이 하나님께 있음을 인정했습니다.

십일조의 많고 적음은 중요한 문제가 아닙니다. 내가 얻은 물질은 모두 하나님이 허락해주신 하나님의 것으로 그 중 십의 구를 우리에게 쓰도록 주셨다고 믿고 나머지 십의 일을 '모든 것이 하나님의 것'임을 고백하며 믿음으로 돌려드리는 것입니다.

그런데 가만히 보면 시간이나 재능의 영역 보다는 물질의 영역에서 하나님의 통치를 거부하는 사람들이 많습니다. 물질에 대해서는 자기가 다 계산을 합니다. 미래를 계산하면서 하나님께 드리기보다는 자신을 위해 축적합니다. 물질의 주인이 하나님이신 것을 인정하지 않고 자기가 왕 노릇하면 결국 그 부분은 영적으로 죽은 것과 다름이 없습니다. 예수님께 분명히 말씀하셨습니다.

누가복음 16장 13절에는 "하나님과 재물을 겸하여 섬길 수 없다"고 기록되어 있습니다. 하나님을 인생의 주인이며 왕으로 모신다면 물질의 영역에서도 하나님의 통치가 이뤄져야 합니다. 이 말을 다른 말로 바꾸면 물질의 영역에서 하나님의 통치를 인정하지 않고 있다면, 그 사람은 하나님을 섬기지 않는다는 것입니다. 하나님이 아닌 물질을 섬기고 있다는 말입니다. 이것은 제 말이 아니라 예수님의 말씀입니다.

저는 하나님과 공동체 앞에 제 양심을 걸고 '우리 교회에 재정이 필요하니 물질 설교를 해야겠다'는 의도를 지니고 재정에 관한 본문을 찾아 헌금 설교를 한 적이 한 번도 없습니다. 이것은 제가 목회하면서 세운 원칙 가운데 하나입니다.

심지어 교회 건축을 할 때에도 건축 위원들 중 일부가 건축 헌금에 대한 설교를 해 줄 것을 부탁했을 때, 겉으론 그분들의 열정을 존중하는 의미에서 "네, 네"라고 했지만 실제로는 한 번도 하지 않았습니다. 그럼에도 불구하고 저는 "십일조를 빼먹지 말라"는 당부를 꼭 하고 싶습니다. 십일조를 많이 내고, 혹은 적게 내고의 문제가 아니라 십일조를 통해 모든 물질이 하나님이 허락해주신 하나님의 것이라는 사실을 고백하고 인정하는 것이기 때문에 그렇습니다.

십일조를 냄으로써 영적으로 죽어있는 내 물질의 영역을 다시 살릴 수 있습니다. 우리 물질의 영역이 죽어있다면 하나님께서 어떻게 물질을 통한 복을 주실 수 있겠습니까? 하나님은 자신의 주권과 관계없는 영역에 복을 주시지 않습니다. 그러나 물질에 대한 하나님의 주권을 인정하고 말씀대로 물질을 사용하면 반드시 하나님이 책임져주십니다.

시간이나 물질의 영역에서 하나님의 절대주권을 인정하며 모든 것을 감사함으로 내려놓을 때, 하나님께서 우리 인생을 운행해주시는 새로운 차원의 세계로 들어갑니다. 그럴 때, 이전에 상상하지 못했던 놀라운 결실을 얻습니다. 나의 힘으로 분투, 노력했을 때에는 '수고 한 것은 많지만 남은 것이 없는' 인생, 될 듯 될 듯하다가 결국 안 되는 인생을 살았지만 하나님이 인도해 주시는 인생은 범(凡)과 사(事)에 잘 되는 역사가 일어납니다. 이것은 많은 믿음의 선배들의 고백이자 저의 고백입니다.

하나님의 나라를 구하는 것은 개인을 넘어 공동체까지 확장되어야 한다

두 번째로 예수님이 "하나님의 나라를 구하라"고 말하셨을 때, 그 구하는 범위는 개인적 차원을 뛰어넘어 공동체까지 확장되어야 합니다. 나는 물론, 내가 속해 있는 공동체를 통해서 하나님 나라가 확장되어 가고 있는지를 항상 점검해야 합니다. 예수님은 공생애 기간 동안 전혀 믿음이 없는 사람들과 세상을 향해 하나님 나라의 도래를 알리시며 회개하고 복음을 믿을 것을 촉구하셨습니다. 그렇게 말씀하신 주님이 승천하시기 직전에 마지막으로 당부하신 말이 있습니다.

"오직 성령이 너희에게 임하시면 너희가 권능을 받고 예루살렘과 온 유대와 사마리아와 땅 끝까지 이르러 내 증인이 되리라." (행 1:8)

부활하신 주님은 이 말씀을 남기고 제자들이 보는 가운데 승천하셨습니다. 결국 이 말씀은 예수님이 이 땅에서 남기신 마지막 말이 되었습니다. 그런데 이 말씀은 전혀 동떨어진 것이 아니라 공생애 기간 동안 선포하셨던 말씀과 일직선상에 있습니다. "예루살렘과 땅 끝까지 이르러 내 증인이 되리라"는 이 말씀은 하나님 나라를 확장시키라는 뜻입니다. "하나님 나라를 구하라"는 말씀도 하나님 나라를 확장시키라는 것입니다. 결국 이 두 말씀은 같은 맥락에 있는 것입니다. 나와 내가 속해 있는 공동체를 통해 얼마나 많은 사람들이 하나님 나라에 들어와 하나님의 축복의 통치를 받고 있는지 점검해야 합니다. 또한 하나님 나라 확장을 위한 지역 사회 전도와 해외 선교가 얼마나 열심히 진행되고 있는지도 확인해 보아야 합니다.

저는 목회 사역을 펼치면서 무엇보다도 전도를 많이 하겠다는 결심을 했습니다. 늘사랑교회 부임 첫해부터 이웃초청잔치를 시작해 5년 정도 지속했습니다. 5년이 지난 후부터는 교회의 문턱을 낮춰 더 많은 사람들에게 복음을 들을 수 있는 기회를 주기 위해 이웃초청잔치를 문화가 있는 '테마 예배'로 이름을 바꿔 초기엔 매년 4차례씩 했습니다. 이후 테마 예배는 일 년에 2회, 봄과 가을에 하는 것으로 잘 정착되었습니다. 이런 것들은 하나님 나라의 확장이라는 큰 명제 하에 복음을 심는 일에 최선을 다하려는 노력의 일환이었습니다. 물론 결과는 하나님께 맡겼습니다. 우리가 할 일은 씨를 뿌리는 것이었습니다.

감사하게도 교회에 다음 세대들이 계속 들어오고 있습니다. 교회에 전도하는 분위기가 형성되어 있으니 초등부 학생들도 열심히 친구를 전도하려 애쓰고 있습니다. 하나님 나라 확장은 어른 뿐 아니라 어린이들도 해야 합니다. 연령, 성별, 직업에 상관없이 그리스도인들에게는 하나님 나라 확장을 위한 소명이 있습니다.

또한 제가 늘사랑교회에서 목회한 17년 동안 교회가 파송한 선교사가 18가정에 이릅니다. 2009년부터 시작된 교회 건축 기간에도 여섯 가정의 선교사님들을 파송했습니다. 사실 건축을 모두 마치고 그동안 파송한 선교사님 숫자를 보고 깜짝 놀랐습니다. 우리가 그렇게 목표로 한 것이 아닙니다. 주님께서 감동을 주실 때, 그저 순종했을 뿐인데 뒤돌아보니 그렇게 되어 있었습니다. 교회가 매년 실시하는 단기선교 프로그램에도 여러 교우님들이 적극적으로 참여하고 계십니다. 우리 공동체를 통해 하나님 나라가 확장되어 나가는 모습을 확인하며 참으로 감사를 드리게 됩니다. 하나님 나라 확장을 위한 사역에는 마침표가 없습니다. 우리 공동체가 존재하는 한, 늘 현재진행형이 되어야 합니다.

우리는 반드시 판결의 골짜기에서 재판장이신
주님을 만나게 된다

우리 각자는 언젠가 하나님 앞에 단독자로 서게 됩니다. 내가 속한 공동체가 하나님 나라를 확장하는데 쓰임 받고 있는 것은 분명 감사할 일입니다. 그러나 아무리 교회 공동체가 선교와 전도, 구제를 많이 하며 하나님 나라 확장에 헌신한다 하더라도 그 안에 나의 헌신이 없다면 나 개인적으로는 하나님 나라를 구하는 삶을 살지 못한 것이 됩니다. 결코 공동체에 묻어 갈 수 없습니다. 교회가 선교를 많이 한다고 해서 마치 내가 선교를 많이 하는 것처럼 착각해선 안 됩니다. 내가 직접 선교 현장에 가거나, 아니면 기도와 물질을 선교를 위해 드리거나 해야 합니다. 하나님 나라를 확장하는데 있어 참여가 중요합니다. 내 몸으로, 기도로, 물질로 참여해야 합니다.

한 번은 교우님 가운데 한 분이 선교 현장에 가고 싶었지만 재정이 부족해 가지 못하게 되었습니다. 그러자 어떤 분이 그 교우님의 선교 비용 일체를 지원해주셨습니다. 지원 받는 본인과 교회 공동체에 비밀로 해달라며 저에게 선교비를 가져오셨습니다. 그 돈을 전달 받으며 기도해드리는데 눈물이 났습니다. 간절히 기도했습니다. "하나님, 자신에게 허락된 물질을 이렇게 귀하게 사용하시는 이 분을 반드시 축복해주셔야 합니다. 이 분은 지금 물질의 영역에서 하나님 나라를 구하고 계십니다. 하나님, 꼭 책임져주십시오." 제 마음이 감동으로 벅차오르는데 우리 하나님 마음이야 오죽하시겠습니까?

우리 모두 열심히 전도하고, 열심히 선교합시다. 하나님 나라를 구하라는 주님의 명령을 준행합시다. 운명처럼 죽음이 닥쳤을 때, 단독자로 우리 주님 앞에 부끄럼 없이 설 수 있도록 말입니다. 이 땅에서 어떤 인생을 살았건, 우리 모두 종국에는 한 골짜기에 도달하게 됩니다. 주님이 심판장 되시는 판결의 골짜기입니다.

"판결의 골짜기에 수많은 무리가 모였다. 판결의 골짜기에서 주님께서 심판하실 날이 가까이 왔다."(욜 3:14 · 새번역)

우리 주님은 '셈 하시는 분'이십니다. 판결의 골짜기에서 우리가 인생 가운데 행했던 모든 일을 카운트(count)하시며 재판하십니다. 그분은 우리가 살아생전에 얼마나 많은 영혼을 구원의 길로 인도했는지, 얼마나 많은 잃어버린 영혼들에게 다가갔는지, 물질과 시간을 하나님 나라를 구하는데 얼마나 사용했는지를 셈하실 것입니다. 그 셈에 따라 우리의 영원의 운명이 결정됩니다. 우리가 언젠가는 판결의 골짜기에 단독자로서 재판장 되시는 주님 앞에 설 것이라는 사실을 늘 기억하며 이 땅에서 하나님 나라를 구하는데 최선을 다합시다.

천국, 완성된 하나님의 나라!

마지막 세 번째로 주님이 "하나님 나라를 구하라"고 하셨을 때, 이는 우리가 하나님의 축복의 통치가 완성되어있는 천국에 올라 갈 것이라는 사실을 알려주신 것입니다. 예수님은 천국에 대해 설명하실 때, 비유를 사용하셨습니다. 예수님은 천국이 좋은 씨를 제 밭에 뿌린 사람과 같다면서 알곡과 가라지의 비유를 이야기하셨습니다. 사람들이 잘 때, 원수가 와서 곡식 가운데 가라지를 덧뿌리고 갑니다. 싹이 나고 결실할 때에 알곡과 함께 가라지도 보입니다. 집 주인은 추수 때까지 기다리며 가라지를 뽑지 않습니다. 여기서 집 주인은 하나님을 비유적으로 표현한 것입니다. 하나님은 왜 가라지를 보이는 대로 뽑지 않으셨을까요? 가라지를 뽑다가 알곡이 다칠까봐 그러신 것입니다. 그러다 추수 때가 되자 가리지는 먼저 거두어 불살라버립니다. 밭은 무엇을 비유한 것입니까? 교회입니다. 교회 안에도 알곡과 가라지가 있을 수 있습니다. 가라지 신자도 알곡 신자와 함께 추수 때까지 교회에서 그럴듯하게 신앙생활을 합니다. 누가 진짜인지 잘 모릅니다. 그러나 마지막 추수 때에 가라지 신자는 뽑혀버립니다. 판결의 골짜기의 재판정 뒤로는 두 갈래 길이 있을 것입니다. 한 길은 알곡 신자가 걸어갈 길입니다. 다른 한 길은 가라지 신자의 길입니다. 사는 길과 죽는 길의 갈림길에서 알곡 신자와 가라지 신자는 결국 갈리게 됩니다. 우리 모두가 결코 뽑히지 않는 알곡 신자가 되기를 소망하며, 두렵고 떨리는 마음으로 이 땅에서 알곡 신자의 길을 가야 할 것입니다.

예수님은 알곡과 가라지 비유, 겨자씨 비유 등 천국에 대한 이야기를 하시면서 이렇게 말씀하십니다.

의인들은 알곡 신자들입니다. 이 땅에서 하나님 나라를 구하는데 진력했던 알곡 신자들은 결국에 하나님 나라가 완성된 천국에서 해처럼 빛나는 삶을 살 것이라는 말씀입니다. 부활하신 주님께서 승천하시기 전에 제자들에게 마지막으로 다락방 강화(講話)를 하십니다. 요한복음 14~16장에 이 다락방 강화가 기록되어 있습니다. 다락방 강화는 이렇게 시작됩니다.

이 말씀은 천국에 하나님 나라를 완성하신 하나님께서 우리를 그곳에 데리고 가시겠다는 것입니다. 승천하시는 주님께선 이 땅에 남아 자신이 공생애 기간 동안 하셨던 그 사역을 이어받아야 할 제자들에게 하나님 나라의 비전을 보여주신 것입니다. 그 비전은 하나님 나라가 완성되어 임하게 될 천국 비전입니다. 주님은 제자들의 눈을 열어 주심으로 이 땅을 사는 그들이 천국 비전을 볼 수 있게 해주신 것입니다. 그럼으로써 제자들은 비록 하나님의 나그네 된 백성으로 이 땅에 살고 있지만 자신들의 시민권은 하늘에 있다는 사실을 명확하게 확인한 것입니다. 눈이 열려 그 천국 비전을 보게 된 제자들은 이 땅에서 담대하게 주님의 교회로 살아갈 수 있게 됐습니다. 그들은 이제 이전의 모습과는 완벽하게 다른 존재들이 됐습니다. 완성된 하나님의 나라에 들어간다는 확신으로 인해 완전한 변화(Transformation)가 이뤄진 것입니다. 이제 그들은 주의 복음으로 새롭게 빚어졌습니다. 그들은 복음으로 빚어진 마음과 복음으로 빚어진 생각, 복음으로 빚어진 입을 갖고 세상에 나가 거침없이 복음을 전하게 됩니다. 제자들 뿐 아니라 다메섹 도상에서 새로운 눈이 뜨인 사도 바울도 하나님 나라를 담대하고 거침없이 전했습니다.

완성된 하나님 나라, 곧 천국에 들어간다는 확신을 갖고 사는 사람들은 절대로 가만히 있을 수 없습니다. '담대하고 거침없이' 그 나라를 전하게 됩니다. 그 담대함과 거침없음이 단지 제자들과 바울에게만 부여된 것이 아닙니다. 주님의 제자로 이 시대를 사는 우리 모두도 복음으로 빚어져 담대하며 거침없이 하나님 나라를 전할 수 있는 것입니다.

그 천국의 비전을 갖고 이 땅을 살아가다 보면 이 땅의 삶이 새롭게 해석됩니다. 삶의 재해석이 이뤄집니다. 전혀 다른 차원의 세계를 살게 됩니다. 이 땅에서 하늘을 바라보는 것이 아니라, 열린 천국에서 이 땅을 바라보게 됩니다. 완벽한 관점의 대전환이 이뤄집니다. 잠시 사는 이 땅의 소소한 것들에 절대 눈을 돌리지 않습니다. 재물과 명예, 업적은 물론 생명까지도 그 하나님 나라의 장엄함에 비하면 너무나 작게 느껴집니다. 그래서 완성된 하나님 나라에 대한 확신이 있는 사람들은 재물과 명예, 업적과 생명을 그 나라의 확장을 위해 초개처럼 버릴 수 있게 되는 것입니다. 이들을 세상은 도저히 이해할 수 없습니다. 차원이 다르기 때문입니다. 아브라함은 자신이 돌아갈 영원한 본향을 바라보고 있었기 때문에 그가 떠나왔던 이 땅의 고향에 집착하지 않았습니다. 그는 '더 나은 본향'을 보고 있었던 것입니다. 그래서 갈 바를 알지 못하고서도 믿음의 발걸음을 내디딜 수 있었던 것입니다. 그럼으로써 아브라함은 믿음의 조상이 될 수 있었습니다. 위대한 기독교 변증가였던 C.S. 루이스가 이런 말을 했습니다. "천국을 바라보고 살면 천국도 얻고, 이 땅도 얻습니다. 그러나 이 땅만 바라보고 살면 천국도 잃어버리고, 결국 이 땅도 잃어버립니다." 저는 루이스의 이 말이 참으로 명언이라고 생각합니다. 우리는 완성된 하나님의 나라, 천국을 소망하며 살아가야 합니다.

거기서, 거기서, 거기서…

주님은 제자들의 눈을 열어주심으로 그들이 천국 비전을 갖게 하셨습니다. 그 주님이 지금 우리의 눈을 열어주시려 하고 있습니다. 솔직하게 스스로에게 질문해봅시다. '나는 천국을 사모하고 있는가?' 이 땅을 사는 인간들에게는 영원에 대한 갈망이 있습니다. 마음 깊숙한 곳에서 천국을 소망하고 있습니다. 그런데 그런 갈망과 소망이 잠시 막혀 있을 수 있습니다. 거기에는 여러 이유가 있을 것입니다. 세상 근심이 우리로 하여금 천국을 망각하게 만들었을 수 있습니다. 사단의 간계에 의한 것일 수도 있습니다. 어떤 이유건 그럼으로써 천국에 대한 생각은 깡그리 잊어버린 채, 이 세상에서 아웅다웅하며 살아갑니다. 하나님 나라가 확장되기 보다는 시간이 갈수록 그 나라가 축소되어 버립니다. 주님에 대한 헌신, 그 나라를 위해 애썼던 시간들은 희미한 옛사랑의 추억처럼 아스라해집니다. 이것이야말로 인생의 위기입니다.

시간이 갈수록 자꾸만 삶이 초라해지는 이유를 아십니까? 하나님 나라가 축소되고 있기 때문입니다. 가진 것 없어서 초라해지는 것이 아닙니다. 아무것도 없는 사람도 천국 소망을 지니며, 자기 나름대로 이 땅에서 하나님 나라의 확장을 위해 애쓴다면 삶이 풍성해집니다. 갈수록 더욱더 빛이 납니다. 그 삶에 윤기가 흐릅니다. 하나님 나라를 소망하는 노년들은 아름답게 늙어갑니다. 비록 겉 사람은 후패해지지만 그 속사람은 하나님 나라의 비전으로 여전히 빛나고 있습니다. 그런 노년을 만난 사람들은 고목나무 속에 빛나는 내면이 있음을 발견하고 주님께 영광을 돌릴 것입니다. 완성된 하나님 나라야말로 이 땅을 사는 우리의 소망입니다. 그곳은 우리가 영원히 살 곳입니다. 거룩한 백성들이 영원히 빛난 영광 가운데 사는 곳이 바로 그 나라입니다.

"보아라 즐거운 우리 집, 밝고도 거룩한 천국에, 거룩한 백성들 거기서, 영원히 영광에 살겠네. 거기서 거기서, 기쁘고 즐거운 집에서, 거기서 거기서 거기서, 영원히 영광에 살겠네"(새찬송가 235장, 보아라 즐거운 우리 집)

우리를 구하실 주님도 거룩한 그 나라, 그 집에 계십니다. 거기서 우리는 주님을 만납니다. 거기서만 영원한 만족이 있습니다. 거기서만 주님과의 아름다운 만남이 구체적으로 영원히 이뤄집니다. 우리가 추구해야 하는 나라는 '이 나라'가 아니라 '그 나라'입니다. 하나님의 완벽한 통치가 이뤄지는 그 나라야말로 우리가 끝내 가야 할 영원한 본향입니다. 새찬송가 235장 4절은 이렇게 끝납니다.

"우리의 일생이 끝나면, 영원히 즐거운 곳에서, 거룩한 아버지 모시고, 기쁘고 즐겁게 살겠네."

우리의 삶은 이 땅에서 결정되지 않습니다. 우리의 일생이 끝났을 때, 새롭고 영원한 삶이 천국에 펼쳐집니다. 그곳은 영원히 즐거운 곳이며, 거룩한 하늘 아버지가 계신 좋은 곳입니다. 거기서 우리 믿음의 사람들은 기쁘고 즐겁게 살 것입니다. 이것이 바로 우리의 소망입니다. 하나님 나라는 이 땅을 사는 우리의 소망입니다! 그래서 이 땅에서 하나님 나라를 구하며, 그 나라의 확장을 위해 나의 모든 자원을 쏟아붓는 것이야말로 우리 인생의 가장 수지맞는 투자입니다.

마지막으로 강단을 떠나는 날, 저는 이 설교를 똑같이 할 것입니다. 하나님의 나라는 변치 않는 저의 소망, 교회의 소망, 우리 모두의 소망이기 때문입니다.